本研究受到国家社会科学基金
"依托国内市场促进大国外贸发展方式转变机制研究"
(11BJL053)和江苏省"青蓝工程"的资助

Country Size, Institutional
Environment and Foreign Mode of
Theory System

国家规模、制度环境和外贸发展方式

易先忠 / 著

图书在版编目(CIP)数据

国家规模、制度环境和外贸发展方式/易先忠著. —北京：北京大学出版社，2019.7
（大国发展经济学系列）

ISBN 978-7-301-30545-4

Ⅰ.①国… Ⅱ.①易… Ⅲ.①对外贸易—贸易发展—研究—中国 Ⅳ.①F752.2

中国版本图书馆CIP数据核字(2019)第096650号

书　　　名	国家规模、制度环境和外贸发展方式
	GUOJIA GUIMO、ZHIDU HUANJING HE WAIMAO FAZHAN FANGSHI
著作责任者	易先忠　著
责 任 编 辑	杨丽明　吕　正
标 准 书 号	ISBN 978-7-301-30545-4
出 版 发 行	北京大学出版社
地　　　址	北京市海淀区成府路205号　100871
网　　　址	http://www.pup.cn　新浪微博：@北京大学出版社
电 子 信 箱	sdyy_2005@126.com
电　　　话	邮购部 010-62752015　发行部 010-62750672　编辑部 021-62071998
印 刷 者	三河市北燕印装有限公司
经 销 者	新华书店
	730毫米×1020毫米　16开本　19印张　301千字
	2019年7月第1版　2019年7月第1次印刷
定　　　价	79.00元

未经许可，不得以任何方式复制或抄袭本书之部分或全部内容。
版权所有，侵权必究
举报电话：010-62752024　电子信箱：fd@pup.pku.edu.cn
图书如有印装质量问题，请与出版部联系，电话：010-62756370

总　　序

20世纪90年代初期，发展经济学的奠基人张培刚先生提出，发展中大国应该成为发展经济学的重要研究对象，这就为发展经济学的完善指明了新的路径。当历史的年轮进入21世纪的时候，"金砖国家"的崛起使大国经济现象格外引人瞩目，基于这个事实，我们追寻张培刚先生的命题，开始在大国经济发展理论这块沃土辛勤"耕作"。

科学发展不仅需要探索规律，而且需要构建知识体系。我们试图以发展中大国为研究对象，从人口数量和国土面积这两个初始条件出发，以规模和结构为逻辑起点，系统分析大国经济发展的典型特征、特殊机制和战略选择，致力于构建一个逻辑自洽的理论体系。摆在读者面前的"大国发展经济学系列"，将从逻辑体系、大国效应、人力资源、自然资源、需求动力、对外贸易、技术创新和结构转型的视角，在专题性研究基础上形成系统性成果，进而演绎成大国发展经济学的理论雏形。

建设中国风格的经济学话语体系，这是当代中国经济学家的梦想。我们以撰写可以传承的著作为目标，秉承创新精神和精品意识，将这套"大国发展经济学系列"呈现给中国乃至全世界，并期望能够形成国际影响力，在学术追梦的道路上留下新的印迹。

欧阳峣

2018年3月于岳麓山

摘　　要

在"逆全球化"趋势泛起、中国外贸优势"断点"和国内需求快速扩张与升级的发展新阶段，如何重塑外贸发展方式转变的根本性动力，走出符合大国国情的外贸发展之路，成为亟待突破的重大战略理论问题。笔者基于大国外贸发展的特殊性规律，提出中国外贸发展需要遵循大国经验，形成依托国内大市场的内生良性外贸发展机制，以重塑外贸转型升级的根本性动力和构建"中国特色开放型经济体系"。为此，本书重点探究以下问题：

其一，回归外贸起源和外贸发展的本质作用，构建大国外贸发展方式转变的新分析框架。基于外贸优势的根本性来源和外贸发展的本质作用，厘清"国内需求—本土供给—出口结构"的本质关联，以此把握外贸发展方式转变的本质内涵，找准"结构封锁"型世界贸易格局下发展中大国外贸发展方式转变的现实立足点。在此基础上，为大国外贸发展方式转变提供一个"制度完善下的国内需求—本土企业高层次竞争优势与贸易结构转换升级—以经济持续增长为核心的外贸发展绩效改善"的新分析框架。研究发现，依托国内大市场的内需驱动出口模式不仅可发挥大国国内需求这一"国家特定优势"，持续推动外贸转型升级；也可通过出口部门与本土产业部门的强有力关联，更好地发挥出口作为"增长引擎"的本质作用。因此，在相同发展阶段，大国比小国更加偏向内需驱动出口模式。而中国严重脱离本土需求的出口模式割裂了"国内需求—本土供给—出口结构"的内在关联，导致产生两个方面的后果：一方面，割裂国内需求与本土供给及出口结构内在关联的出口模式，从市场空间上掐断了国内需求引致本土企业高层次竞争优势的转化路径，从而固化了本土出口企业能力缺口，造成外贸优势"断点"；另一方面，割裂国内产业部门与出口部门内在关联的出口模式，也难以通过"技术扩散"等途径提升本土企业能力这一经济持续增长的基础，使粗放型外贸发展方式顽固地延续。

其二，打破经典贸易理论关于国内制度完善的隐含假说，揭示大国国内市场促进外贸发展方式转变的机制与制度条件。具体而言：（1）从出口升级的视角，探究制度环境影响出口依托国内需求的程度，进而影响出口升级的机制。基于ISIC四分位产业数据，测算了51个国家出口依托国内需求的程度——出口与内需的结构背离，在多国经验中发现：虽然发挥比较优势和深度融入产品内分工等自然因素会使出口背离内需成为合理常态，但制度不完善使得"内需引致出口"功能缺位，也会导致产生背离本土需求的扭曲性出口产品结构；而制度引发的结构背离会使一个国家——特别是拥有较大本土市场的大国——出口升级失去国内需求这一重要的外贸优势来源，从而加大被低端产品结构套牢的风险。（2）从出口产品结构多元化视角，探究国内市场需求影响出口多元化的制度条件及作用机理。在国内市场完善的隐含假设下，经典贸易理论认为国内市场规模会促进出口产品结构多元化。而基于160个经济体1996—2011年的跨国面板数据实证研究发现，国内制度环境决定了国内市场规模对出口产品结构的作用方向。当制度环境高于门槛值时，国内市场规模扩张促进出口产品结构的多元化；而当制度环境低于门槛值时，国内市场规模扩张则导致更加集中的出口产品结构。在制度环境各维度中，法制环境、金融系统的开放性和透明度、政府对投资领域的限制和对企业的管制效率，是影响国内市场作用方向的关键制度维度。（3）从本土企业出口竞争力视角，探究国内需求提升本土企业出口竞争力的制度条件。基于全球电子消费品行业1252家品牌企业的数据，采用规避"本地市场偏好"的国外市场份额客观度量本土企业出口竞争力，寻找中国电子消费品这一代表性行业国内大市场影响本土企业出口竞争力的微观证据。研究发现，中国国内市场扩张未能显著提升本土企业出口竞争力。原因在于，国内大市场要在规范有序与创新导向的制度环境、国内需求的国际化、消费者—生产商有效互动等条件下，才能转换为本土企业出口竞争力。

其三，解析中国背离大国外贸发展经验的制度原因，提出回归大国内需驱动外贸发展模式的战略转变思路与系统性政策安排。基于对中国背离大国外贸发展经验程度的测算及其影响因素的分解，揭示了中国脱离国内需求外贸发展模式形成的深层次原因。研究发现，中国国内需求在外贸发展中的作用远低于大国平均水平。发展阶段和要素禀赋等现实因素并不能降低中国与大国经验的背离程度。更深层原因在于，致使"国内需求—本土供给—出口结构"不能有效对接的制度环境，抑制了内需驱动出口模式的形成。据此，在内外经济环境深刻转变的发展新阶段，需要转换外贸战略思路，通过构建国内需求与本土供给及出口产品双重对接的制度环境，回归内需驱动出口模式。为此，要把握三个方面的政策重点：提升对国内需求的本土供给能力、强化内需引致本土企业竞争力提升效应、提高国内外"重叠需求"的对接程度。

笔者回归外贸起源及本质作用，揭示大国国内市场促进外贸发展方式转变的机制及其条件的一般性规律，提出中国应当遵循大国经验回归内需驱动出口模式，旨在强调，外贸的发展不能割裂与国内经济的关联，根植于国内市场的本土企业能力建设和由此带动的出口扩张及出口结构升级，才是外贸发展方式转变的关键，而不断扩张与升级的国内需求又是中国本土企业能力建设的"国家特定优势"。其意义在于：为大国外贸发展提供了一个可供讨论的新分析框架，有力丰富了发展中大国外贸发展方式转变的基础理论，为推进中国外贸发展方式转变提供一种新的战略与政策思路，对构建"中国特色开放型经济理论"和探究具有"大国特色"的中国外贸发展之路，具有深远的启发意义和重要参考价值。

Abstract

In the new stage of development featured with the trend of anti-globalization, the breakpoint of China's trade advantages and the rapid expansion and upgrading of domestic demand, how to rebuild the fundamental driving force of the trade transformation and a new way trade development model consistent with the characteristics of large country has become an important theoretical issue that needs to be solved urgently. Based on the particularity of trade development of large countries, the write argues that China's trade development should follow the experience of large countries, to form an endogenous benign trade development mechanism relying on the domestic market, so as to rebuild the fundamental driving force for the trade upgrading and build an "open economy system with Chinese characteristics". To this end, following issues have been addressed.

First, constructing a new analytical framework for the trade transformation in large countries by returning to the origin and essential role of trade. Based on the fundamental source of trade advantages and the essential role of export development, the write clarifies the linkages of domestic demand, local supply and export structure, so as to grasp the essential connotation of the trade transformation, and to find out the reality foothold of trade transformation in large developing countries. On this basis, a new analytical framework for trade transformation in large countries has been provided, which is "domestic demand under perfect institution-high-level competitive advantage of local enterprises-performance improvement of trade based on sustained economic growth". It concludes that demand-driven export model not only can exploit country specific advantage to form the endogenous mechanism of export upgrading, but also better play the role of export as the engine of growth through strong linkages between export and domestic industries. Therefore, large countries are more inclined to demand-driven export model than small ones at the same development stage. However, China's export mode, which is severely deviated from the domestic demand, has cut off the transformation path for local enterprises to use the growing domestic demand to construct the high-level competitive advantage, thus solidifying the capacity gap and resulting in the breakpoint of new export advantage and making the extensive trade development mode stubbornly continue.

Second, revealing the mechanism and institutional conditions of the large domestic market promoting the transformation of the trade mode by breaking the implicit hypothesis about the perfection of the domestic institutions of the classical trade theory. Specifically: (1) From the perspective of export upgrading, this book explores the new mechanism of institutions affecting export upgrading through acting on export-demand deviation. Based on the ISIC 4-digit data, the structural deviation between export and domestic demand of 51 countries has been measured. It shows that, although Export-Demand Deviation (EDD) is quite normal as way of utilizing endowment advantage and participating global intra-product specialization, imperfect institutions can also induce EDD by blocking the mechanism of demand-inducing-export, and EDD caused by institutions will suppress export upgrading, especially in large countries, since domestic demand cannot be utilized as a source of trade advantage. (2) From the perspective of export diversification, the writer explores the institutional conditions and mechanism of domestic market demand affecting export diversification. Under the implicit assumption that the domestic market is perfect, the classical trade theory holds that the domestic market size will promote the diversification of export product structure. Based on the panel data covering 160 economies from 1996 to 2011, the empirical result suggests that institutional environment, among key influencing factors, determines the functional direction of domestic market size on export structure. When institutional environment reach the threshold value, larger domestic market significantly promotes export diversification, when institutional environment lies below the threshold value, enlarging domestic market leads a more concentrated export structure. Among various dimensions of institutional environment, an effective and just judicial system, the openness of financial system, investment restrictions and excessive state intervention in business are more keys factors to determine the functional direction of domestic market size. (3) From the perspective of the export competitiveness of local enterprises, the writer explores the institutional conditions for domestic demand enhancing the export competitiveness of local enterprises. Based on the data of 1252 brand owners in global consumer electronics, the writer seeks the evidence of the export competitiveness driven by the large domestic market in China. It shows that the expansion of China's domestic market failed to enhance significantly the export competitiveness of local enterprises. The reasons lies that innovation-oriented market environment, internationalization of the domestic demand, and the effective user-producer interaction, are the premises of the domestic market mechanisms.

Third, identifying the institutional reasons why trade development of China is not consistent with the experience of large countries, and putting forward the correspondingly strategy and policy to return the demand-driven trade model. Based on the measurement of China's trade development deviating from the experience of large countries and the decomposition of its influencing factors, the writer reveals the deep-seated reasons for the formation of China's trade development mode deviating from domestic demand. the writer finds that China's trade development does not follow the experience of the demand-driven export model, and the role of domestic demand in China's trade is far below the average level of large countries. The development stage and the factor endowment can not reduce the degree of deviation between China and large countries. The sources are rooted in the market environment of matching domestic demand, local supply and export products. Therefore, rebuilding demand-driven export model through providing necessary market environment is china's advantageous channel to crack down the transition dilemma of trade development in the new stage of the profound transformation of the internal and external economic environment.

The writer reveals the general rules of the mechanism and conditions for the domestic market of large countries promoting the transformation of trade development mode by returning to the origin and essential role of trade development. Its significance lies in providing a new analytical framework for the trade development of large countries, enriching the basic theory of the transformation of the trade development mode of large developing countries, providing a new strategy and policy ideas for promoting the transformation of China's trade development mode. And in the new stage with the shifting of global end market, the trend of anti-globalization and the upgrading of China's domestic demand, The writer has far-reaching enlightening significance and important reference significance to construct the theory of "open economy with Chinese characteristics" and explore the road of China's trade development with large country characteristics.

目 录

第一章 绪论 ……………………………………………………………（1）
　第一节 中国外贸发展方式转变困境与潜在大国优势 ………………（1）
　第二节 外贸发展方式转变的理论思考 ………………………………（8）
　第三节 研究思路、内容与贡献 ………………………………………（27）

第二章 中国出口脱离国内需求：事实、困境与调整机遇 ……………（36）
　第一节 中国出口脱离国内需求的典型事实 …………………………（36）
　第二节 脱离国内需求贸易模式的挑战 ………………………………（50）
　第三节 脱离国内需求贸易模式的调整机遇与紧迫性 ………………（59）

第三章 国内市场与外贸发展方式：理论框架与大国经验 ……………（67）
　第一节 回归外贸发展的起源及本质作用 ……………………………（67）
　第二节 外贸发展方式转变的本质内涵与立足点 ……………………（78）
　第三节 国内市场与大国外贸发展方式转变的分析框架 ……………（85）
　第三节 大国内需驱动出口模式的国际经验 …………………………（102）
　第四节 结论 ……………………………………………………………（113）

第四章 制度环境、"出口—内需"背离与出口升级 ……………………（114）
　第一节 问题的提出 ……………………………………………………（114）
　第二节 "出口—内需"结构背离测算与典型事实 ……………………（117）
　第三节 理论分析与待检验假说 ………………………………………（123）
　第四节 检验策略与数据 ………………………………………………（129）
　第五节 检验结果 ………………………………………………………（136）

第六节　结论 ……………………………………………………（148）

第五章　国内市场规模、制度环境与出口产品结构多元化 …………（150）
第一节　问题的提出 ………………………………………………（150）
第二节　制度环境约束下国内市场规模对出口产品结构
　　　　的作用机制 ……………………………………………（153）
第三节　模型与数据 ………………………………………………（156）
第四节　制度环境影响国内市场作用方向的实证研究 …………（161）
第五节　制度环境的构成效应：哪些制度更为重要 ……………（172）
第六节　结论 ………………………………………………………（179）

第六章　国内大市场、制度条件与本土企业出口竞争力 ……………（180）
第一节　问题的提出 ………………………………………………（180）
第二节　国内大市场提升本土企业出口竞争力的机制
　　　　及制度条件 ……………………………………………（182）
第三节　国内市场规模对本土企业出口竞争力的贡献
　　　　度：国际比较 …………………………………………（187）
第四节　中国国内大市场与本土企业出口竞争力：
　　　　PVAR 检验 ……………………………………………（202）
第五节　中国国内市场规模发挥作用的实现制度条件
　　　　考察 ……………………………………………………（206）
第六节　结论 ………………………………………………………（210）

第七章　依托国内大市场促进中国外贸发展方式转变的战略转换
　　　　与政策重点 ………………………………………………（213）
第一节　中国缘何没有形成依托国内大市场的内生外贸
　　　　发展机制 ………………………………………………（214）
第二节　依托国内大市场促进外贸发展方式转变的战略转换 …（227）
第三节　政策重点："国内需求—本土供给—出口结构"
　　　　双重对接 ………………………………………………（236）

第八章 主要结论与研究展望 …………………………………………（244）
　　第一节 主要结论 ………………………………………………（245）
　　第二节 研究展望 ………………………………………………（249）
参考文献 ……………………………………………………………（251）
附录 …………………………………………………………………（270）

Contents

Chapter 1 Introduction ··· (1)
   Section 1   the Dilemma of China's Trade Transformation and the
                 Potential Advantage of Large Country ···························· (1)
   Section 2   Theoretical Thinking on Trade Transformation ················ (8)
   Section 3   Research Framework, Contents and Contributions ············ (27)

**Chapter 2 Export Deviated from Domestic Demand in China:
Facts, Challenges and Opportunities for Adjustment** ······ (36)
   Section 1   Typical Facts of China's Export Deviated from Domestic
                 Demand ··· (36)
   Section 2   Challenges of the Trade Mode Deviated from Domestic
                 Demand ··· (50)
   Section 3   the Opportunity and Urgency to Adjust the Trade Mode
                 Deviated from Domestic Demand ······························ (59)

**Chapter 3 Domestic Market and Trade Development Mode: Theoretical
Framework and Large Country Experience** ················ (67)
   Section 1   Returning to the Origin and Essential Role of Trade
                 Development ··· (67)
   Section 2   the Essence and Foothold of the Transformation of
                 Trade Development Mode ······································· (78)
   Section 3   Analytical Framework for the Domestic Market and Transformation
                 of Large Counties' Trade Development Mode ···················· (85)

Section 4	International Experience of Large Countries' Demand-Driven Export Model	(102)
Section 5	Conclusion	(113)

Chapter 4 Institutional Environment, Export-Demand Deviation and Export Upgrading ……………………… (114)

Section 1	Introduction	(114)
Section 2	Measurement and Typical Facts of Domestic Demand-Export Deviation	(117)
Section 3	Theoretical Analysis and Research Hypothesis	(123)
Section 4	Test Strategy and Data	(129)
Section 5	Test Results	(136)
Section 6	Conclusion	(148)

Chapter 5 Domestic Market Size, Institutional Environment and Export Diversification ……………………… (150)

Section 1	Introduction	(150)
Section 2	The Impacts of Domestic Market Size on the Export Diversification Under the Constraint of Institutional Environment	(153)
Section 3	Model and Data	(156)
Section 4	Empirical Study on the Impacts of Institutional Environment on the Role of Domestic Market	(161)
Section 5	the Decomposition of Institution: Which Institution is More Important	(172)
Section 6	Conclusion	(179)

Chapter 6 Large Domestic Market, Institutional Conditions and Export Competitiveness of Local Enterprises ………… (180)

Section 1	Introduction	(180)
Section 2	the Mechanism and Institutional Conditions of Improving Local Enterprises' Export Competitiveness Driven by Large Domestic Markets	(182)

Section 3	Contribution of Domestic Market to Export Competitiveness of Local Firms: International Comparison	(187)
Section 4	China's Large Domestic Market and Export Competitiveness of Local Enterprises: P-VAR Test158	(202)
Section 5	Investigation of Institutional Conditions of the Role of China's Domestic Market	(206)
Section 6	Conclusion	(210)

Chapter 7 Strategy and Policy on Promoting the Transformation of China's Trade Development Mode Relying on Large Domestic Markets (213)

Section 1	Why has China not Formed an Endogenous Trade Development Mechanism Relying on the Large Domestic Market	(214)
Section 2	Strategic Transformation to Forming Trade Development Mode Relying on Domestic Market	(227)
Section 3	Policy Focus: Matching Domestic Demand, Local Supply and Export Products	(236)

Chapter 8 Conclusions and Research Prospects (244)

Section 1	Main Conclusions	(245)
Section 2	Research Prospect	(249)

Reference (251)

Appendix (270)

第一章

绪　论

第一节　中国外贸发展方式转变困境与潜在大国优势

中国国内市场消费规模持续高速扩张，2016年达33.2万亿元；国内消费层次、消费主体与格局正经历深刻变革，不断增长的国内需求成为重塑中国经济结构的重要因素。巨大的国内市场规模是完善"中国特色社会主义市场经济"理论一个不容忽视的逻辑起点，进而可能成为"坚定中国特色社会主义道路自信、理论自信、制度自信"一个重要的立足点。从国家规模这一基本国情探究中国经济与外贸发展的特殊性，是"结合中国特色社会主义伟大实践，加快构建中国特色哲学社会科学"[①]的重要内容。因为从经济增长的最终源泉看，市场规模和制度、地理一起构成了经济增长的最根本性因素（Rodrik et al., 2004）；并且国家规模内生决定了大国发展模式的特殊性。无论是亚当·斯密的"市场范围假说"，库兹涅茨的"国家规模的经济后果"，新贸易理论的"本地市场效应"，以及Alesina et al.（2005）的"对经济发展的分析应当首先纳入国家规模的作用"等主张，无不强调国家规模在经济和外贸发展中的作用。正如库兹涅茨在1957年主题为"国家规模与经济绩效"的

---

① 《习近平主持召开哲学社会科学工作座谈会强调　结合中国特色社会主义伟大实践　加快构建中国特色哲学社会科学》，载《人民日报》2016年5月18日第1版。

国际经济协会上指出的那样，国家规模的经济绩效是一个值得更多关注的课题。① 自此，国家规模与经济发展的关系备受关注，特别是近年来新兴大国的群体性崛起又推进了对大国发展特殊性的进一步思考（库兹涅茨，1971；钱纳里、赛尔昆，1975；张培刚，1992；Alesina et al.，2005；钟昌标，2005；海闻，2007；蔡昉等，2009；江小娟，2010；欧阳峣等，2014；易先忠等，2016）。就中国外贸发展而言，巨大的国内市场规模是培育和引领国际经济合作竞争新优势的重要内容（裴长洪，2016），中国这一国内需求快速增长的大国究竟如何在外贸发展方面走出具有大国特色的"中国道路"是亟待解决的重大战略理论问题。

一、中国外贸发展方式难以转变的根源：本土企业竞争优势"断点"

自2005年以来，中国政府出台多项政策措施推进外贸发展方式转变，特别是2011年的《政府工作报告》将"切实转变外贸发展方式"作为中国外经贸发展的首位工作；2012年7月，商务部等十部委联合发布《关于加快转变外贸发展方式的指导意见》。党的"十八大"以来，国务院共出台十多个促进外贸增长的政策文件。然而，外贸转型效果不尽如人意，中国外贸发展陷入路径依赖和转型困境（张亚斌和易先忠，2014；洪联英和李建江，2013）。中国本土外贸企业缺乏核心竞争力、被俘于全球价值链底端环节、外贸绩效差与贸易摩擦等核心问题，依然是中国外贸发展的顽疾。当前，中国外贸发展受到来自新兴国家低成本优势与发达国家高技术优势的双重制约。伴随中国要素成本与资源环境约束的增强，传统劳动密集型出口产品成本不断攀升，而与此同时，高技术出口产品面临来自发达国家的竞争，新的外贸增长点尚未形成。这一双重制约使得2011—2016年中国外贸增长连续五年没有实现预期增长目标。尽管大量研究从价值链攀升、出口产品升级、技术进步和要素升级等方面探讨破解中国外贸转型升级困境之道（苏庆义，2016；余淼杰和李乐融，2016；戴翔，2016）。但一个根本性的问题是，能促使中国外贸转型升级的新优势是什么？因为无论是产业间、产业内还是产品内的外贸转型升级

---

① 1957年，库兹涅茨在海牙举办的主题为"国家规模的经济绩效"的国际经济协会上指出："这是一个应当给予更多关注的课题"。See Robinson E. A. G., *Economic Consequences of the Size of Nations: Proceedings of a Conference Held by the International Economic Association*, St. Martin's Press, 1960, p.446.

都依赖于对外贸易的新优势，外贸竞争新优势是外贸转型升级的立足点。正因如此，2015年，国务院出台《关于加快培育外贸竞争新优势的若干意见》，强调外贸竞争新优势的培育，但也正如该文件指出的那样，"传统竞争优势明显削弱，新的竞争优势尚未形成"。外贸新优势"断点"使得中国外贸转型升级缺乏立足点。

那么，能推动中国外贸转型升级的新优势的现实来源是什么？总结二百多年来国际贸易理论的发展，一国对外贸易优势无非来源于四个方面：要素、技术、制度和国内需求。要素禀赋比较优势一直是中国外贸发展的立足点，但随着国内要素成本上升和与中国具有相似要素禀赋优势的发展中国家出口竞争的加剧，中国与周边新兴发展中国家相比，工资成本、环境成本等方面的优势明显弱化，这正是中国外贸发展方式需要转变的重要原因。而技术一直是中国的比较劣势，并且随着中国向中高收入国家迈进，技术后发优势的利用空间越来越有限，因为核心关键技术难以通过技术溢出等后发优势途径获得。同时，中国"渐进式"改革路径决定了中国要发挥制度比较优势将是一个长期过程。那么，不断增长的国内需求似乎构成了中国外贸发展方式转变可依托的现实立足点，并且从技术与需求的关系看，"需求引致创新"也是一个国家技术比较优势的重要来源。

尽管依托国内需求发展对外贸易不仅是经典贸易理论达成的共识，也是微观企业国际化的一般性经验（杨小凯，2003；Helpman et al.，1985；易先忠等，2014）。但在出口导向战略模式下，中国出口没有依托国内需求及产业结构。这一现象自1997年以来备受关注（尹翔硕，1997；朱希伟等，2005；张杰，2010；王海兰、崔日明，2010；袁欣，2010），被称为"中国贸易结构与产业结构发展的悖论"（张曙霄、张磊，2013）。这种脱离本土需求的出口模式在利用要素优势创造中国"出口奇迹"的同时，也使中国外贸长期囿于出口产品质量低下和过度依赖价格竞争等困境。因为在发达国家通过控制核心技术和需求终端实行"结构封锁"的贸易格局中，本土企业以技术能力为核心的高层次外贸竞争优势是中国外贸转型升级的立足点。而发达国家通过对核心技术和需求终端的控制，牢牢把握在全球分工与贸易中的主导地位。受到国内需求不足和与前沿技术差距限制的发展中国家，难以在技术、品牌、营销渠道等环节形成高层次竞争优势，只能立足要素禀赋这种低层次竞争优势、以发达国家市场为出口导向的垂直分工模式分享全球红利。在这一"结构封锁"的贸易格局中，发展中国家只有具备拥有一定国内需求容量的本土市场发展空间，才能依托国内需求培育高层次竞争优势，摆脱对发达国家市场和技术的依赖。而脱离国内市场需求的贸易模式无法将国内需求转换为外贸机制优势，从市场空间上掐断了中国本土企业利用不断扩张与升级的国内需求构建高层次竞争优势的转化路径，从而固化本土企业能力缺口，造成新优势"断点"，使粗放发展方式顽固地延续甚至恶化（路风和余永定，2012）。这正如 Porter（1990）指出的那样："全球竞争乍看之下似乎降低了国内市场的重要性，实则不然。糟糕的是，很多国家往往将本国需求放置一旁，一味朝着出口导向模式发展，结果限制了本国的进步"。

二、中国外贸发展的大国优势：不断增长的国内市场需求

拥有巨大国内市场需求的大国外贸发展有何特殊性？回答这个问题关系如何认识并破解中国外贸长期囿于转型困境的根本性动力，对构建"中国特色开放型经济理论"和思考如何走出具有"大国特色"的中国外贸发展之路具有关键意义。从国家规模这一基本国情探究中国外贸发展的特殊性，是"结合中国特色社会主义伟大实践，加快构建中国特色哲学社会科学"的重要内容，也是"坚定中国特色社会主义道路自信、理论自信、制度自信"的重要立足点。从国际经验看，不同规模国家的发展模式不同，具有较大国内需求的大国偏向更低的贸易开放度，而为弥补国内市场狭小的不足，小国偏向更高的贸易开放度，[①] 如图 1-1 所示。而这一发展模式的不同表现为对国际市场的依赖程度不同。偏向外向型发展模式的小国对国际市场的依赖程度较高，而偏向内向型发展模式的大国，更加依赖国内市场。这一由国家规模决定的发展模式的不同，隐含不同规模国家的国内市场对其经济发展和外贸发展的重要性不同，从而可能使得不同规模国家的外贸发展模式也有所差异。对于中国这样的大国而言，以国内大市场为依托的外贸发展模式，不仅顺应了全球终端消费市场正从发达国家向发展中国家大转移的时代背景，[②] 也为外贸竞

[①] 大国比小国的贸易开放度更低，这是国际经济学领域达成的一致结论（Alesina et al., 2005）。

[②] Staritz et al.（2011）专门讨论了全球终端消费市场从发达国家向发展中国家大转移对发展中国家本地价值链的影响。

争新优势的培育提供了国内需求的支撑力，从而破解了传统优势削弱造成的外贸优势"断点"困境。

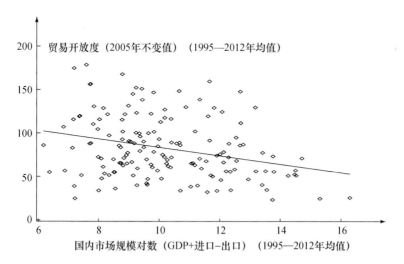

图 1-1　1995—2012 年国家规模与贸易开放度均值（160 个经济体）
数据来源：佩恩表和世界银行数据库。

从对外贸易的根本性动因看，国内需求与制度、要素、技术是一国比较优势的四大根本性来源。注重国内市场的贸易理论无论是以分工和（Smith, 1776；Yang, Shi, 1992）相互需求为基础（Linder, 1961），还是以产品差异化（Krugman, 1980）和企业异质性为基础（Melitz, 2003），都达成"依托国内市场发展对外贸易"的理论共识（朱希伟等，2005）。注重国内市场的经典贸易理论（Linder, 1961；Weder, 1996；Krugman, 1980；Melitz, 2003；Melitz, Ottaviano, 2008）和竞争优势理论（Porter, 1990）都认为，国内市场规模是本土企业出口竞争力的重要源泉。同时，国内需求作为一国对外贸易比较优势的四大根本性来源之一，通过需求总量（Weder, 2003）、生产者—消费者互动的学习效应（Fagerberg, 1993）、产品质量（Peter, Felbermayr, 2015）和异质性需求（Fieler, Cecilia, 2011；Osharin, Verbus 2016）等要素对一国外贸发展产生越来越重要的影响。

伴随中国外贸转型困境的另外一个基本事实是，国内需求作为一国对外贸易比较优势的四大根本性来源之一，内需规模正经历快速扩张，并且需求结构不断升级，为中国外贸发展的关键——外贸竞争新优势的培育提供了国内大市场的支撑力。中国国内消费规模高速扩张,1991—2016年社会消费品零售总额平均增速为11.56%,2016年,社会消费品零售总额为332316亿元,如图1-2所示。同时,居民消费水平不断提高,人均消费支出从1978年的184元增长到2015年的19308元,增长超过100倍。快速提高的居民消费水平意味着中国居民消费结构不断升级,而消费结构的升级为高层次竞争优势的生成和产业结构及贸易结构的转换提供了需求诱因。纵观主要工业化国家的发展历史,产业升级的推进与企业国际地位的提高都离不开本土市场规模的培养与支持。①

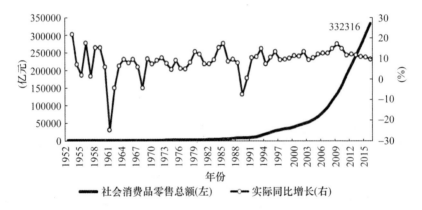

图1-2 社会消费品零售总额(亿元)和增长速度(%):1952—2016年
数据来源:笔者根据Wind资讯数据库数据整理计算。

快速成长的国内需求成为中国外贸发展战略转变的客观基础。在经济发展初期,为以国外需求弥补严重不足的国内需求,中国立足要素成本的比较优势,采取脱离国内需求的出口导向发展战略,并取得了"出口奇迹"。但在新的发展阶段,中国作为世界第二大经济体,已经成为众多商品的世界最大消费国,巨大的国内市场不仅为中国制造业带来了可观的规模效益,也通过"需求引致创新"为中国本土企业的自主创新提供了强有力的需求支撑,从而使得国内市场需求在外贸发展中的作用处于转变时期。那么,在新的发展阶

---

① 从商界到政界都充分认识到国内需求深刻变化的重要性。如马云于2016年指出,"中国必须成为全世界最大的买方市场,这才是中国的未来"。习近平于2015年9月24日指出,"目前,中国有近3亿中等收入人群,未来10—15年会增加到近5亿……这里面有巨大的消费潜力,是中国经济转型的巨大动力"。

段需要重新审视国内市场与外贸发展的相互关系。正是随着中国居民消费水平的提升和消费结构的升级，巨大的国内需求为新产品的生成提供了需求诱因和支撑。这突出表现在，自2008年金融危机以来，在外需低迷的全球经济环境下，新产品的开发和销售日益依赖巨大的国内市场，国内需求对新产品开发的重要性日益突显。如表1-1所示，2008—2015年，全国制造业新产品出口占新产品销售收入比例不断下降，从2008年的25.8%下降到2015年的19.3%，新产品在国内销售的比例不断提高。出口倾向较高的纺织业、化学原料及制品制造业、通用设备制造业、专用设备制造业、汽车制造业、仪器仪表制造业、皮革制品和制鞋业等无一例外，都越来越依赖国内市场进行新产品的开发和销售。这一趋势说明，在国内消费水平提升和消费结构升级的发展新阶段，国内市场需求在外贸发展中的作用正处于转变时期。

表1-1 新产品销往何处：新产品出口额占新产品销售收入比(%)

年份	行业								
	全国	纺织业	化学原料及制品制造业	通用设备制造业	专用设备制造业	汽车制造业	仪器仪表制造业	皮革制品和制鞋业	其他制造业
2008年	25.8	32.7	14.4	15.9	18.0	—			
2009年	18.4	23.4	11.6	11.4	10.5	—			
2010年	20.3	19.8	10.5	11.9	9.2				
2011年	20.1	18.9	10.4	12.6	11.4				
2012年	19.8	18.7	10.2	15.3	12.4	4.8	12.3	28.8	29.8
2013年	17.8	13.8	8.9	12.2	14.0	4.3	13.5	24.6	23.9
2014年	18.8	15.7	8.8	12.8	12.3	3.8	12.5	27.4	27.9
2015年	19.3	12.6	9.2	12.5	14.2	4.0	11.6	25.3	23.6

数据来源：笔者根据Wind资讯数据库数据整理计算。

正是在中国国内需求条件深刻转变的"新常态"下，2015年，国务院相继出台《关于积极发挥新消费引领作用　加快培育形成新供给新动力的指导意见》《关于加快培育外贸竞争新优势的若干意见》和《关于构建开放型经济新体制的若干意见》，把"加快培育国际合作和竞争新优势，更加积极地促进内需和外需平衡，促进国际国内市场深度融合"作为构建开放型经济新体制的总体目标。2016年和2017年的《政府工作报告》又把"深挖国内需求潜力"和"促进供给需求有效对接，形成对经济发展稳定而持久的内需支撑"作为工作重点。这些关于中国外贸与内需的指导意见，不仅强调了国内需求在经济和外贸发展中的作用，也彰显了中国这一拥有巨大内需市场的国家如何在外贸发展方面走出具有大国特色的"中国道路"的紧迫性。

第二节 外贸发展方式转变的理论思考

长期以来，转变贸易发展方式是中国经济学家们最关心的问题之一。大量研究对中国外贸发展方式转变进行了深入思考，主要集中在外贸增长（发展）方式转变的必要性与目标内涵（隆国强，2007；简新华，2007；张晓强，2010；钟山，2010；裴长洪，2011），转变外贸增长（发展）方式的途径，包括技术创新、结构优化、提高能效、加工贸易转型、内外贸一体化、发展自主品牌与服务贸易等（刘伟，2006；张曙霄，2006；杨昌荣，2007；彭瑞林，2010；张燕生，2011），外贸政策与战略调整（桑百川，2008；薛荣久，2010）等方面。尽管现有研究对关于外贸发展方式转换的立足点和路径没有形成共识，但一个基本的共识是，外贸发展方式转变的目标就是通过贸易结构的转化升级，提升对外贸易的质量和效益，促进经济持续发展（张亚斌，2006；张燕生，2011；裴长洪，2011；郭熙保，2013；汪素芹，2014）。

归根结底，外贸发展方式转变是外贸竞争力转换的体现。正如2015年国务院《关于加快培育外贸竞争新优势的若干意见》指出的那样，与世界贸易强国相比，中国出口产品的核心竞争力还不强。正因如此，《关于加快培育外贸竞争新优势的若干意见》强调，"力争到2020年，外贸传统优势进一步巩固，竞争新优势培育取得实质性进展"。对于对外贸易竞争力的来源，古典绝对优势贸易理论认为来源于"静态生产率差异"（如 Ricardian 模型），古典比较优势理论认为要素禀赋的差异是一个国家外贸竞争力主要来源（如 H-O 模型），不少研究探究动态比较优势，如阶梯比较优势论（Balassa，1979）、资本内生模型与动态比较优势论（Findlay，1970；Grossman，Helpman，1990）以及内生动态比较优势模型（张亚斌，2006）等。新贸易理论认为"产品差异"和"规模经济"是外贸竞争力的重要来源（Grossma，1990）。波特的竞争优势理论以包括国内需求等多方面要素的"钻石模型"解释了竞争力来源（Porter，1990）。在产品内分工深化的背景下，出口产品的国内附加值是一个国家外贸竞争力的体现，反映了一个国家在全球价值链分工中的地位，但产品内分工下的竞争力来源仍然以要素禀赋和规模经济为基础(Hummels et al., 2001)。从既有关注中国外贸发展方式转变的文献看,要素禀赋比较优势、本土需求和"出口学习效应"是外贸竞争力的主要来源。

一、基于要素禀赋比较优势的思考

要素禀赋是一国外贸优势的根本性来源之一。林毅夫和刘明兴(2004)、蔡昉等(2009)认为,一国应按照比较优势或动态比较优势参与国际分工,从而形成具有比较优势的产业梯度结构,这样才能引导一国健康的产业结构(贸易结构)升级。林毅夫及其他合作者认为,"一个国家的人均收入是它的技术和产业的函数""发达国家的富裕根源于它们的产业和技术优势"(林毅夫,2002)。而"落后国家与发达国家之间的根本差别在于要素禀赋结构的差别"[①](林毅夫、孙希芳,2003)。"假如发展中国家的政府选择优先发展和这个经济的要素禀赋所决定的比较优势不相符合的产业、技术结构,在一个竞争的市场中,优先发展部门的企业将缺乏自生能力。……结果,这个经济的发展绩效会很差,收敛也就不会发生。只有当发展中国家的政府以比较优势作为产业发展的基本准则,这个经济才会有运行良好的市场,才能易于从发达国家引进技术,维持高的资本积累率,达到快速的要素禀赋结构的升级和实现收敛"(林毅夫,2002)。所以"欠发达国家政府应该以促进要素禀赋的结构升级为目标,而不是以结构的升级为目标,因为一旦要素禀赋结构升级,利润动机和竞争压力就会驱使企业自发地进行技术和产业结构升级"(林毅夫,2002)。"比较优势战略理论"清晰地构建了"要素禀赋—自生能力—技术、经济结构选择—经济增长(收敛)"的分析范式,即经济增长取决于技术、经济结构,而技术、经济结构又内生于要素结构(资本劳动比)。从外贸转型升级的视角看,立足要素禀赋优势的出口产品结构可遵循"发挥比较优势—要素禀赋升级—结构升级"的出口升级路径(林毅夫,2002)。

这一理论基于近几十年来发展中国家实施发展模式和战略转型的若干经验教训,并通过对大量历史证据的归纳,对中国的工业化过程乃至整个发展

---

① 关于要素禀赋结构,比较优势战略理论给予了明确的定义:"……当我们讨论要素禀赋结构的提升时,通常指资本相对(劳动)丰裕度的提高"(林毅夫、孙希芳,2003)。

中国家的工业化实践提供了一个理论解释。但自从比较优势战略理论创建以来，关于该理论对中国经济发展的适宜性也在多方面受到质疑。主要集中在以下方面：其一，是否能够取得较高的经济发展绩效？自20世纪80年代以来，我国价格贸易条件持续恶化的态势引致对比较优势战略有效性的质疑（徐建斌、尹翔硕，2002；王佃凯，2002；徐元康，2003；李稻葵，2006）。按照比较优势战略理论，劳动密集型产业作为当前主导产业，在现代贸易格局下，不能获得较高的经济发展绩效，因而也没有较多的经济剩余来实现要素禀赋结构的升级（王允贵，2002；郭克莎，2003，2004）。其二，是否有利于竞争力的提升？廖国民、王永钦（2003）指出，资源禀赋的比较优势并不是一国产业竞争力和企业自身能力的充分必要条件，缺乏技术优势使得中国劳动密集型产业的比较优势难以为继。洪银兴（1997）也认为单纯的比较优势不一定能成为竞争优势。其三，是否有利于产业结构升级？郭克莎（2004）指出比较优势战略理论的一个根本问题是"能不能实现主导产业的转变，是否有利于比较优势的转换"。同时，就贸易结构而言，郭熙保、胡汉昌（2005）指出，具有比较优势的劳动密集型产业不能自动、自发地向资本密集型、技术密集型产业转换。

世界经济的增长史表明，经济增长方式伴随生产率的提高，从"劳动投入驱动"向"资本投入驱动"再向"技术知识驱动"转变，主导产业从劳动密集型向资本密集型再向技术密集型产业转变。笔者认为，在质量型经济增长阶段，无论从比较优势战略理论的内部逻辑体系还是该理论与现实经验的一致性方面，都表明比较优势战略理论在该经济增长阶段的欠适宜性，并且大国经济也强化了这种欠适宜性。

（一）企业自生能力的决定因素：要素成本还是要素使用效率？

企业自生能力是比较优势战略理论联系要素禀赋结构与产业结构、经济增长的关键变量，由于主要考虑的是资本这一要素，所以资本成本（利率）是决定企业自生能力的关键。但在质量型经济增长阶段，要素使用效率（TFP）对产出的贡献超过资本的贡献，企业自生能力的决定因素还是要素成本吗？

为解答这一疑问，首先从大家较熟悉的印度经济的案例入手。从资源禀赋结构进行比较，印度的储蓄率大约为24%，中国则是40%，加上每年流入印度的外商直接投资（FDI）规模只有中国的10%，可以得出"中国比印度资本要素更丰裕"的基本结论。根据比较优势战略理论，中国的技术、知识密集型企业应该比印度更强、更多。但相比而言，印度成功地培育了一大批目前具有国际竞争力的私营企业和公司，而且这些企业和公司多数以经营最顶尖的信息技术为基础，[①] 例如，在软件方面有著名的信息系统公司印孚瑟斯（Inosys）和维普罗（Wipro），在制药和生物技术方面有著名的雷迪博士实验室（Dr. Reddy's Laboratories）等。为什么资本要素较中国贫乏的印度却能更成功地培育技术、知识密集型企业？这实质上是由于技术、知识密集型企业自生能力不单单由要素成本决定。在世界经济转向质量型经济增长阶段的趋势下，企业自生能力的决定因素也发生了变化，由要素成本转向要素的使用效率。在质量型经济增长阶段，要素使用效率对一个企业的销售收入的贡献大于要素投入的贡献，才有宏观总量上的 TFP 贡献超过要素的 TFP 贡献。内生增长理论对要素的使用效率给予了较详尽的解释，生产率可以由两个因素决定：技术[②]和效率。技术可由研发和国际技术扩散得到；而效率是一个总的概念，即生产要素与技术结合产出的有效性，用于描述解读生产率差异而不是技术差异的任何东西。生产率的影响因素也包罗万象，如企业的生产组织形式[③]、非生产性活动（如经济寻租）[④]、闲置资源（即生产要素没有被完全利用）、管理，等等。这也是为什么印度在资本并不太丰裕的条件下，却有大量具有国际竞争力的高新技术企业的原因——要素使用效率真正决定了企业的自生能力。

当然，要提高要素的使用效率可能也需要投资[⑤]，如技术的改进需要大量的投资，比较优势战略理论认为，"创造高级生产要素（如技术）必然需要大量的投资。投资的来源只能是企业和整个经济过程的生产活动所创造的经济

---

① 这些企业拥有霸主地位是由于它们掌握了核心软件和关键元器件的设计与生产。
② 关于技术进步的作用的比较优势战略理论，笔者也有考虑，但技术进步的物质条件强调物质资本积累的重要性，如"技术进步可能是一种相对简单的引进，也可能是一种需要大量资金的自主研究和开发活动，两者都需要资本的投入。因此，技术进步往往也要受到资本积累程度的局限"（林毅夫、李永军，2003）。本部分强调在质量型经济增长阶段，在技术知识密集型产业中，技术进步的作用具有决定性。
③ 例如，日本的汽车制造商和零部件供应商关系非常密切，这有利于流水作业并提高生产率。相反，德国和美国的汽车制造商和零部件供应商的关系则是对抗性的，供应商担心，如果他们提高生产率，需要零部件的企业就会压低价格，这一点会削弱企业提高效率的积极性。
④ 这一点的普遍性在转型国家是不言而喻的。
⑤ 有些效率的改进并不需要多大的投资，如生产组织形式和管理方法的改进等。

剩余。只有按照经济的比较优势来组织生产活动，企业和整个经济才能最大限度地创造经济剩余"（林毅夫、李永军，2003）。但这一逻辑有两个问题：其一，单从影响要素使用效率的一个因素——技术方面来讲，技术的领先地位也足够弥补资本的成本，即使这一利率较高。因为新技术产品市场具有垄断的特性，而垄断定价带来的高额利润可弥补资本的贷款成本。那么，在世界经济转向质量型经济增长阶段后，发展中国家的企业可以通过借贷实现技术进步，使得技术知识密集型企业获得自生能力。其二，从技术产生来看，新技术产生的决定因素是高质量的人力资本而非物质资本。而高质量的人力资本是政府的公共教育培育出来的，其数量和质量对于企业决策来说是一个外生变量，政府即使在资本相对较贫乏的条件下也可以提高人力资本的数量和质量，以降低企业的研发投入。

其次，有关企业竞争优势源泉的解释有多种理论观点，也并不都把要素成本优势视为企业的自生能力的决定因素。如资源学派认为，企业竞争优势的源泉在于企业所控制的战略性资源，包括企业内部的技术知识、雇员、品牌、贸易联系和资本等。动态能力学派则认为，企业最宝贵的资产是以组织知识为基础的能力，如何发展、保持和增强组织能力对企业赢得竞争优势具有关键作用。竞争力是能力和资源的结合，能力比资源更重要。企业的核心能力包括技术能力、商业能力和管理能力等。金碚也认为，资源是形成优势关系的前提，能力是决定企业市场适应性的最主要资源，知识是能力的内在因素，具有创造性和决定性。蔡昉等（2003）也指出，在开放、自由和竞争的市场条件下，企业竞争力就是企业的经济效率，它包括技术效率和配置效率两部分。在激烈的市场竞争中，企业为了生存和发展，既要关注通过产品创新、技术创新等来实现产出最大化问题，又要关注通过产品和要素价格、盈利能力、市场份额等来实现成本最小化问题。前者是为了使技术有效率，而后者是为了使配置有效率。

最后，从比较优势战略理论受到的质疑来看，基于贸易条件恶化和竞争力缺乏而质疑比较优势战略理论的逻辑根源也在于对企业自生能力的决定因素的不同理解。这是因为在世界经济转向"质量型"经济增长阶段的趋势下，企业自生能力的决定因素不是要素禀赋的比较优势，而是由于知识、技术的领先导致要素使用效率的提高，所以单纯按照比较优势进行出口，贸易条件自然不佳，也自然没有竞争力。从而很自然地，比较优势战略理论也就受到了如"按照比较优势战略把劳动密集型产业作为当前主导产业，在现代贸易格局下，不能够获得较高的经济发展绩效"（王允贵，2002；郭克莎，2004）；"单纯的比较优势不一定能成为竞争优势"（洪银兴，1997）；"资源禀赋的比较优势并不是一国产业竞争力和企业自身能力的充分必要条件，发展中国家应该寻求在诸多关键技术加强创新与突破……而不是刻意追求什么比较优势战略"（廖国民、王永钦，2003）等诸多质疑。

（二）技术、产业（贸易）结构一定内生于要素结构？

在要素投入数量驱动型经济增长阶段，技术、产业结构内生于要素结构是成立的，因为资本在这一阶段是决定性要素。但在要素使用效率驱动型经济增长阶段，技术、产业结构是否一定内生于要素结构？也就是说，要素丰裕度越高，技术水平和产业结构是否也越高？

首先，从技术结构①与要素禀赋的关系来看，比较优势战略理论认为技术结构内生于要素禀赋的理论根据是"适宜性技术"理论。如"对于欠发达国家的企业来说，要升级的产业和技术是新的，需要从发达国家转移过来。学习成本在遵循比较优势的战略下要比违背比较优势的战略小"（林毅夫，2002），因而随着要素禀赋结构的升级，可以引进与要素禀赋结构相适应的更高的技术结构。但这一逻辑有两个根本性问题：问题一，如果技术可以引进，为什么广大发达国家的企业没有在"在利润动机和竞争压力"的驱动下引进"与其要素禀赋结构相适应"的技术？是否仅仅因为这些国家都实现了赶超战略、都着眼于引进不能被利用的前沿技术？是否因为与发达国家要素禀赋相适应的技术不适应发展中国家的要素禀赋结构？问题二，为什么发达国家不能研发出适应发展中国家要素禀赋结构的技术，然后卖给发展中国家（既然他们有能力研发出最前沿的技术）？显然，比较优势战略理论的"技术结构内生于要素禀赋"这一逻辑一定是忽视了技术进步中的某些重要因素。因为就所能观

---

① 关于技术结构的理解，比较优势战略理论特别强调一定的技术水平是和一定的产业区段相联系的，如"技术结构（或者说产业区段）"（林毅夫、孙希芳，2003；林毅夫、刘明兴，2004），又认为"当该经济的要素禀赋结构升级的时候，企业能够相应升级它的产品或技术"（林毅夫，2002），"显然，现有的技术是从高到低的不同水平的技术组成的"（林毅夫、潘士远、刘明兴，2006），等等，从这些表达中不难看出，比较战略理论的"技术结构的升级"的实质就是技术水平的提高，或者说技术结构的升级必然会带来技术水平的提高。

察到的经验来看,技术结构并不是随着要素禀赋结构的改善而改善。这方面的经验甚多,如要素禀赋结构相似的国家间技术水平的比较就能说明这一事实。如表1-2所示,加拿大的劳均实物资本和劳均人力资本几乎与美国相等,因此,在要素积累方面,加拿大与美国大体相当。但是,如果比较它们的生产率,可以发现加拿大只有美国水平的77%,明显比美国低。芬兰和英国的劳均产出水平大体相等,但芬兰的劳均产出水平主要依赖于要素积累,而英国具有较高的生产率。肯尼亚和坦桑尼亚的要素积累大体相等,但肯尼亚的生产率是坦桑尼亚的两倍多,因此,其人均比坦桑尼亚高得多。类似的经验如Yong关于经济大体相似的新加坡和中国香港地区的比较,发现中国香港地区的生产率增长率为2.3%,而新加坡仅为0.2%。这些宏观总量上的证据表明技术水平不一定随着要素结构的改进而提高。

表1-2 若干要素禀赋结构相似的国家的生产率比较

国家	变量				
	劳均产出 y	劳均实物资本 k	劳均人力资本 h	综合生产要素 $k^{1/3}h^{2/3}$	生产率 A
美国	1.00	1.00	1.00	1.00	1.00
加拿大	0.76	1.02	0.98	0.99	0.77
芬兰	0.71	1.14	0.89	0.96	0.74
英国	0.70	0.80	0.82	0.81	0.87
肯尼亚	0.041	0.021	0.53	0.18	0.23
坦桑尼亚	0.015	0.019	0.45	0.16	0.094

注:本表数据采用1960—1998年的连续数据。

再从企业微观经验上看,Michael Polanyi(1962)曾经描述过两个国家利用电灯泡生产机器的两种截然不同的经历:20世纪50年代,匈牙利进口了这种机器,可是一年都没有生产出一个没有缺陷的灯泡,同样的机器在德国却运转良好。20世纪60年代,美国的康明斯发动机公司在日本和印度分别设立了一家合资公司,生产同样的卡车发动机。在日本的工厂很快就达到了该公司的质量和生产率水平。相反在印度的工厂,成本比美国的工厂高两倍,产品质量却依然低下。阿西莫格鲁和齐立波蒂认为在这些例子中,关键不在于实物资本的数量与质量存在差距,而在于主要工程和管理人员的实践经验不同。

既然所观察到的经验与比较优势理论的"技术结构内生于要素禀赋"的

逻辑并不一致，那么，比较优势战略理论的"技术结构内生于要素禀赋"这一逻辑忽视了技术进步中的哪些重要因素？实际上，在经济转向质量型经济增长阶段，增长理论重新解释了经济持续增长的源泉，认为技术进步而非物质资本才是经济增长的源泉，根据内生增长理论，技术进步并非取决于物质资本，而是人力资本，这一点在内生增长理论关于技术进步的刻画中得到明显体现。而在比较优势战略理论中，人力资本在技术进步中的决定性作用，由于强调物质资本的决定性作用而被弱化了。如"人力资本的作用和物质资本的作用是互补的，单方面提高人力资本，而没有一定的物资资本和其配合，高人力资本无法发挥其作用"（林毅夫、李永军，2003）。"发展中国家的政府往往只看到了先进技术的重要性，而忽视了技术进步的要素约束"（林毅夫、刘明兴，2004）。当然，人力资本作用的发挥需要配备必要的物质资本是不容否认的，但问题的关键是：在转向质量型经济增长阶段，人力资本对技术进步和产业结构升级的作用比物质资本更具决定性。这一点在有关人力资本贡献率的研究中已经得到普遍的认同。创造高级生产要素（如人力资本）必然需要大量的投资。投资的来源只能是企业和整个经济通过过去的生产活动所创造的经济剩余，只有遵循比较优势战略才有充足的剩余进行人力资本投资。然而，根据舒尔茨的计算，1900—1957年间，美国在"物化"方面的投资增长了45倍，而教育投资增长了85倍，但"物化"投资创造的利润仅增加35倍，而教育投资创造的利润增加了175倍。既然人力资本投资的贡献如此之大，为什么人力资本投资的收益就不能弥补投资于人力资本培育的物质资本的成本，而非要在此成本很低的条件下才能进行呢？另外，影响企业技术选择的不仅仅是人力资本水平，还有知识产权保护制度、市场规模的大小、既得利益集团的阻碍、知识的可获得性等诸多因素。

其次，从产业结构与要素禀赋的关系看，比较优势战略理论认为产业结构内生于要素禀赋也是基于与技术结构内生于要素禀赋结构相同的理由。伴随经济转向质量型经济增长阶段，技术、知识产业结构也逐渐成为支柱产业，但由于技术、知识产业的发展取决于技术和知识，而技术和知识又取决于高质量人力资本、企业家精神和相关的制度环境等，而非资本要素。所以，当高质量人力资本、企业家精神和相关的制度环境（如知识产权、大的市场容量、既得利益集团的阻碍）等条件不能满足时，技术和知识就不能畅通获得，从而产业结构升级也无法实现。自然地，比较优势战略理论不可避免地受到诸多质疑，如"（按照比较优势战略发展经济）能不能实现主导产业的转变"？"比较优势战略忽略了产业结构调整、技术进步和制度创新等动态贸易利益"。

（三）大国经济对比较优势战略欠适宜性的强化

在质量型经济阶段，大国经济特征强化了比较优势战略的欠适宜性。首先，大国经济为提升企业自生能力提供了更多途径。质量型经济增长阶段，企业自生能力的决定因素由要素成本转向要素的使用效率，而大国经济的巨大经济规模与国内需求为有效提高要素使用效率提供可能。大国的生产要素规模大和国内市场规模大，既可导致分工和专业化生产，又可形成资源集聚和产业集聚，从而推动技术细分和技术进步，有利于要素使用效率的提高，使得大国经济条件下，企业自生能力的提高并不仅仅依赖于要素成本。其次，大国经济为产业结构升级提供了更多可能。即使大国的高质要素和要素禀赋总体水平较低，但大国资源总量大的特征有利于大国形成规模经济，培植支柱产业。同时，大国经济具有幅员广阔和资源丰富的特征，发展经济的资源要素比较充裕，产业布局的空间比较大，凭借这种优势可形成完整的产业链和产业布局，建立一个包括资源密集型、资本密集型和知识技术密集型的相当完备的产业体系，使得提升产业结构并不一定依赖总体要素禀赋的改善。最后，大国经济条件下，以资源禀赋的比较优势介入国际分工，并不能取得良好的经济发展绩效以实现经济向发达国家收敛。中国巨大的贸易规模加剧了国际市场竞争，增加了经济收敛的难度。且大国更倾向于受到"要素边际报酬递减的诅咒"，因为大国产出的增加，通过贸易条件恶化，使得产出的价值下降，放大要素积累边际报酬递减的影响，从而降低经济增长福利。

二、基于国内市场作用及其制度原因的思考

国内市场需求是外贸优势另外一个重要来源。无论是注重国内市场的经典贸易理论（Linder，1961；Weder，1996；Krugman，1980；Melitz，2003；Melitz，Ottaviano，2008）还是竞争优势理论（Porter，1990）、企业能力理论和产品生命周期理论都认为，国内市场规模是本土企业出口竞争力的重要源泉。如根据经典企业竞争力理论，国内需求是 Porter（1990）竞争优势"钻石体系"的"火车头"。对于来自不同国家的产品而言，国内市场的大小是其资源与能

力的核心决定因素。产品生命周期理论也认为,对新产品的国内需求是企业新产品的重要优势(Vernon,1966)。Linder(1961)和Weder(1996)认为国内需求规模和特征决定了贸易模式。根据本土市场效应理论,国内市场规模的扩大所带来的规模效应和生产率改进能够促进出口(Krugman,1980)。国内大市场通过容纳更多企业,涵养市场竞争,使得只有生产率最高的企业才能出口(Melitz,2003;Melitz,Ottaviano,2008)。国内需求作为一国对外贸易优势的重要来源,可以追溯到以"斯密定理"为核心的古典贸易理论,根据"斯密定理",市场范围决定分工深化程度,进而决定内生的绝对优势。自Linder(1961)的"重叠需求"明确出口与内需的关系以来,国内需求对贸易模式的重要性越来越受到重视,国内需求通过需求规模的比较优势(Helpman,Krugman,1985;Weder,2003)、国内生产者—消费者互动的学习效应(Fagerberg,1993)、改善产品质量(Fajgelbaum et al.,2011)和异质性偏好(Fieler,2011;Osharin,Verbus 2016)等途径对一国贸易模式产生深刻影响。国内市场规模优势主要体现在:"市场范围假说"效应(Murphy et al.,1989;Trindade,2005)、涵养竞争优势(Porter,1990)、改进产品质量(Highfill,Scott,2006)、促进技术创新(Desmet,Parente,2010),甚至弥补要素禀赋比较优势的不足等。

  基于这些经典贸易理论和竞争力理论框架,国内学者从不同视角探究以国内市场规模提升竞争力的新思路。如徐康宁和冯伟(2010)提出基于本土市场规模的技术创新的第三条路径,许德友(2015)提出以内需市场培育出口竞争新优势,范红忠(2007)提出以有效需求规模提升国家自主创新能力,宣烨等(2015)提出依靠国内市场塑造服务业国际竞争力。也正是在经典贸易理论和竞争力理论框架下,大量基于中国区域出口数据(张帆、潘佐红,2006)和行业出口数据(杨汝岱,2008;邱斌、尹威,2010;钱学锋、黄云湖,2013)的实证研究都证实了经典理论的预期:中国本土市场效应已经成为推动出口的优势之一(钱学锋、陈六傅,2007)。但中国本土企业的实际贸易竞争优势与基于宏观数据的实证结论并不一致(姚洋、章林峰,2008),出口产品质量(张杰、郑文平、翟福昕,2014)、技术含量(姚洋、张晔,2014)和出口竞争力优势(茅锐、张斌,2013)总体也呈下降趋势。造成这一不一致的原因可能在于,由于以加工贸易为主的外商投资企业和以一般贸易为主的本土企业并存,使得区域和行业层面贸易流量并不能客观反映中国本土企业的竞争力(姚洋、章林峰,2008),从而也不能解答国内市场规模是否成为本土企业出口优势的来源。

更为重要的是,基于本土市场效应的研究不能解答的问题是,既然国内市场对外贸发展如此重要,为什么中国会有大量的出口企业更加偏向出口,但却在国内市场没有销售的"舍近求远"的反常现象?究其根源,这些基于经典理论框架探究本土市场效应的研究,充分认识到国内市场的作用,但没有对经典理论的隐含假设给予足够重视,因为这些隐含假设条件决定了国内市场的作用机制能否有效实现(易先忠等,2014)。实际上,从国内贸易与对外贸易的关系看,注重国内市场的既有贸易理论无论是以分工为基础(亚当·斯密,1776;杨小凯,1992),还是以产品差异化(Krugman,1980)、企业异质性(Melitz,2003;Grossman et al.,2009)、区域差异为基础,都以"国内贸易成本低于国际贸易成本"为隐含假设,由此引申出"国内贸易比对外贸易更容易实现"假说。这一假说也得到了经验支持。而中国国内贸易成本并不低于国际贸易成本(Young,2000;Poncet,2013),这为中国外贸发展没有依托国内市场提供了一个思路。

遵循这一思路,大量研究关注转型背景下导致中国本土企业的非自然性出口扩张的"特殊"制度因素。诸多研究强调中国国内市场对外贸发展的重要性(谷克鉴,2000;赵永亮,2009;裴长洪,2009;钱学锋、熊平,2010等)。但中国国内市场的不完善(白重恩,2003;刘培林,2004;朱钟棣,2009;范爱军等,2009),使得中国外贸发展很大程度上不是国内市场自然扩张的延伸,而是内部市场"扭曲"的产物(钟昌标,2002;朱希伟等,2005;陆铭、陈钊,2009)。在中国渐进式改革过程中,由于体制不完善和市场进程的不均衡推进等原因,产生了多种形式的"非创新获利"空间,如由要素扭曲导致的"低、同质产品获利"空间、由行政性垄断导致的"投机获利"空间以及由政府职能改革滞后和法制不健全导致的"寻租获利"空间等(易先忠等,2016),都极大抑制了本土企业依托国内需求进行创新的动力。在分税制财政体系下,地方保护主义所导致的市场分割,严重阻碍了本土企业通过国内市场实现规模扩张,只能借助于国际贸易实现规模经济效应(朱希伟,2005;陆铭、陈钊,2009;张杰,2010)。在出口导向政策下,为了实现以出口带动地方 GDP 高速增长的目标，政府对出口企业普遍采用出口退税、出口补贴以及税收返还措施，压低生产要素价格，也因此扭曲了出口企业的生产要素投入成本差异与投入比例(施炳展、冼国明，2012)，固化了出口企业对低成本要素优势的依赖。出口导向政策也激励了本土出口企业采取"为出口而进口"的策略，即通过进口国外先进机器设备来弥补其"技术差距"(巫强、刘志彪，2009)，由此又进一步固化了与国内需求关联不强的"体外循环"出口模式。刘晴等(2014)认为，由于国际贸易和国内贸易具有不同的固定成本，低效率企业会在固定成本较低的国际市场上销售，而高效率企业能同时在高固定成本的国内市场和低固定成本的国际市场销售。类似这一思路，张杰等进一步考察了中国社会信用体系缺失和知识产权保护制度的影响，认为中国社会信用体系缺失，导致技术能力较低的企业偏好代工或贴牌方式的出口加工贸易，而使技术能力较强的企业倾向于在国内或国外市场上销售。此外，"中国特色"的内外贸不同管理体制、对加工贸易差异化的出口退税政策(范子英、田彬彬，2014)、"重开放轻产业"的政策组合(尹翔硕，1997；张军，2010；唐东波，2013)等多项政策，也助推了脱离国内需求的出口模式。

三、基于"出口学习效应"的思考

"出口学习效应"是开放条件下企业动态优势的又一来源。根据新贸易理论的异质性企业假说(Melitz，2003；Melitz，Ottaviano，2008)和国际经验(Bernard，Jensen，1999；Egger et al.，2014)，出口企业可以通过"出口中学"提升企业或行业的生产率水平(Melitz，Ottaviano，2008)。因为出口企业在出口过程中可以更快、更早地接触国际市场信息、新技术标准，从而提高了产品和服务的质量，进而提高了生产率水平，这一出口过程被称为"出口学习效应"(learning by exporting)。

大量研究检验了中国出口贸易是否存在"出口学习效应"。基于中国工业企业数据的大量经验研究却发现与"出口学习效应"理论预期不一致的结论，认为中国出口企业存在"生产率悖论"，即中国出口企业的生产率显著低于没有出口的企业(李春顶，2010；范剑勇、冯猛，2013；戴觅等，2011、2014)，并且高出口密集度企业比低出口密集度的生产率低。但关于"生产率悖论"

的存在性具有较大争议，如范剑勇和冯猛研究发现，34%—35%的出口生产率优势来源于"出口学习效应"，其余来自"自选择效应"，且出口倾向度较低的企业的"出口学习效应"强度大、持续时间长。张礼卿和孙俊新采用2004—2007年中等规模以上制造企业的数据研究发现，虽然出口企业有着比非出口企业更高的生产率，但这种生产率优势一般在出口企业进入市场之前就已经存在，而不是因为进入市场之后出口企业显著提高了生产率，出口对企业全要素生产率增长的影响不显著。佟家栋和刘竹青（2012）利用中国工业部门36个行业的统计数据发现，出口需求的增长显著抑制了工业部门全要素生产率的提高和技术效率的改进，但是内需规模的扩大却显著促进了全要素生产率的提高和技术效率的改进。国内市场需求的扩张会促进内资企业技术效率的改进和全要素生产率的提高，但是却显著不利于外资企业生产效率的提高。张杰等（2016）研究发现，从事加工贸易企业的出口活动不存在显著的"自我选择效应"与"出口学习效应"；只有从事一般贸易的企业，其出口活动才存在显著的"自我选择效应"和"出口学习效应"。包群等（2014）利用中国企业数据还发现，企业出口未能明显提高生产率，在高出口倾向度的外资企业中甚至出现了负向的"出口学习效应"，只有在出口倾向度较低的企业中出口才提高了生产率。而这些从事一般贸易的企业和出口倾向度较低的企业正是更多依赖国内需求的本土企业，也即深度嵌入国内市场的本土企业的出口贸易才是国内技术进步、生产效率改进的关键。张杰和郑文平（2017）进一步研发发现，进口促进了一般贸易的创新，但抑制了加工贸易企业的创新活动，而出口并没有对中国本土企业的创新活动产生显著影响。这些研究表明，中国国内市场需求对本土企业生产率改进具有显著影响，而"出口学习效应"可能只存在于依托国内需求的出口企业，即出口倾向较低的企业。

同时，即便存在"出口学习效应"，也只有一般贸易企业的"出口学习效应"才能促进长期经济增长。如 Jarreau 和 Poncet（2012）的研究发现，并不是所有企业的出口技术复杂度的提升都能促进经济增长，从事一般贸易的本土企业的出口技术复杂度的提升才能促进经济增长。Poncet 和 Waldemar（2013）基于中国数据的研究发现，由加工贸易和外资带动的出口升级并不能驱动中国经济长期增长，只有从事一般贸易的本土企业的出口升级才是经济增长的重要驱动力。这些证据表明，即便"出口学习效应"能够促进出口升级,但以"两头在外"加工贸易带动的出口升级并不能促进经济长期增长,"本土嵌入"(domestic embeddedness)程度较高的本土企业的产品升级和能力建设才是经济持续增长的关键(路风、余永定,2012)。

四、基于价值链攀升的思考

在全球产品内分工深化的背景下,企业优势的另外一个来源就是,通过融入全球产品内价值链分工可获得新信息、进入新市场、学习新技术,进而实现在全球价值链的攀升(Gereffi,1999;Staritz et al.,2011)。各个国家或地区通过不同的方式参与产品内分工,最终形成了全球范围内的价值链体系。在这一格局下,结构升级表现为本土企业在全球价值链中顺着价值阶梯逐步提升的过程,遵循从流程升级到产品升级,再到功能升级,最后到链条升级的过程,其核心在于本土企业通过技术能力的提升,增加工序和产品的增加值(Humphrey,Schmitz,2002;Gereffi et al.,2005)。

虽然唐海燕和张会清(2009)、戴翔和金焙(2014)等研究发现,融入全球产品内分工显著促进了中国在全球价值链中的攀升。但大多数研究表明,融入产品内分工对本土企业价值链攀升的作用非常有限。刘志彪(2011)明确指出,"在外向型经济发展过程,中国融入的是被'俘获'型的全球价值链。来自发达国家'链主'的需求牢牢地控制着中国制造的命运,而且其表面合理的代工收益具有十分严重的'温水煮青蛙'效应、对中国产业强烈的'负向激励'作用,这不仅是中国经济发展方式高粗放性的主要原因之一,而且在很大程度上弱化了中国经济独立自主发展的主动性。"[1] 姚洋和张晔(2008)也曾对融入产品内分工必然促进出口升级提出了质疑,他们认为伴随"两头在外"出口加工贸易迅猛增长的同时,中国出口品国内技术含量却下降,也就是说中国积极参与国际产品内分工,发展出口加工业,形成了对进口品的依赖,自身技术水平反而有所倒退。洪联英、刘解龙、杨高举、黄先海认为,发展中国家融入全球价值链分工并没有获得技术转移与溢出的预期收益,对

---

[1] 刘志彪:《重构国家价值链:转变中国制造业发展方式的思考》,载《世界经济与政治论坛》2011年第4期。

中国产业转型升级的带动和促进作用十分有限。一个较为普遍的共识是，中国出口企业普遍依赖于全球"链主"发包的"国际代工"模式，在发达国家跨国公司主导的全球价值链中，中国制造业企业被锁定于低端技术水平的国际代工模式和技术难以提升的路径陷阱中（刘志彪、张杰，2009；张杰等，2008、2010）。洪联英等从全球生产组织理论的视角分析外包组织安排对中国制造业技术技能升级的作用机制和影响路径，认为跨国公司通过外包的国际生产组织安排，能有效地控制技术和技能的传播和溢出，固化了发展中国家劳动力的低端技能模式，是中国制造业技术升级和技能升级产生路径依赖的微观生产组织根源。唐东波（2013）利用2000—2008年的数据研究发现，尽管中国的出口越来越融合到国际垂直专业化分工中，但中国出口产品特别是高新技术出口产品内含的国外技术进口品的比例较高，国内附加值的贡献远远低于出口增长。中国出口增长具有某种"假象"，出口产品内涵的技术水平的提升并没有反映为国内附加值的同步增长，国内本土产业升级缓慢。

那么，究竟如何实现在全球价值链中的攀升？大量研究指出，可通过本土要素的升级和培育尤其是劳动力素质的提高和发展生产性尤其是高级生产性服务业（唐海燕等，2009），实现"工艺升级——产品升级——功能升级——链条升级"的价值链升级模式和路径。此外，中国以加工贸易为突破口参与产品内国际分工，目前已成为国际分工体系中一支重要的新兴力量（唐海燕等，2009）。为实现以加工贸易为突破口的价值链攀升，张燕生（2010）提出，必须引进高技术含量的制造环节并提高全球配套生产能力，才能从贸易主体上实现，由外商投资企业主导的"世界工厂"向国内企业与外资企业并举的贸易主体转变。王子先于2004年从推动新型工业化的角度阐述中国加工贸易转型升级的方向。隆国强（2008）指出，要从延长企业加工链条、加强企业技术创新、促进企业进入服务环节、发展本土跨国公司等方面促使加工贸易转型升级和本土企业在全球价值链中的攀升，并提出从政策上促使加工贸易向中西部梯度转移。陈少兵于2005年认为，加工贸易不仅是中国推进工业化的捷径，也是走新型工业化道路的必然选择，他提出转变外贸发展方式，不能排斥加工贸易的发展，需要通过提升加工贸易产品品质、延长价值链等途径促进加工贸易发展。张旭宏于2005年提出，通过技术引进、产业配套等途径提高加工贸易产品及链条的深度、发展培育自主品牌。苏桂富、李少华等探讨了全球价值链中的知识、研发的转移扩散机制与学习机制，以此提出中国加工贸易转型升级的路径。但全球价值链中的技术学习与溢出效应在现实中并不普遍。以此，隆国强、崔大沪、潘悦、马强、来斌炫等提出，应该通过产业政策、产业配套、区域产业转移与合作等措施推进加工贸易转型升级。戴翔和张为付认为，当前全球经济进入深度调整期的同时，中国经济进入新常态，简单地将中国纳入全球价值链分工体系来发展对外贸易的传统方式遭遇了巨大挑战，亟待转变外贸发展方式，而究其实质，就是要转变融入全球价值链分工体系的方式。尽管如此，加工贸易技术含量低、产品增值率低、缺乏核心技术和自主品牌的现实一直没有得到改变（姚洋、张晔，2008；闫国庆等，2009），并且这种"两头在外"的发展模式也使得出口部门和国内产业关联较差，对产业升级的促进作用也非常有限。以期通过融入产品内分工获取外国技术外溢的愿望并没有成为现实，巨额加工贸易增长的出口并没有实现出口品所含技能水平的提升的同步增长，国内的产业升级步伐缓慢（唐东波，2013）。

实际上，发展中国家"俘获"于价值链底端环节并不是中国特有的现象。Schmitz 于 2004 年发现，发展中国家可以借助于全球价值链代工体系，实现起飞或低端工业化进程，但是在进行到高端工业化进程中，却出现了被"俘获"现象。同样，De Marchi *et al.* (2016) 通过对全球价值链文献的系统性回顾，发现发展中国家企业在全球价值链中很难实现创新，这些企业在全球价值链分工体系中的"低端锁定"是一种普遍现象。并进一步明确指出，"融入全球价值链对发展中国家来说并不是创新与升级的灵丹妙药，只是一个具有发展效应的机会窗口"。

这些忽略了国内需求在价值链中作用的研究，之所以难以解释发展中国家本土企业在全球价值链中的攀升，究其根源，在发达国家"控制核心，外包其余"的产品内分工格局下，发展中国家要突破"低端锁定"就需要本土企业的技术能力建设，而这种严重脱离国内需求的外贸发展模式从市场空间上掐断了中国本土企业利用国内需求来构建高层次竞争优势的转化路径，从而固化本土企业能力缺口，导致本土企业高层次竞争优势的"集体缺失"，使粗放发展方式顽固地延续甚至恶化，也使中国经济越来越容易受到外部力量的左右(路风、余永定，2012)。而 Staritz et al. (2011)明确指出，需求因素通过决定市场的大小和需求的特征对价值链升级具有决定性影响。因为发达国家通过对核心技术和需求终端的控制，牢牢把握全球分工与贸易中的主导地位。而受到国内需求不足和与前沿技术差距限制的发展中国家，难以在技术、品牌、营销渠道等环节形成高层次竞争优势，从而在产品内分工上形成高收入国家的跨国公司控制研发和产品销售的高端价值链环节、低收入国家本土企业被俘于价值链底端环节的全球贸易分工格局。那么，中国本土企业如何利用不断增长的本土市场需求，就成为突破发展中国家"俘获型"结构、实现价值链攀升的关键。① 而发展中国家只有具备一定高端需求容量的本土市场空间，才能实施"自主独立"的发展战略，摆脱对发达国家市场和技术的依赖(张杰、刘志彪，2007；刘志彪，2011、2013)。那么，构建以内需为基础的国家价值链体系和治理结构，实现国民消费需求支撑下的、由本土企业作为"链主"主导的发展，利用内需市场的规模效应，发展国内价值链，培育本土企业作为价值链"链主"，将竞争模式从"环节对链条"转变为"链条对链条"，就成为"俘获型"价值链结构下中国本土企业实现价值链攀升的重要途径(张杰、刘志彪，2007；刘志彪，2011、2013)。

五、如何转变中国外贸发展方式：基于文献分析的启示

既有关于中国外贸发展方式转变的研究，为本研究提供了丰富的启示，主要体现在：

其一，立足要素禀赋比较优势的外贸发展模式下本土企业外贸优势"断点"，迫切需要寻求外贸优势新源泉和外贸发展新的立足点。应该认识到的是，在中国经济发展早期阶段，立足要素禀赋比较优势的外贸发展，顺应了国内需求严重不足和要素禀赋丰腴等客观国情，造就了"出口奇迹"。但这一外贸发展模式的一个不容争议的客观后果是，"传统竞争优势明显削弱，新的

---

① 瞿宛文(2003)的研究认为，利用中国市场的规模和成长速度，是中国台湾地区的企业通过自创品牌完成产业升级非常重要的途径。

竞争优势尚未形成"①。究其根源，比较优势发展战略适应于数量型经济增长阶段，因为在这一阶段要素起着关键性作用。而从"要素投入数量驱动"到"要素使用效率驱动"的转变阶段，遵循"要素禀赋—自生能力—技术、经济结构选择—经济收敛"分析范式的比较优势战略理论（林毅夫，2002），无论其内部逻辑体系还是该理论与现实经验的一致性方面都表明该理论在此经济增长阶段的欠适宜性，并且大国经济会强化这种欠适宜性。强调要素禀赋比较优势作为外贸发展的立足点，鼓励以要素禀赋优势为依托的外贸发展，出口必然会集中在少数有比较优势的产品上，形成脱离国内需求的出口模式。而脱离国内需求的出口模式，从市场空间上掐断了中国本土企业利用不断扩张与升级的国内需求构建高层次竞争优势的转化路径，从而固化本土企业能力缺口，造成外贸新优势"断点"。正如路风、慕玲（2003）指出的那样，"中国工业发展应当遵循'比较优势'的观点实质上是要求政府放弃工业政策和技术政策，但在解释工业竞争力源泉上却贫乏无力"。那么，在传统优势削弱和外贸新优势"断点"的条件下，就迫切需要寻求外贸优势新源泉和外贸发展的立足点，并相应地调整立足要素禀赋优势、脱离国内需求的外贸发展模式。

其二，国内市场需求是本土企业外贸优势的重要来源，但受到制度环境的影响。依托国内需求发展对外贸易，也是经典竞争力理论、企业能力理论和产品生命周期理论达成的共识。任何产品出口的根源都在于其国际竞争力，而国内需求是竞争力的重要来源。无论是注重国内市场的经典贸易理论、竞争优势理论，还是企业能力理论和产品生命周期理论都认为，国内市场规模是本土企业出口竞争力的重要源泉。正如路风、慕玲（2003）指出的那样，"基于本土市场需求特点的产品创新以及企业在技术学习和能力发展上的努力，才是技术相对落后国家的企业能够在开放市场条件下获得竞争优势的原因"。目前，中国作为世界第二大经济体，已经成为大多数商品的世界最大消费国，巨大的国内市场不仅为中国制造业带来了可观的规模效益，也通过"需求引致创新"为中国产业的自主创新带来可能，依托迅猛成长的国内市

---

① 《国务院关于加快培育外贸竞争新优势的若干意见》（国发〔2015〕9号）。

场，中国标准比其他大多数国家的同行有更大几率成为国际标准。但为什么中国出口企业的销售会出现"舍近求远"的反常现象？究其根源，这些基于经典理论框架探究如何发挥国内市场效应的研究，充分认识到国内市场的作用，但同时没有对经典理论的隐含假设给予足够重视，而这些隐含假设决定了国内市场的作用机制能否有效实现（易先忠等，2014）。在国内需求促进出口的"内需—出口"假说中，制度环境完善的隐含假设发挥了关键作用（易先忠等，2017）。但制度不完善导致的市场分割（张杰等，2010）、要素扭曲（施炳展、冼国明，2012）和无序竞争（易先忠等，2016）等，可能使国内需求无法转化为本土企业的出口优势，国内制度环境不完善使得本土企业没有动力，也没有能力依托国内需求形成高层次竞争优势，导致"内需引致出口"功能缺位，使得国内需求规模大的产品不一定具有出口竞争力（Porter，1990）。

其三，"出口学习效应"受到出口模式的影响，脱离国内市场需求出口企业的"出口学习效应"弱。"出口学习效应"是开放条件下企业动态优势的重要来源，也是出口贸易被誉为"增长的引擎"的重要原因。尽管关于中国出口企业是否存在"生产率悖论"具有较大的争议，但关于中国出口贸易的学习效应一致的结论是：一是，本土嵌入程度低的加工贸易企业并没有比非出口企业有更高的生产率（李春顶，2010；戴觅等，2014）；二是，从事加工贸易企业的出口活动和高出口倾向企业的出口不存在显著的"自我选择效应"与"出口学习效应"，只有从事一般贸易的企业和出口倾向度较低的企业，其出口活动才存在显著的"自我选择效应"和"出口学习效应"（Sun et al.，2013；包群等，2014；张杰等，2016；张杰、郑文平，2017）。而这些从事一般贸易的企业和出口倾向度较低的企业正是更多依赖国内需求的本土企业，这就说明深度嵌入国内市场的本土企业的出口贸易才是国内技术进步、生产效率改进的关键。脱离本土需求单纯追求融入全球产品内分工带动的出口增长无法促进根植于国内需求本土企业的生产率改进，从而对经济持续增长的作用十分有限。

其四，全球产品内分工体系下国内需求是破解"低端锁定"的关键。尽管融入全球产品内分工也给本土企业提供了获得信息、进入新市场、学习新技术和获取技能的机会（Gereffi，1999；Henderson et al.，2002；戴翔和金碚，2014），但正如 De Marchi et al.（2016）对忽视本土技术能力建设的价值链研究提出批评那样，忽视本土技术能力建设的发展中国家企业在全球价值链中很难实现创新，发展中国家本土企业在全球价值链分工体系中的"低端锁定"是一种普遍现象。谋求在全球价值链分工体系中的新地位归根结底取决于本土企业自身能力的建设，因为全球价值链的每一环节都对应不同的技术层级，价值链提升的一个关键要素就是技术能力的提升（Humphrey，2004）。研发能力和市场能力是本土企业技术能力建设的两个方面，因为事实上，任何一项企业的创新活动都是技术的市场化，而本土企业在国内市场上有天然优势，这就决定了国内市场需求在本土企业技术能力建设，进而在全球价值链攀升中的重要性。忽视发展自身本土市场合理的消费需求规模和结构，仅仅依靠代工与出口导向的发展战略，实质上形成被发达国家封锁的结构是必然结局（刘志彪和张杰，2007；刘志彪，2013）。也正如研究全球价值链的顶级专家 Cornelia Staritz, Gary Gereffi 和 Olivier Cattaneo 于 2011 年指出的那样，"国内市场需求通过决定市场大小和需求特征对价值链升级具有决定性影响"（Staritz et al.，2011）。但可惜的是，迄今为止，仍然非常缺乏对大国本土需求在价值链中作用的研究，正如 Staritz 等三位顶级价值链专家指出的那样，"在全球价值链研究中，尽管治理结构和领先企业的作用已经得到广泛关注，但不同需求终端市场（end markets）的作用却没有被明确讨论"（Staritz et al.，2011）。

第三节 研究思路、内容与贡献

一、研究思路

基于文献分析的启示，立足要素禀赋比较优势的外贸发展模式在全球有利的贸易环境和中国特定发展阶段创造了中国"出口奇迹"，同时也形成了脱离本土需求的贸易模式。脱离本土需求的贸易模式，不仅使本土企业高层次竞争优势的培育失去国内需求不断增长这一重要的外贸优势来源，也使得出口企业难以通过"出口学习效应"等途径提升本土企业能力，导致本土企业外贸优势"断点"和本土企业"被俘"于全球价值链底端环节，最终陷入外贸发展方式转变困境。在外贸优势"断点"和国内需求快速增长的发展新阶段，把握撬动转变中国外贸发展方式的杠杆，需要重新审视脱离本土需求的出口模式。综合相关文献可以看出，既有研究越来越关注国内市场对外贸发展的影响，为本研究提供了重要参考。但如下几个方面的重要问题有待深入研究：

（1）需要重新认识外贸发展的起源和本质作用。本土企业究竟是如何发展贸易的？外贸发展的本质作用究竟是什么？充分理解这些看似"浅显"的基本问题的重要性，至少体现在两个方面：其一，新的发展阶段呼吁新的外贸发展方式，也需要谨慎审视这些基本问题。在前一发展阶段，为实现出口扩张，强调发挥要素禀赋优势，并以差异化的出口退税、要素扭曲、"重开放轻产业"等政策强化和创造"人为"要素成本优势，助推了"体外循环"式的贸易模式，使得出口企业具有明显的出口偏好，"市场倒挂"现象普遍。而在这一外贸发展过程中，本土企业能力并没有得到长足的发展，本土企业能力缺口成为制约中国外贸发展方式转变的关键因素。如果说，脱离国内需求的外贸发展是在"无国内需求、无技术、无资本"发展阶段的现实选择。那么，在内外需求深刻变化的新发展阶段，究竟如何发展外贸，才能形成良性内生机制？解答这个重要问题就无法回避外贸发展的起源和本质作用这些基本问题。其二，长期以来，对这些基本问题的"模糊"认识一定程度上导致了国际贸易学术领域的争论：对加工贸易作用的争论、对出口企业生产率悖论的争论、对要素禀赋比较优势战略理论的争论，甚至是对外贸发展方式转变内涵和途径的"莫衷一是"等。也正是由于对这些基本问题的"模糊"认识，在外贸发展实践上，尽管2005年来国家就把推进外贸发展方式转变作为经济工作重点，但十多年来，仍然没有形成外贸发展的内生机制，当下外贸优势的"断点"更使外贸发展举步维艰。

（2）探究大国外贸发展特殊性的一般性规律。基于关注国内需求的重要研究，由于没有摆脱中国"特例"困境，从而无法从国际经验视角判别中国国内需求对外贸发展的促进程度和潜力，也无法解答"对于不同规模的国家而言，其外贸发展的主要驱动因素以及由此决定的出口模式是否有差异"这一影响中国外贸转型升级战略转换的关键问题。鉴于此，笔者摆脱中国"特例"困境,在更宽广的分析框架和多国家经验中探寻破解中国外贸转型困境的"大国之路"。

(3)需要打破经典贸易理论关于国内市场制度完善的隐含假说,探究大国国内市场影响外贸发展的内在机制及制度条件。尽管大量研究从市场分割、要素扭曲、市场环境等视角,分析了中国外需导向出口贸易模式形成的机制,加深了人们对中国出口模式形成原因的理解。但这些囿于中国案例的经验研究,不仅无法揭示国内市场促进外贸发展方式内在机理的一般性规律,也无法判别这些影响中国外贸发展的制度因素是中国"特例"还是具有普适性。

(4)探究催生依托国内市场内生外贸发展机制的"根源性""系统性"制度安排。尽管大量文献关注国内市场对外贸发展的影响,也提出了如内外贸一体化等政策意见,但并没有从外贸发展方式转变内在机理的视角将大国国内市场优势纳入外贸发展方式转变分析框架,因而也无法提出相应的"根源性""系统性"的制度安排。

基于这些研究中的不足,笔者以外贸起源和外贸发展的本质作用为出发点,以建立长效、良性、内生外贸发展机制为目标,在国际经验中探寻国内市场影响外贸发展的一般性规律,以此审视和调整中国严重脱离国内市场需求的贸易模式,为推进中国外贸发展方式转变提供新视角和新思路。首先,阐述中国外贸发展严重脱离国内市场需求的典型事实,探析脱离国内市场需求贸易模式的影响及其调整机遇与必要性;其次,构建依托国内市场实现大国外贸发展方式转变的理论分析框架,并以国际经验验证大国外贸发展的特殊性;再次,从出口升级、出口产品结构多元化、本土企业出口竞争力视角,揭示国内大市场促进外贸发展方式转变的内在机制及其条件,并以国际经验检验三条内在机制及其实现条件;最后,在理论与国际经验分析的基础上,解析中国未能形成依托国内大市场的外贸内生机制的制度原因,并提出相应的外贸发展战略转变路径与政策保障措施。基本思路如图1-3所示。

二、研究内容

基于以上研究思路,笔者立足中国外贸与内需发展的两个基本事实:其一,在外需低迷与传统优势削弱的双重夹击下,中国外贸发展迫切需要加快培育外贸竞争新优势,而中国严重脱离国内需求的外贸发展模式使得外贸新

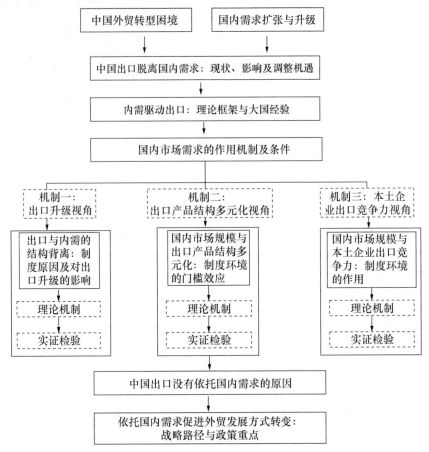

图1-3 研究思路结构图

优势的培育成为"无源之水";其二,中国国内需求正深刻变革,国内消费规模高速扩张,居全球第二,且消费结构从基本满足向品质需求快速升级,大国国内市场优势突显,为外贸新优势的生成提供了需求诱因。基于这两个基本事实,探究新形势下中国外贸发展方式转变的大国特色道路。主要研究内容如下:

(1)厘清研究的现实背景,探究中国外贸发展没有依托国内市场的典型事实、困境与调整机遇。首先,从出口企业的"市场倒挂"(出口企业内销比例)、出口产品结构与国内需求结构背离程度的国际比较、国内需求对本土企业出口竞争力贡献度的国际比较等方面,阐述中国外贸发展没有依托国内市场的现实。然后，从外部市场萎缩、"合成谬误"、外贸优势断点等角度，分析外贸发展模式脱离国内市场面临的困境。最后，从国内市场规模扩张与需求结构升级、国内市场面临外资的"竞争替代"等方面，分析调整脱离国内市场外贸发展模式的现实条件与紧迫性。

（2）回归外贸发展的起源和本质作用，构建大国依托国内需求转变外贸发展方式的理论分析框架。首先，回归外贸起源和外贸发展的本质作用，基于对"国内需求—本土供给—出口结构"本质关联的认识，把握外贸发展方式转变的本质内涵，找准"结构封锁"型世界贸易格局下发展中大国外贸发展方式转变的现实立足点。在此基础上，为大国外贸发展方式转变提供一个"制度完善下的国内需求—本土企业高层次竞争优势与贸易结构转换升级—以经济持续增长为核心的外贸发展绩效改善"的新分析框架，进一步厘清依托国内需求的外贸发展模式实现大国外贸发展方式转变的机制及其实现条件。最后，以国际经验检验大国外贸发展模式的特殊性。

（3）从出口升级、出口产品结构多元化和本土企业出口竞争力三个视角，揭示国内大市场促进外贸发展方式转变的内在机制及其条件，并以国际经验检验三种内在机制。其一，从出口升级的视角，探究国内制度环境影响出口与内需的结构背离，进而影响出口升级的内在机制；其二，从出口产品结构多元化，探究国内制度环境影响国内市场规模和出口产品结构多元化的内在机制；其三，从本土企业出口竞争力的视角，探究国内市场需求提升本土企业出口竞争力的机制及其条件。

（4）在理论与国际经验分析的基础上，解析中国未能形成依托国内大市场的外贸内生机制的制度原因，并提出相应的战略转变路径与政策保障措施。通过分解对中国脱离国内市场需求外贸发展模式的影响因素，揭示中国外贸发展模式形成的深层次原因。进一步地，提出从外需导向到内需驱动外贸发展模式的转变路径和相应的战略思路转换。最后，从"国内需求—本土供给—出口结构"双重对接的视角，提出"根源性"和"系统性"的重点政策安排。

三、研究贡献

笔者回归外贸发展的起源和本质作用，厘清外贸发展方式转变的本质内涵，找准外贸发展方式转变的立足点。在此基础上，打破经典贸易理论关于国内制度完善的隐含假设，为大国外贸发展方式转变提供一个新分析框架。摆脱"中国特例"困境，从国际经验视角，揭示大国国内市场促进外贸发展方式转变的机制及其条件的一般性规律，将有力丰富大国外贸发展方式转变的基础理论，并为推进中国外贸发展方式转变提供一种"根源"型政策取向。

其一，回归外贸发展的起源和本质作用，基于对"国内需求—本土供给—出口结构"本质关联的认识，构建了大国依托国内需求转变外贸发展方式的理论分析框架，不仅加深了对外贸发展本质作用和外贸发展方式转变根本性动力的认识，也为从本土需求这一重要视角探究外贸发展，提供了一个具有开创意义的、可供讨论的分析框架。

正如裴长洪（2016）指出的那样，以往对外贸发展的认识，往往局限于外贸本身，即以贸易条件为核心的贸易绩效和以贸易结构转型升级为核心的外贸发展方式转变。究其根源，是对"具有内生能力的本土企业如何走向国际市场""外贸发展的本质作用究竟是什么"等基本问题没有给予足够重视，从而忽视"国内需求—本土供给—出口结构"间的本质关联，对外贸发展的本质作用——改进本土供给能力和供给结构这一经济持续增长的核心——没有给予足够重视，对如何有效利用大国国内需求这一外贸发展重要优势来源也没有给予足够重视。在外贸发展实践中，集中体现在，以内外贸不同管理体制、对加工贸易差异化的出口退税政策（范子英、田彬彬，2014）、"重开放轻产业"的政策组合（尹翔硕，1997；张军，2010；唐东波，2013）以及出口补贴等多项政策，助推脱离国内需求的出口模式。但从长期看，这种外贸发展模式不仅使得中国外贸发展方式转变的核心——本土企业高层次竞争优势的培养成为"无源之水"，也使得中国外贸发展对经济持续增长的作用非常有限。

实际上，贸易之所以被誉为"增长的引擎"，是因为贸易通过"资源的再配置效应""自我选择效应"和"出口学习效应"等途径促进了本土供给能力和供给结构的改善，从而促进经济长期增长。而本土供给主要服务于国内需求，对大国而言，尤其如此。出口又是本土企业依托国内需求逐步培养竞争力，而后在开放条件下"自我选择效应"的结果。正因如此，"国内需求—本土供给—出口结构"之间具有必然关联。因此，外贸发展方式转变不在外贸结构本身，而是本土供给能力和结构升级的反映，国内需求是外贸发展方式转变的关键——本土企业培育高层次竞争优势的立足点，对外贸易的发展是本土企业依托国内需求在开放条件下逐步培育出口竞争力的过程，即便产品内分工深化也没有改变这一外贸发展的一般性经验和从古典贸易理论传承下来的"隐含"理论共识。遵循"国内需求—本土供给—出口结构"关联的外贸发展，才能真正成为"增长的引擎"，也才能形成外贸发展方式转变的内生良性机制。

正是基于对"国内需求—本土供给—出口结构"本质关联的认识，笔者把握外贸发展方式转变的本质内涵，找准"结构封锁"型世界贸易格局下发展中大国外贸发展方式转变的现实立足点。在此基础上，为大国外贸发展方式转变提供一个"制度完善下的国内需求—本土企业高层次竞争优势与贸易结构转换升级—以经济持续增长为核心的外贸发展绩效改善"的新分析框架。

其二，探寻大国外贸发展特殊性的一般性规律，不仅顺应了夯实"中国道路"理论基础的迫切需求，对内外需求深刻变化条件下探究具有"大国特色"的外贸发展道路也具有深远的意义。

人们常常谈论"中国特色"与"坚定中国特色社会主义道路自信、理论自信、制度自信"，那么中国"特色"与"自信"的"外生"立足点是什么？笔者基于巨大本土需求规模这一基本国情，探究中国外贸发展"特色道路"，其作用在于引发对内外需求深刻变革新形势下中国外贸发展大国特殊性的深刻思考，对"构建中国特色开放型经济新体制"具有极为深远的意义。

既有关注中国国内需求与出口关系的重要研究（张杰等，2010；钱学峰等，2007），由于基于中国的数据分析而无法摆脱中国"特例"困境，从而无法从国际经验视角判别中国国内需求对外贸发展的促进程度和潜力，即便证明了出口与内需的因果关系，也无法解答"对于不同规模的国家而言，其外贸发展的驱动因素以及由此决定的贸易模式是否有差异"这一影响中国外贸转型升级战略转换的关键问题。而笔者摆脱"中国特例"困境，遵循从中国的零星事实到典型事实，到理论分析，再到实证检验的规划方法，从一般性国际规律视角探寻中国作为大国的外贸发展特殊性。正如《经济研究》匿名审稿专家对笔者阶段性研究成果的评价，"文章遵循从中国的零星事实到典型事实，到理论分析，再到实证检验，从一般性国际规律视角探寻中国作为大国的外贸发展特殊性,是文章较为突出的研究亮点,也是构建'中国道路'理论基础的迫切需求"。

具体而言:其一,从外贸发展本质作用的视角,论证了大国为什么比小国更偏向内需驱动出口模式。其二,从出口升级的视角,论证了大国脱离国内需求的出口模式套牢于低端产品结构的风险比小国更大。其三,从出口产品结构多元化视角,论证了大国依托国内需求实现出口产品结构多元化的制度条件。其四,从产品内分工视角,论证了为什么产品内分工深化只是弱化了小国的"出口—内需"关联,强化了大国"出口—内需"关联。

其三,打破经典贸易理论中国内制度完善的隐含假设,探究国内需求影响外贸发展的制度条件新机制,并识别制度环境的重要维度,这不仅丰富了制度与贸易的相关文献,也推进了经典贸易理论在发展中国家的适宜性。

尽管国内制度对贸易模式的深刻影响已得到广泛认可(Nunn, Trefler, 2013;邱斌等,2014;Nunn, 2007;Nunn, Trefler, 2014;Feenstra et al., 2013),大量研究论证了国内制度通过影响投资(Nunn, 2007)、劳动力成本(Cunat, Melitz, 2010)以及融资的可获得性(Manova, 2013)等途径影响一国贸易结构,同时也论证了国内需求对一国出口的重要影响(Linder, 1961;Weder, 1996, 2003;Krugman, 1980;Melitz, 2003;Melitz, Ottaviano, 2008;Fieler, 2011;Osharin, Verbus, 2016),但国内需求影响外贸发展的制度条件机制迄今为止仍然没有被关注。而笔者研究的一个重要贡献在于,证实了国内需求影响外贸发展的制度条件机制,从而证实了国内制度环境不仅直接作用于贸易,也深刻地作用于国际、国内两个市场之间的互动与衔接,加深了人们对国内制度环境重要性的认识。

具体而言:其一,从"制度环境影响出口与内需背离,进而影响出口升级"这一新视角丰富了国内制度对出口影响机制的相关研究,基于 ISIC 四分位产业数据,测算了 51 个国家出口与内需的结构背离度,在多国经验中研究发现:国内制度不完善使得"内需引致出口"功能缺位,也会导致产生背离本土需求的扭曲性出口产品结构,并且由制度不完善引发的脱离国内需求的出口模式,会加大被套牢于低端产品结构的风险。其二,打破经典贸易理论关于国内市场制度完善的隐含假说,探究制度环境约束下国内市场规模对出口产品结构的作用机制,并基于 160 个国家的样本数据的门槛模型稳健估计了国内市场规模发挥作用的制度环境门槛值,并进一步识别制度环境的关键维度。其三,基于全球电子消费品行业1252家品牌企业的数据,寻找中国电子消费品这一代表性行业国内大市场影响本土企业出口竞争力的微观证据,研究发现国内大市场要在规范有序与创新导向的市场环境、国内需求的国际化、消费者—生产商有效互动等条件下,才能转换为本土企业出口竞争力。

第二章

中国出口脱离国内需求：事实、困境与调整机遇

把握撬动中国外贸转型升级的杠杆，需要认清驱动中国外贸发展的在位优势和潜在优势以及由此决定的出口模式。立足国内需求发展对外贸易不仅是本土企业国际化的一般性经验，也是经典贸易理论的共识。然而，中国出口没有依托国内需求，在企业层面上表现为大量出口企业严重的"市场倒挂"现象，在产业层面表现为贸易结构与产业结构的"背离"。这种脱离本土需求的出口模式在依托要素优势创造中国"出口奇迹"的同时，也面临外部市场萎缩、"合成谬误"制约和新优势"断点"等困境。而伴随中国外贸发展困境的一个突出现象是，中国国内需求规模不断扩张，并且需求结构快速升级，为外贸新优势的培育提供了重要的优势来源。与此同时，中国国内市场面临外资的"竞争替代"，而随着国内需求条件的深刻变化，严重脱离国内需求的出口模式也呈现向依托国内市场的外贸发展模式转变的"阶段性"过渡特征。这些基本现实意味着，中国可能到了调整严重脱离国内需求贸易模式的重要历史关口。

第一节 中国出口脱离国内需求的典型事实

立足国内市场发展对外贸易不仅是经典贸易理论的共识（Krugman，1980；

Melitz，2003），也是大多数国家行之有效的发展路径（叶劲松、钟昌标，2003）。国际贸易一般在国内贸易之后发展起来，其逻辑起点在于，本土企业贸易具有本地市场偏好（Wolf，2000），因为本土企业在国内市场具有成本优势、信息优势，同时面临的贸易壁垒也较少，对本土文化、制度的熟悉又使得本土企业更容易把握国内需求特征，所以，产品的设计和生产起初往往针对国内市场（Porter，1990）。再加上同国内贸易相比，国际贸易需要支付如关税、运输等额外费用，所以，国际贸易一般在国内贸易之后才发展起来（杨小凯，2003）。根据新贸易理论，一个国家出口的产品应该是那些已经在国内市场取得竞争优势的产品（Krugman，1980）。考虑企业异质性的"新新贸易理论"认为，由于企业进入国内或国外市场都需要支付固定成本，市场竞争的"自我选择效应"（self-selection）使得只有在国内市场已经具备竞争力的企业才能同时进入国内市场与国外市场（Melitz，2003）。实际上，基于企业异质性微观层面因素的"新新贸易理论"基本上都隐含这一假说，即企业之所以能够获取出口竞争优势，是由于其利用国内市场获得了某种"特定"竞争优势，从而具备支付出口贸易所需的销售渠道开拓、国际交易风险等额外的沉淀成本的基础能力。然而，有着巨大国内市场的中国外贸发展却和经典贸易理论明显背道而驰，出口企业严重的"市场倒挂"、出口产品结构与国内需求结构的严重背离、国内市场需求对本土企业出口竞争力的贡献度低等成为不争事实。

一、事实一：出口企业"市场倒挂"现象严重

"出口企业在国内销售更多，并且生产率更高"是国际贸易中两个公认的典型事实（Bernard，Jensen，1999；Melitz，2003；Egger *et al.*，2014）。[①] 企业在国际市场的销售能力是其国内市场积累的能力的反映（Bernard，Jensen，1999），同样，通过"出口学习效应"也能加强在国内市场的能力，因此，

---

① 其中，Egger 等利用法国企业的数据表明，出口企业比非出口企业在国内销售更多。

国内市场销售与出口具有相互促进的作用。① 然而,中国企业的出口扩张呈现"独特"的特征,似乎并不依托国内市场进行出口,这与 Krugman(1980)和 Melitz(2003)的国际贸易理论发生了明显的"背离"。以常用的"出口交货值与工业销售比"度量出口强度(Egger et al., 2015),以有效捕捉和鉴别"出口企业是否以国内市场为依托进行生产率的积累等行为"(范剑勇和冯猛,2013)。

整体而言,中国出口企业呈现明显的"市场倒挂"现象,即在国外市场的销售数量大于国内市场(如图 2-1 所示)。这与"出口企业在国内销售更多"的共识并不一致。图 2-1 显示,加入 WTO 后,中国出口企业的出口强度明显提高,在 2007 年达到峰值,出口企业 65% 的产品销量在国外,而国内市场销量仅占 35%。进入 2008 年以来的外需低迷期后,中国出口企业的出口强

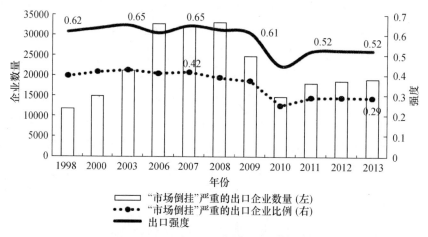

图 2-1 中国出口企业的"市场倒挂"

数据来源:笔者根据各年《中国工业企业数据库》整理计算。

---

① Robert Salomon 和 Myles Shaver 于 2005 年发现,西班牙本土企业的国内销售与出口具有明显的协同作用,西班牙本土企业通过在国内市场销售增强出口的竞争力。

需要指出的是,内需压力(domestic-demand pressure)假说(Rahmaddi, Ichihashi, 2012)认为,出口与内需可能存在替代关系:其一,在企业产能约束下,出口企业的国内销售与国外销售行为之间可能呈现替代关系,即短期内企业的既定产能约束下,出口企业无法通过扩大生产同时满足国内外增加的需求,使得内需和出口可能存在替代关系;其二,国内需求增加,也会使得通货膨胀压力增加,进而使出口价格上升,出口竞争力减弱,企业出口意愿降低;反之,国内需求压力的下降会导致出口产品价格相对降低而增强出口意愿(Esteves 和 Rua, 2015)。

度明显降低，但仍然严重依赖国外市场，2013年总体出口强度仍然为52%。"市场倒挂"严重的出口企业(出口强度超过90%的企业)占所有出口企业的比例，到2007年达到42%，进入外需低迷期后，"市场倒挂"严重的出口企业数量大幅度减少，2013年为19246家，占出口企业总数的29%。"市场倒挂"严重的出口企业仍然占较大比例。

与"依托国内市场发展对外贸易"理论共识相背离，中国外贸发展中有大量"纯"出口企业(如图2-2所示)，这些出口企业在国内市场基本没有销售，出口强度超过99%。"纯"出口企业数量在2006年达到25952家，占出口企业总数的33%。尽管2008年以来"纯"出口企业数量不断降低，但到2013年仍然有13402家，占出口企业总数的20%。其中，光伏行业是一个典型代表，中国光伏行业产品出现了明显的"市场倒挂"现象，95%的光伏产品出口，国内销售仅占5%。这些"纯"出口企业极易受全球经济和欧美"双反"保护政策影响。这些"纯"出口企业似乎并不看重国内市场，也不想通过打造品牌获取国内市场份额，而是依赖于国外采购商或发包者的销售渠道，以成本优势来获取国外发包商的生产订单。这一现象与Krugman(1980)以及Melitz(2003)的国际贸易理论明显"背离"。

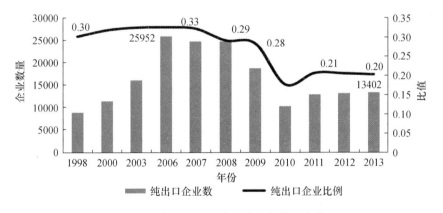

图2-2 中国"纯"出口企业数量及占比

数据来源：笔者根据各年《中国工业企业数据库》整理计算。

进一步地，笔者剔除具有高出口倾向的外资企业，仅考虑本土出口企业①的出口强度和"市场倒挂"情况。为考察本土企业市场倒挂的动态变化，分别考察2003—2013年本土企业的出口强度。图2-3显示了2003年33311家本土企业的出口强度分布。

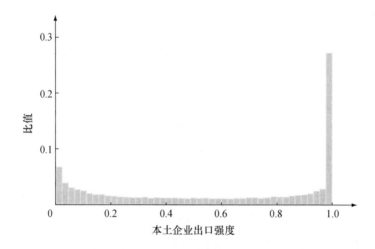

图2-3　2003年本土企业的出口强度分布

数据来源：笔者根据2003年《中国工业企业数据库》整理计算。

2003年，33311家本土企业的平均出口强度为0.5836。其中，19213家本土企业出现"市场倒挂"现象，倒挂比例为57.68%，而这些"市场倒挂"的劳动生产率水平均值为205.224，远远低于非"市场倒挂"的14090家企业309.075的平均水平，也低于出口企业249.154的平均水平。2013年，48046家本土企业的平均出口强度为0.4912。其中，22594家本土企业出现"市场倒挂"现象，倒挂比例为47.02%（如图2-4所示），而这些"市场倒挂"的劳动生产率水平均值为662.816，远远低于没有"市场倒挂"的25452家企业1506.97的平均水平，也低于出口企业1109.993的平均水平。这充分说明"市场倒挂"的本土企业并不因为具有较高的生产率水平从而在国际市场上更

---

① 根据《中国工业企业数据库》中的登记注册类型，内资企业不仅包括国有企业、集体企业、股份合作企业、联营企业、股份有限公司、有限责任公司、私营企业等，也应该包括外资企业中中方控股企业。笔者按照出资比例划分本土企业和外资企业，因此笔者研究的本土企业不仅包括中方完全出资的内资企业，也包括中方出资比例超过50%的合资企业。

具竞争力的结果。

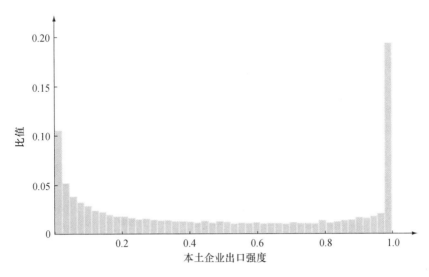

图 2-4　2013 年本土企业的出口强度分布
数据来源：笔者根据 2013 年《中国工业企业数据库》整理计算。

令人鼓舞的是，随着国内市场规模的扩大和国内市场制度的逐步完善，越来越多的本土企业从国内市场走向国际市场。本土出口企业总数从 2003 年的 33311 家增加到 2013 年的 48046 家。其中，出口强度小于 0.25 的本土企业从 2003 年的 9656 家增加到 2013 年的 18226 家，占增加企业总数的 58.2%。出口强度小于 0.5 的本土企业从 2003 年的 14090 家增加到 2013 年的 25446 家，占增加企业总数的 77.1%。这说明，中国本土企业的出口正遵循经典贸易理论共识，"立足国内市场发展对外贸易"。

为进一步刻画出口企业"市场倒挂"的行业分布，笔者根据四分位产业代码对 2009 年 66285 家出口企业的出口强度进行行业汇总，如图 2-5 所示。在 474 个行业中，有 239 个行业出现"市场倒挂"。在这些行业中，既有传统比较优势行业，如纺织服装制造、皮鞋制造、皮箱、包(袋)制造等，也有高技术产业，如电子计算机外部设备制造等。总体而言，资源及劳动密集型行业的"市场倒挂"更为严重。

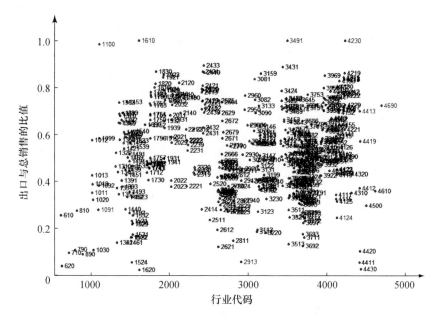

图 2-5　2009 年中国出口企业的出口强度行业分布
数据来源：笔者根据 2009 年《中国工业企业数据库》整理计算。

本土出口企业的"市场倒挂"是依托国内市场培育竞争力的"正常结果"吗？根据 Melitz(2003) 的"自我选择效应"，出口企业是由于在国内市场获得了竞争优势，通过市场竞争的"自我选择效应"，竞争力最强的企业同时进入国内市场与国外市场。如果中国出口企业的"市场倒挂"是依托国内市场培育竞争力的"正常现象"，那么这些有竞争力的出口企业在国内的销售收入同样也较高，并且其生产率也应当较高。表 2-1 显示了 2009 年一般贸易企业的"市场倒挂"及其竞争力表现。由于加工贸易的高出口倾向特征，笔者剔除了加工贸易，只考虑一般贸易企业的情况。总体上看，"市场倒挂"的企业在国内销售均值为 3288 万元，低于没有"市场倒挂"企业 33718.3 万元的平均水平。特别是那些出口强度大于 80% 的一般贸易企业的国内销售仅为 1383.2 万元，远低于没有"市场倒挂"企业国内销售的平均水平。这说明，"市场倒挂"企业在国内市场的竞争力比没有"市场倒挂"的企业更差，"市场倒挂"并不是强有力竞争的"正常结果"。

表 2-1 2009 年一般贸易企业的"市场倒挂"及其竞争力表现

分类	出口强度<0.3	出口强度<0.5	出口强度>0.5	出口强度>0.8	市场倒挂企业比值
所有一般贸易企业					
国内销售均值(万元)	41527.1	33718.3	3288.0	1383.2	—
新产品销售收入比均值(%)	10.5	9.86	7.34	7.02	—
劳动生产率均值(万元)	7.140	65.95	44.21	39.56	—
企业数量(家)	21474	28818	22916	22916	0.4429
纺织服装制造					
国内销售均值(万元)	11383.7	8756.4	1303.1	643.3	—
新产品销售收入比均值(%)	3.81	3.54	4.02	3.87	—
劳动生产率均值(万元)	32.52	29.69	22.04	21.74	—
企业数量(家)	748	1211	2248	1437	0.6498
汽车零部件及配件制造					
国内销售均值(万元)	32176.6	27214.4	2571.3	581.3	—
新产品销售收入比均值(%)	10.1	9.97	6.11	4.26	—
劳动生产率均值(万元)	72.67	67.51	38.89	40.04	—
企业数量(家)	941	1172	452	215	0.2783
电子元件及组件制造					
国内销售均值(万元)	12921.8	11649.5	4539.9	3452.6	—
新产品销售收入比均值(%)	9.78	9.30	6.56	5.69	—
劳动生产率均值(万元)	44.97	42.99	44.07	41.46	—
企业数量(家)	511	762	752	420	0.4966

数据来源：笔者根据 2009 年《中国工业企业数据库》整理计算。

进一步地，通过新产品销售收入比和劳动生产率度量企业的竞争力(如表 2-1 所示)，也强化了"市场倒挂企业的竞争力更差"这一结论。"市场倒挂"的 22916 家企业的劳动生产率均值为 44.21 万元，低于没有"市场倒挂"企业65.95万元的平均水平。特别是那些出口强度大于80%的一般贸易企业的劳动生产率仅为39.56万元，远低于没有"市场倒挂"企业国内销售的平均水平。以新产品销售收入比刻画竞争力，"市场倒挂"企业的新产品销售收入比均值为7.34%，而没有"市场倒挂"企业的均值为9.86%。这进一步说明，中国"市场倒挂"的出口企业并不是Melitz(2003)的"自我选择效应"的结果。

基于所有企业的总体比较，可能忽略了行业特征的影响。进一步考虑代表性出口行业中(如表2-1所示)一般贸易企业的"市场倒挂"及其竞争力表现，同时考虑中国三个代表性出口行业：纺织服装制造、汽车零部件及配件制造和电子元件及组件制造。无论是传统比较优势产业(纺织服装制造)还是高技术产业(汽车零部件及配件制造和电子元件及组件制造)，"市场倒挂"企业的国内销售水平、劳动生产率水平和新产品销售收入比，都比没有"市场倒挂"企业更差。这说明，即便考虑行业特征的影响，中国出口企业普遍呈现的"市场倒挂"，也并不是Melitz(2003)所预期市场竞争"自我选择效应"的结果，因为"市场倒挂"的出口企业并没有比非"市场倒挂"的出口企业有更强的竞争力。

二、事实二：出口产品结构严重背离国内需求结构

中国出口没有依托国内需求，在企业层面上表现为大量出口企业严重的"市场倒挂"现象，在产业层面则表现为贸易结构与产业结构的"背离"。[①] 从国内需求结构、产业结构和出口产品结构的关系看，一个国家产业结构主要服务于国内需求结构，而出口产品结构是产业结构在空间上的扩展，是一种"镜像"与"原像"的关系。所以，如果一个国家的外贸发展是国内市场自然延伸的结构，则出口产品结构与国内需求结构及产业结构应当一致(尹翔硕，1997；

---

① 尹翔硕最早提出中国出口制成品结构与制造业生产结构不一致的问题，袁欣提出中国对外贸易结构与产业结构的"背离"，张曙霄、张磊(2013)称之为"中国贸易结构与产业结构发展的悖论"。朱希伟等(2005)、张杰等(2010)认为，中国出口企业的行为与Krugman(1980)的本地市场效应理论和Meliz(2003)的理论发生了明显"背离"。本部分基于"出口是国内企业在满足国内需求之后的市场拓展，它反映了国内产业的发展"(袁欣，2010)和"贸易结构取决于生产结构，服务于消费结构"(张曙霄、张磊，2013)，进一步将"出口产品结构背离生产结构"提炼为"出口与内需的结构背离"，其简单逻辑在于：国内生产结构是国内需求结构的反映，所以出口产品结构背离生产结构的实质是出口产品结构与国内需求结构的"背离"。

张亚斌，2010；袁欣，2010；张曙霄、张磊，2013）。但正如张曙霄、张磊（2013）指出，"中国的贸易结构是由中国参与国际分工的被动方式决定的，受制于外需，而不是源于产业结构升级的内在推动力"。中国对外贸易结构呈现超前发展的虚幻性，它并不与中国的产业结构存在必然的内部联系，即对外贸易结构的"镜像"并不反映产业结构的"原像"（袁欣，2010）。由于产业结构是国内需求结构的反映，贸易结构与产业结构的背离实质上反映了出口产品结构与国内需求结构的背离，即出口依托内需的程度。因此，以公式（2.1）度量出口产品结构与国内需求结构的背离程度。

$$\text{diva} = \sum_{i=1}^{n} \left| \frac{\text{con}_i}{\sum_{i=1}^{n} \text{con}_i} - \frac{ex_i}{\sum_{i=1}^{n} ex_i} \right| \times 100 \qquad (2.1)$$

其中，diva 为出口产品结构与国内需求结构的背离度，con_i 表示国家产业 i 的国内消费额，ex_i 表示国家产业 i 的出口额，n 代表产业总数。以各产业的均值计算背离度是否更为科学？笔者计算了两套背离度数据，通过比较这两套背离度数据，发现以总和计算的背离度比以均值计算的背离度更加科学，因为：（1）由于基于资源禀赋比较优势的专业化国际分工可能使得一国出口产品结构比较集中，以产业均值计算的背离度会低估一国的总体背离度；（2）由于国内消费的数据在有些国家的某些产业不完全，而各个产业的消费又是客观存在的，以产业均值计算的背离度大大高估了这些国家的背离度。故而本部分笔者采用以总和计算的背离度。

笔者采用联合国工业发展组织（UNIDO）四分位国际标准产业分类（ISIC）数据，测算了制造业出口产品结构与国内需求结构的背离度，数据来源于 UNIDO 2013 年的工业需求供给平衡数据库。其中需求数据为每一产业的国内消费量（apparent consumption），包括由国内生产和进口的产品。按照 ISIC 四分位分类标准，共有 127 个制造业，其中烟草产品主要在国内销售，出口量少，而成品油和钢铁受国家资源禀赋影响程度大，这三类产品不能客观反映一国出口产品依托国内市场的程度，故笔者剔除了这三个产业。

图 2-6 显示了代表性国家制造业出口产品结构与国内需求结构的背离程度。首先，无论是世界平均水平还是各国的趋势图，都表明出口产品结构与国内需求结构的背离度具有较强的黏性，并没有出现笔者的一般性预期：在

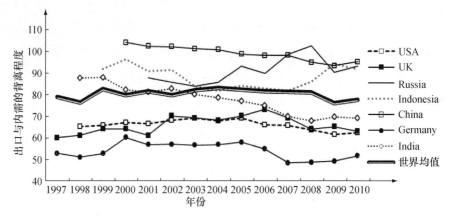

图 2-6　代表性国家制造业出口产品结构与国内需求结构的背离程度
数据来源：笔者根据联合国工业发展组织 2013 年的工业需求供给平衡数据库数据计算。

全球生产网络加深的条件下，背离度不断增大。其次，一般而言，发达国家的背离度低于发展中国家，如中国、俄罗斯、印度尼西亚、巴西等发展中国家的背离度普遍高于美国和英国。正如既有研究所批评的那样（尹翔硕，1997；张亚斌，2010；袁欣，2010；张曙霄、张磊，2013），中国的背离度远高于世界平均水平，也高于同一发展水平的国家。

为进一步刻画中国出口产品结构与国内需求结构的背离，图 2-7 显示了 2010 年中国 124 个产业出口产品结构和国内需求结构的耦合程度。总体而言，

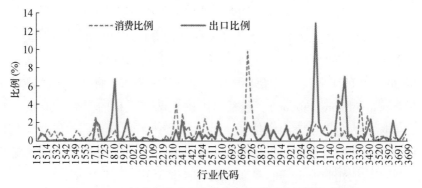

图 2-7　2010 年中国出口产品结构与国内需求结构耦合程度
数据来源：笔者根据联合国工业发展组织 2013 年的工业需求供给平衡数据库数据计算。

出口产品结构和国内需求结构的耦合程度较低，国内需求较大的产品出口比例较小，如其他化学产品、汽车零件或附件、药品、医药化学品、采掘机械、分析器。而出口产品高度集中在办公及计算机械、电视及相关产品和服装等极少数产品上，这三类产品占总出口的28%。出口产品结构和国内需求结构的总体背离程度较高。

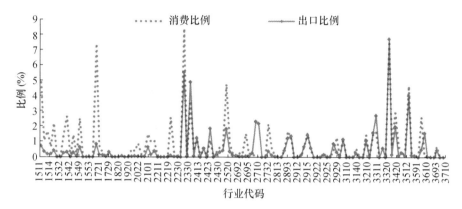

图2-8　2010年印度出口产品结构与国内需求结构耦合程度

数据来源：笔者根据联合国工业发展组织2013年的工业需求供给平衡数据库数据计算。

为了直观比较，图2-8和图2-9分别给出了印度和美国2010年124个产业出口产品结构和国内需求结构的耦合程度。中国和印度两个国家的外贸发展模式有较大差异，印度属于"内需驱动经济形态"（刘志彪，2012），中国则采用加工贸易和外商带动的出口导向发展模式。印度的数据显示，对于大多数产品而言，国内需求较大的产品，其出口比例也较大，这与古典及新贸易理论的"内需—出口"假说一致。以公式(2.1)测算的2010年出口与内需总体背离程度为69，低于世界平均水平。

图2-9显示，美国国内需求较大的产品，其出口比例也较大。美国出口与内需的耦合程度也明显强于图2-7显示的中国出口与内需的耦合程度。无论是与发展中国家印度还是与发达国家美国的比较，都说明中国出口依托国内需求的程度低，以外需导向为主。从总体上看，巨大的国内需求并没有如经典贸易所预期的那样，成为中国本土企业发展对外贸易的基础，中国出口企业根植于国内需求的程度较低。

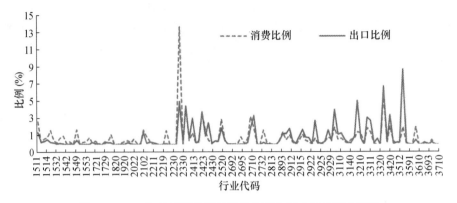

图 2-9　2010 年美国出口产品结构与国内需求结构耦合程度

数据来源：笔者根据联合国工业发展组织 2013 年的工业需求供给平衡数据库数据计算。

三、事实三：巨大的国内需求对民族品牌企业出口竞争力贡献低

为剥离加工贸易的影响，以进行一般贸易的民族品牌企业的微观数据刻画中国外贸发展是否背离一般性国际经验。因为本土企业在国外市场上的占有率指数（ex_{jki}）规避了本土企业贸易的本地市场偏好，能较世界市场占有率更加客观地度量本土企业的出口竞争力。注重国内市场的经典贸易理论（Linder，1961；Weder，1996；Krugman，1980；Melitz，2003；Melitz，Ottaviano，2008）和竞争优势理论（Porter，1990）都认为，国内市场规模影响本土企业出口竞争力。如果这一理论预期成立，则一单位本国相对市场大小所能支撑的本土企业国外市场份额，可有效测度国内市场规模对本土企业出口竞争力的贡献度。

这里，笔者选择电子消费品行业八类产品作为代表性产品（电视机及投影仪、手机、计算机及外围设备、显像设备、家庭影院、车载娱乐设备、视频播放器和便携式播放器）。之所以选择电子消费品行业，不仅因为电子消费品行业是一个典型的规模报酬递增并且市场化程度较高的竞争性行业，更为重要的是，中国是全球最大的电子消费品市场。如果中国巨大的国内需求是电子消费品行业出口的重要驱动因素，则国内市场大小与民族品牌企业出口份额之差，即国内市场规模与本土品牌企业出口份额的背离度就会低于世界平均水平。

$$Z_{jk} = \text{relativesize}_{jk} - \sum_{i=1}^{n} ex_{jki} \qquad (2.2)$$

其中，Z_{jk}表示国家j产品k的国内市场规模与本土民族品牌企业出口份额的背离度，relativesize_{jk}表示国家j产品k的国内市场规模与产品k的世界市场规模之比(单位为%)，市场规模以产品k的市场零售总额度量，ex_{jki}表示国家j企业i产品k在国外市场的出口份额(单位为%)，n代表国家j产品k的企业总数。基础数据来自全球市场信息数据库，包括2003—2012年全球1252家品牌企业八类电子消费品数据。需要强调的是，这1252家企业是指全球品牌企业(global brand owner)，并不是加工贸易企业。

根据公式(2.2)，笔者计算了全球八类电子消费品国内市场相对规模与本土民族品牌企业出口份额的背离度，结果如图2-10所示。就世界总体水平而言，八类电子消费品国内市场相对大小与本土品牌企业出口份额背离度的总体均值在2003—2012年间并没有明显的变化，保持在-0.54的较低水平，这说明对于电子消费品行业而言，本土品牌企业出口与国内市场相关性较强，国内需求是推动电子消费品出口的重要驱动因素。但中国国内市场相对大小与本土品牌企业出口份额背离度的总体均值远远高于世界平均水平，中国2003—2012年的背离度均值为6.7，这一数据说明中国与国际经验背离程度较高。即便排除了加工贸易和外商企业的影响，中国本土品牌企业出口依托国内需求的程度也远低于世界平均水平，巨大的国内需求规模对本土企业出

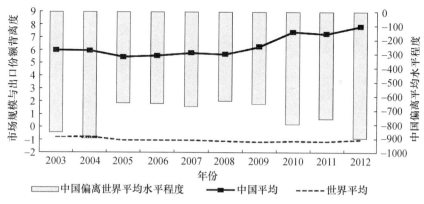

图 2-10 电子消费品国内市场规模与民族品牌企业出口份额的背离度
数据来源：笔者根据全球市场信息数据库数据计算。

口竞争力的贡献度低。中国电子消费品行业巨大的国内市场需求没有支撑起本土品牌企业的出口竞争力。

第二节 脱离国内需求贸易模式的挑战

在经济新常态下，发达国家"再工业化"、发展中国家工业化推进与中国外需导向模式的同窗口期竞争，使得中国以要素成本优势为依托、以外需为导向的外贸发展模式失去了有利的发展环境。突出表现在，2011—2016年，中国出口增长率持续下滑，连续五年未能完成预期增长目标，并与发达国家的经济增长率呈现反向发展趋势，突显了中国以外需为导向的外贸发展模式正失去内外部环境。外需导向贸易模式转变更显急迫，而长期过分依赖出口拉动经济增长又限制国内市场的发展，导致本土企业能力建设不足（Pally，2002），从而导致外贸优势的"断点"，外贸竞争新优势的"断点"又使这一贸易模式转变缺乏立足点。

一、外部市场低迷与外向型产能过剩突显

2015年，中国商品出口占全球出口的13.8%，中国作为全球最大的商品出口国，需要不断扩张全球市场以容纳其出口，以维系其外需导向型出口。2008年全球金融危机前，在发达国家"产业服务化"战略背景下，中国和发达国家在产业结构上进行互补性发展。1981—2010年，发达国家的经济增长与中国出口增长率高度正相关，发达国家经济增长1%，可使中国出口增长3.36%[①]，如图2-11所示。而2011—2015年，发达国家的经济增长与中国出口增长率呈现反向发展趋势，这说明发达国家从"产业服务化"到"再工业化"的战略调整极大压缩了中国外需导向外贸发展模式的全球市场空间。同时，发达国家"再工业化"战略下的制造业回流才刚刚起步，对中国出口的严峻影响可能还将进一步突显。[②] 在全球金融危机的冲击下，以美国、日本和法国为代表的发达国家纷纷制定并出台了"再制造业化"战略，试图通过

[①] 笔者利用1981—2010年数据估计结果显示，中国出口增长率为3.3634%。
[②] 参见李向阳：《制造业回流刚起步》，载《人民日报》2014年4月22日第22版。

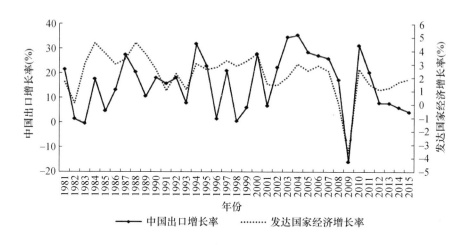

图 2-11　发达国家经济增长与中国出口增长率(1981—2015 年)
数据来源:笔者根据联合国贸易与发展会议数据库数据计算。

"再制造业化"战略重振本国制造业。其战略就是,通过吸引制造业回流、扩大出口和限制进口,增加本土制造的市场机会。发达国家的"再工业化"将加大中国进一步开放本土市场的压力,中国出口产品结构升级,也将与发达国家在其本土市场和第三方市场开展正面竞争。这必然促使发达经济体将采取更多贸易保护措施,保护其国内市场,积极扩大出口市场,使得对华贸易摩擦呈现从传统产品向技术密集产品蔓延的趋势,中国外需导向外贸发展模式的外部市场空间被压缩。如根据 WTO 的统计,从 2008 年全球金融危机以来,WTO 成员方推出了 2100 多项限制贸易的措施。中国则成为这一趋势的最大受害者,2016 年,中国共遭遇 27 个国家和地区发起的 119 起贸易救济调查案件,涉案金额达 143.4 亿美元,案件数量和涉案金额分别同比上升 36.8% 和 76%。[①]

事实上,中国外贸增长减速主要源于脱离国内需求的加工贸易出口的下降。2006 年,中国加工贸易出口占出口总额的 51.57%,到 2016 年就下降至 34.12%。受此拖累,中国出口才面临被动大幅度收缩的困境。因为一般贸易

[①] 参见《海关总署:中国成为逆全球化趋势最大受害者》,http://www.yicai.com/news/5204670.html,2018 年 5 月 5 日访问。

大都遵循由国内贸易向对外贸易内生演进的一般性经验,在国内市场上逐步锤炼了较高层次的竞争力,在国际市场的替代性较弱,所以外需萎缩对一般贸易的影响较小。相反,脱离国内需求的加工贸易,依托低成本优势,加工组装中间品和最终产品,然后出口到欧美等发达国家市场。这种脱离国内需求的加工贸易产品由于依赖低层次竞争优势,产品的替代性也较强。在欧美等国重振制造业、相继出台配套措施用于引导本土跨国公司回流的背景下,脱离国内需求的加工贸易也更容易转移。同时,这种依赖成本优势的产品,主要是低技术水平和低附加值的劳动密集型产品,其需求弹性较大,因而在外需低迷的环境下,出口需求萎缩十分明显。

脱离国内需求的外向型产能过剩突显的一个重要表现和重要影响是,消费者价格指数(CPI)与生产者价格指数(PPI)的背离。PPI 从供给角度代表工业产品出厂价格总水平;CPI 从需求角度代表城乡居民购买的最终消费品和服务的价格水平。从图 2-12 可以看出,一旦 PPI 下降,CPI 总是随之下降。自 1996 年来,尽管 PPI 和 CPI 短期内会出现背离现象,但在市场机制作用下会及时恢复到同步趋势。但 2011 年 10 月以来,中国 PPI 与 CPI 出现大幅度和长时间的持续背离。到目前为止,PPI 一直处于负区间,而 CPI 仍处于中位运

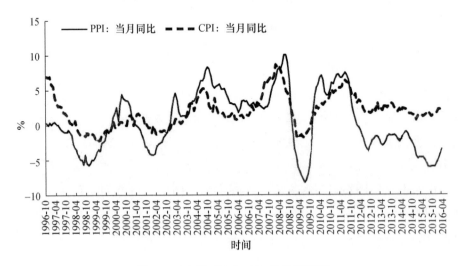

图 2-12　中国 PPI 与 CPI 的持续背离

数据来源:笔者根据 Wind 资讯数据库数据整理计算。

行。2011年10月以来，PPI和CPI的背离程度超过了1997年亚洲金融危机时的情况。PPI和CPI的持续背离说明生产体系与需求存在结构性错配。生产体系不能仅通过调整产能以适应消费变化。其根源在于，大量脱离国内需求的外向型产能，在外部市场萎缩下，加剧了生产体系与需求错配的程度。即使PPI下降，脱离国内需求的外向型产能也无法被国内需求吸收从而降低CPI，并表现为PPI与CPI的持续背离。这也说明，脱离国内需求的外向型产能极大降低了宏观政策的运行难度，压缩了政策调整空间。

同样重要的是，2008年以来的国际金融危机使外部需求快速下降并持续低迷。而中国外向型产能增速长期处于20%以上的高位，外部需求突然大幅下降，使得中国外贸生产体系难以快速适应，这加剧了中国的产能过剩，在外需低迷条件下，本应通过外贸转内销，利用庞大的国内市场缓解由外需低迷导致的产能过剩。但由于国内需求与脱离国内需求的外向型产能之间很难对接，外向型产能过剩无法由国内需求调整，使得中国调整供需失衡的市场空间非常有限，中国对外贸易政策的调整也缺乏国内市场的回旋空间来承载和消化其后果。

二、"合成谬误"[①]论下外贸发展低绩效[①]

从中国与发展中经济体的竞争态势看，随着发展中国家工业化的推进，中国与众多发展中国家处于同窗口期竞争，立足要素比较优势、脱离国内需求的出口导向型贸易模式容易受到"合成谬误"（fallacy of composition）论的制约，即一个国家采用出口导向战略可以获得成功，但是当众多发展中国家都采取这一战略时，则会受到世界市场需求的"加总约束"，从而导致所有国家发展绩效都较差(Cline, 1982)。由于要素比较优势的相似性，中国大部分工业制成品与其他发展中国家有很强的替代性，随着其他新兴发展中国家介入相同产业的发展，"合成谬误"态势突显。如图2-13显示，中国与25个主要制成品出口发展中国家的贸易条件恶化态势几乎完全相同，这突显了外需导向外贸发展模式的"合成谬误"。

---

① 本部分详见依托本课题发表的阶段性成果。参见张亚斌、车鸣：《出口导向增长、需求约束与"合成谬误"》，载《东南学术》2011年第5期。

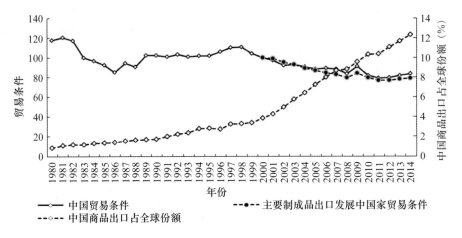

图 2-13　中国商品出口比例与贸易条件
数据来源：笔者根据联合国贸易与发展会议数据库数据整理计算。

虽然亚洲"四小龙"和"四小虎"采用出口导向型发展模式取得了成功，但随着出口导向型经济增长模式在新兴发展中国家的普及，"合成谬误"生成的概率也增大。大量研究通过局部均衡估计方法（Faini et al., 1992）、全球贸易分析模型（Martin, 1993; Razmi, Blecker, 2008）证实了"合成谬误"的存在。虽然有研究一度消除了"合成谬误"的疑虑（Riedel, 1988），但随着中国和一大批发展中国家努力扩张制成品出口，"合成谬误"再度引起关注（Lall, 2004; 易先忠、欧阳峣, 2009）。张亚斌、车鸣（2011）也检验了"合成谬误"的存在性。当众多要素禀赋比较优势相似的发展中国家采用立足比较优势的外贸发展战略时，由于比较优势相似，出口产品结构也会相似，在国际市场需求一定的条件下，同类产品就会大幅度增加，从而出现如图 2-13 所显示的那样，这些出口同类产品的国家，其贸易条件就会恶化。因此，比较优势相似导致的出口产品结构相似是贸易条件恶化的重要原因。出口相似度指数测度方法如下：

$$S(C,H) = \sum_{i=0}^{9} \left\{ 100 \times \left[\frac{(X_{C,i}/X_C) + (X_{H,i}/X_H)}{2} \right] \cdot \left[1 - \left| \frac{(X_{C,i}/X_C) - (X_{H,i}/X_H)}{(X_{C,i}/X_C) + (X_{H,i}/X_H)} \right| \right] \right\} \quad (2.3)$$

在公式（2.3）中，$X_{C,i}$、$X_{H,i}$ 分别代表中国和 H 国的第 i 类产品在世界市上的出口额，X_C、X_H分别代表中国和H国在世界上的总出口额。$0 \leq S(C,H) \leq 100$，指数越大则表明两国的出口产品结构越相似。对中国与主要制成品出口发展中国家的出口产品结构相似度进行测度，结果如表2-2所示：

表2-2 中国与部分主要制成品出口发展中国家的出口产品结构相似度指数

国家或地区	年份								均值
	1997年	2000年	2003年	2005年	2007年	2009年	2011年	2013年	
印度	52.14	53.64	61.25	60.32	55.71	56.14	59.54	61.37	57.51
南非	63.11	64.61	65.56	67.85	70.32	74.30	77.50	77.98	70.15
中国澳门地区	61.33	62.83	55.00	54.84	52.76	49.38	52.47	51.33	54.99
马来西亚	—	—	54.79	58.71	64.29	71.37	74.57	74.16	66.32
摩洛哥	54.68	56.18	67.34	66.28	62.74	57.66	60.86	58.25	60.50
巴基斯坦	34.52	36.02	55.83	57.49	59.59	55.67	58.87	62.27	52.53
菲律宾	54.54	56.04	51.81	55.20	57.30	65.73	68.93	72.33	60.24
朝鲜	63.11	65.27	65.56	67.85	69.95	74.30	77.50	80.90	70.56
突尼斯	—	—	73.69	69.88	71.98	63.97	67.17	70.57	69.54
土耳其	66.12	67.62	76.51	77.97	80.07	79.34	82.54	85.94	77.01
乌拉圭	56.39	57.89	47.37	46.44	48.54	48.24	51.44	54.84	51.39
越南	—	—	49.98	51.59	53.69	55.21	57.41	61.81	56.78
津巴布韦	—	—	—	36.58	38.68	33.59	36.79	40.19	37.17
新加坡	46.07	47.57	51.31	55.17	57.27	65.70	68.90	72.30	58.04
斯里兰卡	—	—	—	52.24	54.34	52.90	53.30	56.70	53.90
泰国	65.92	67.42	69.59	74.09	76.19	80.18	80.58	83.98	74.74
哥斯达黎加	—	60.42	61.43	66.56	68.66	63.35	63.75	67.15	64.47
均值	58.31	58.14	60.97	61.81	62.58	62.57	65.08	66.98	—

数据来源：笔者根据联合国贸易商品统计数据库数据和SITC REV.3三分位数出口贸易数据计算，其中"—"表示数据缺失。

如表2-2所示，随着发展中国家工业化的推进，中国与主要制成品出口发展中国家的出口产品结构相似度呈现增长趋势，中国与25个主要制成品出口发展中国家的出口产品结构相似度指数，从1997年的58.31增加到2013年的66.98。其中，中国与韩国、印度、泰国、斯里兰卡、马来西亚的出口产品结构的相似度都较高。中国与印度、斯里兰卡、泰国的出口产品结构呈现趋同发展趋势。这意味着中国与这些发展中国家在世界市场上的竞争会更加激烈。由于这些发展中国家与中国的要素禀赋优势相似，在工业化推进过程中，以劳动密集型产品结构为主体的出口产品会大幅度增加，同类产品供给的增加，不可避免地构成竞争关系。在以发达国家为主的世界市场有限需求的约束下，中国与这些出口同类产品的国家，都采用出口导向发展模式，从而增加了"合成谬误"生成的可能。因此，正如 Cline（1982）指出的那样，立足相同要素禀赋比较优势的出口导向发展战略并不能被众多发展中国家同时采用。

总之，发达国家"再工业化"导致的出口市场的压缩，发展中国家工业化推进导致的同一外贸发展模式的"合成谬误"，使得中国立足要素禀赋比较优势、外需导向的外贸发展模式正失去发生作用的外部环境。

三、传统要素优势削弱与新优势"断点"

中国依托要素禀赋优势、外需导向的外贸发展模式也正失去发生作用的内部环境，主要表现为传统要素优势的明显削弱。中国是能源最匮乏的国家之一，但同时却在全球价值链底端成为世界能源消耗的大国。2015年，中国新增能源消费占世界的1/4。长期以来，中国通过承接来自发达国家的资源密集型产业和生产环节，以低端方式融入全球分工体系，依赖低端要素扩大出口的外贸发展方式，正面临着可持续发展难题，依赖劳动力、资源带动的出口规模已经逼近难以持续的"临界点"。

随着中国人口结构的转变，中国劳动力成本大幅提升，劳动力成本优势明显削弱。相对发展中国家而言，发达国家利用机器人代替人类劳动，降低了劳动力成本，使得中国与发达国家的劳动力成本差距不断缩小。按照美联储的估算，美国与中国制造业单位实际工资的差距从2006年的17美元缩小到2015年的7美元，中国与发达国家的劳动力比较优势明显降低。与新兴发展中国家相比，伴随中国要素成本与资源环境约束的增强，传统劳动密集型出口产品的成本不断攀升，劳动力成本比较优势弱化，中国制造业每小时工资率从2005年的1美元增长到2013年的3.4美元，如表2-3所示。而新兴经济体正学习"中国奇迹"经验，立足劳动力等要素成本比较优势，以劳动密集型出口产品结构为主，快速融入全球经济。在这一发展趋势下，中国与新兴发展中国家斯里兰卡、菲律宾、越南、泰国、马来西亚、墨西哥等相比，在劳动力成本上并没有竞争优势。同时，中国与斯里兰卡、菲律宾、越南、印度尼西亚等国的劳动力成本差距成扩大趋势。

表 2-3 制造业每小时工资率 （单位：美元）

国家	年份								
	1995 年	2000 年	2005 年	2007 年	2010 年	2011 年	2012 年	2013 年	2014 年
斯里兰卡	0.1	0.2	0.2	0.3	0.4	0.5	0.5	0.5	0.6
印度	—	—	—	0.4	0.6	0.6	0.6	0.7	0.7
菲律宾	—	—	0.6	0.7	0.8	0.8	0.9	0.9	0.9
印度尼西亚	—	0.2	0.4	0.5	0.6	0.7	0.9	0.9	1.0
埃及	0.2	0.3	0.4	0.6	0.9	0.9	1.0	1.2	1.2
蒙古	—	0.3	0.4	0.5	0.9	1.1	1.2	1.3	1.4
泰国	—	—	1.2	1.3	1.4	1.5	1.8	2.0	2.2
哥伦比亚	—	—	1.3	1.8	2.4	2.4	2.4	2.4	2.4
墨西哥	0.6	1.6	2.0	2.0	2.3	2.4	2.5	2.6	2.8
阿根廷	—	—	—	1.4	1.9	2.3	2.6	3.0	
古巴	1.2	1.4	1.9	2.4	2.6	2.7	2.8	2.9	3.0
巴西	1.5	1.7	2.2	2.4	2.7	2.9	3.2	3.5	3.4
中国	—	—	1.0	1.3	2.0	2.4	2.7	3.0	3.4
南非	—	—	—	—	2.8	3.0	3.5	3.6	3.8
美国	—	—	—	21.5	23.3	23.7	23.9	24.4	24.8

数据来源：笔者根据 Passport 数据库数据整理。

传统优势的削弱迫切需要培育外贸竞争新优势，但长期依赖低端要素的国际代工，使中国制造业企业无须投资研发也能取得相对"满意"的利润率，这种"温水煮青蛙效应"弱化了中国本土企业开发核心技术的动力，使得大多数核心技术掌握在发达国家跨国企业手中，如在 24807 项国际标准中，由中国主导制定的标准仅占 0.42%。尽管自党的"十六大"以来，就达成了培育"以技术、品牌、质量、服务为核心的新优势"的共识，但脱离国内需求的外贸发展模式使得新优势的培育缺乏立足点。因为全球价值链分工体系中，发达国家的"链主"不仅把握核心技术，也牢牢控制终端需求市场。通过技术和分工组织的模块化以及标准化，脱离国内需求的中国出口企业大都仅仅以从事满足零部件的生产和成品组装的需求的方式在参与全球价值链分工过程,中国出口企业无缘接触终端消费市场,更谈不上了解和满足消费者的偏好,高层次外贸竞争优势培育也就无从谈起。

正是由于传统要素禀赋优势削弱的同时,新的竞争优势没有生成,导致中国出口企业在当前全球经济低迷形式下面临较为严峻的挑战。表2-4给出了商务部2016年9月对近2000家出口企业的调查情况,这一调查数据表明,自2012年以来,超过70%的出口企业的出口综合成本增加,反映出口景气程度的出口经理人指数持续走低,2016年3月仅为36.1。其中,新增订单金额同比增加的出口企业比例超过50%,新增订单金额同比增加的出口企业比例仅为21.9%,42.5%的出口企业持悲观情绪,仅24%的出口企业表示"乐观"。

表2-4 中国出口企业景气指数:2012—2016年

时间	出口经理人指数	企业比例				
		新增订单:同比减少(%)	新增订单:同比增加(%)	出口形势信心:不乐观(%)	出口形势信心:乐观(%)	出口综合成本:同比增加(%)
2012年12月	34.20	52.50	—	46.60	—	70.40
2013年1月	37.50	47.40	27.00	40.90	24.00	70.50
2014年2月	41.50	40.60	28.80	36.70	26.20	66.60
2014年7月	43.00	40.10	30.80	34.90	26.80	61.10
2014年11月	42.10	43.80	29.40	35.20	29.40	60.30
2014年12月	40.80	44.30	29.20	37.00	26.50	58.40
2015年1月	41.20	43.50	29.90	38.00	26.00	57.30
2015年5月	38.10	49.90	23.80	39.00	24.90	55.70
2015年9月	33.70	55.20	19.80	46.50	20.80	53.70
2015年12月	32.70	55.30	18.70	46.80	17.80	52.00
2016年1月	33.40	52.70	19.90	47.10	17.50	52.10
2016年2月	32.70	54.90	17.60	47.40	18.50	50.90
2016年3月	36.10	51.10	21.90	42.50	22.00	51.70

数据来源:笔者根据商务部2016年9月底对近2000家企业所作的网络问卷调查整理得出。

需求是高层次竞争优势生成的基础,在外部需求被发达国家企业控制的条件下,本土需求就成为本土企业外贸新优势的核心来源,而大国的国内需求是企业竞争力来源的"国家特定优势",由国内大市场支撑的规模经济、技术创新和学习效应等是大国外贸持续发展和转型升级的特殊优势。而脱离国内需求的外贸发展方式会导致大国出口产品结构转型升级缺乏国内市场需求的支撑，使得中国的本土出口企业发挥规模效应时不能有效依托国内市场，创立自己的品牌，形成贸易主体，也不能依靠技术创新转换比较优势与贸易结构，从而加大被低端产品结构"套牢"的风险。过度依赖外需的出口导向发展模式，放任外资企业对中国需求的控制，实际上有可能掐断利用巨大国内需求转化为高层次竞争的转化路径，导致外贸新优势无法生成，这显然会影响中国经济的可持续增长。①

第三节 脱离国内需求贸易模式的调整机遇与紧迫性

脱离国内需求的贸易模式是中国外贸新优势的"断点"，而囿于转型困境则是深层原因。因为在发达国家控制核心技术和消费终端市场的贸易格局下，根植于本土市场需求的创新和能力的发展，才是发展中国家本土企业在开放条件下获得竞争优势的关键。在脱离国内需求的出口模式下，本土企业无法依托国内需求培育以技术、品牌为核心的高层次外贸竞争新优势，进而导致中国贸易结构无法快速升级，本土企业"被俘"于全球价值链的底端，使得中国外贸转型升级成为"无源之水"。同时，在经济新常态下，要素禀赋驱动、外需导向的贸易模式受到外需低迷、国内要素成本上升、创新引领发展趋势突显、"合成谬误"等多重夹击，正失去发生作用的内外部环境。与发达国家市场需求不振形成鲜明对照的是，中国国内市场规模高速扩张，居全球第二位，并且需求结构不断升级。以国内需求为依托培育外贸竞争新优势，有望成为破解中国外贸竞争新优势"断点"和外贸转型困境的现实选择。因此，中国新一轮的外贸发展需要牢牢把握国内需求这一重要的战略基点，将国内需求优势转化为外贸竞争新优势，以内需优势为立足点，破解中国外贸发展的诸多顽疾。

---

① 值得指出的是，日本在实施出口导向战略的同时，也十分注重依托国内市场实现国内产业结构的升级优化。日本在"广场协议"后能够继续保持制成品的竞争力，很大程度上是由于其国内市场能够不断培育新的产品竞争力（裴长洪，2009）。而德国比日本更具有典型性，德国依托的是欧洲经济共同体区内市场，直至 1992 年，德国在欧共体区内的出口贸易占其全部出口贸易的比重仍然高达 67%（Eurostatistics，2000）。

一、脱离国内需求贸易模式的调整机遇

伴随中国外贸发展困境的一个突出现象是,中国快速扩张的内需规模和不断升级的需求结构为本土企业新优势的培育和产品结构的升级提供强有力的需求保障。从消费市场规模看,随着中国人均收入水平的提高,社会保障力度的增强、养老保险和医疗保险制度改革的迅速推进,居民减少了由于对未来的不确定而产生的预防性储蓄,增强了消费意愿,这使得国内消费规模高速扩张,社会消费品零售额在1990—2016年间的平均增速为15%,2016年达33.2万亿元,居全球第二,预计到2030年,中国国内需求将是美国市场的3倍。[①] 由波士顿咨询公司(BCG)与阿里研究院合作发布的《中国消费趋势报告》认为,即使中国的年均GDP增速放缓至5.5%,私人消费仍有望以年均9%左右的速度增长。正如习近平指出的那样,目前中国有近3亿中等收入人群,未来10到15年会增加到近5亿,这里面有巨大的消费潜力,不仅是中国经济转型的巨大动力,也会对世界经济的拉动带来巨大作用。

从消费潜力看,2014年,中国居民消费占GDP百分比为37.95%,远远低于世界平均水平(2013年,世界平均水平为57.24%),中国居民消费空间巨大。中国居民收入快速增长,特别是城镇居民收入在2002—2014年间的平均增长速度为13.2%,这必将进一步发挥中国巨大的内需潜力。《国民经济和社会发展第十三个五年规划纲要(草案)》提出,到2020年,中国城乡居民收入比2010年翻一番,政府多方出手提升居民收入将有助于消费潜力的提升。同时,随着物联网、大数据、云计算等新一代信息通信技术的广泛应用,"互联网+"催生出更多新模式和新业态,通过提高商贸流通效率和居民消费的便捷程度,对消费市场产生了巨大影响,消费红利将持续释放。如2014年,中国信息消费规模2.8万亿元,增长18%,2015年,全国网上零售额38773亿元。另外,新一代消费主体正重塑中国消费市场。根据英敏特发布的《2016年中国消费者趋势》报告,到2020年,中国将新增5000万户上层中产(家庭可支配月收入为人民币12500—24000元)及富裕家庭(家庭可支配月收入为人民币24000元以上),而上层中产及富裕家庭的消费速度将增长17%,

---

① 英国《经济学人》杂志预计:到2020年,中国个人消费总规模将达5.6万亿美元。

增加 1.5 万亿美元的中国城镇消费。

从消费结构看,随着居民家庭人均可支配收入的增加(如表 2-5 所示),消费支出家庭恩格尔系数不断降低,从 1978 年的 57.5 降低到 2016 年的 29.3,居民消费呈现从注重量的满足向追求质的提升、从有形物质产品向更多服务消费、从模仿型排浪式消费向个性化多样化消费等一系列转变。医疗保健支出、交通通信支出和文化娱乐服务支出等都大幅度增加。智慧生活消费、绿色环保消费、全球时尚消费、文化体育消费将成为主要消费热点。如居民个人电脑在 1990—2014 年间的平均增速为 32.7%,国内旅游收入从 1994 年的 1000 亿元增长到 2014 年的 3.38 万亿元(如图 2-14 所示)。以服务消费、信息消费、绿色消费、品质消费和时尚消费为代表的消费新热点、消费新模式,为产品结构的升级提供强有力的需求保障,笔者呼吁中国这一超大规模国家的相关产业结构进行相应升级。

表 2-5 中国人均支出结构的变化:1978—2016 年

年份	人均年家庭设备用品及服务支出(元)	人均年医疗保健支出(元)	人均年交通通信支出(元)	人均年教育文化娱乐服务支出(元)	城镇居民家庭恩格尔系数	城镇居民家庭人均可支配收入(元)
1978 年	—	—	—	—	57.50	343.40
1985 年	57.87	16.73	14.39	55.01	53.30	739.10
1990 年	108.45	25.67	40.51	112.29	54.20	1510.20
1995 年	263.36	110.12	183.22	331.01	50.10	4283.00
2000 年	374.49	318.07	426.95	669.58	39.40	6280.00
2003 年	410.34	475.98	721.12	934.38	37.10	8472.20
2005 年	446.52	600.85	996.72	1097.46	36.70	10493.00
2006 年	498.48	620.54	1147.12	1203.03	35.80	11759.50
2007 年	601.80	699.09	1357.41	1329.16	36.30	13785.80
2008 年	691.83	786.20	1417.14	1358.26	37.90	15780.80
2009 年	786.94	856.41	1682.57	1472.76	36.50	17174.70
2010 年	908.01	871.77	1983.70	1627.64	35.70	19109.40
2011 年	1023.17	968.98	2149.69	1851.74	36.30	21809.80
2012 年	1116.06	1063.68	2455.47	2033.50	36.23	24564.72
2013 年	1215.10	1118.30	2736.90	2294.00	35.00	26955.10
2016 年	—	—	—	—	29.30	32790.30

注:这里略去了部分年度的数据。
数据来源:笔者根据 Wind 资讯数据库数据整理计算。

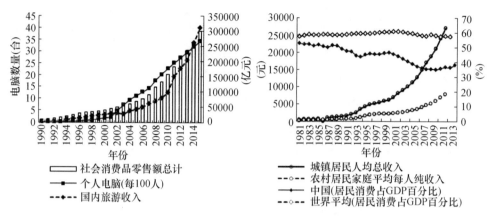

图 2-14 中国国内消费规模与消费结构变化

数据来源：笔者根据各期《中国统计年鉴》、国际电信联盟、金融研究数据库、联合国贸易和发展会议数据整理。

消费主体的变化将进一步促进消费结构的变化，将对中国经济结构产生深刻的影响。与过去占主导地位的消费主体不同，出生于20世纪80年代及后期的新一代消费群体收入更高、消费支出更多、对生活品质要求更高且品牌意识更强，这将对未来的中国消费市场格局和中国的经济结构产生深刻影响。目前，新一代消费者(15—35岁)在中国城镇15—70岁人口中占比为40%，这一比例在2020年将达到46%。而新一代的上层中产阶层消费者在众多品类的消费上要高出40%，这个庞大的新兴消费者群体对各种不同类型产品的需求量都将有所增加。[①] 随着越来越多的消费者步入上层中产阶层，在高端消费品，如奢侈品、葡萄酒、汽车等方面的消费将大幅度增加。同时，随着消费者越来越成熟，越来越挑剔，品质需求提升，个性消费崛起，消费形态正从购买产品到购买服务，从大众产品到高端商品转变。消费主体变化引起的消费偏好的变化，为新产品、新业态的生成创造了良好的需求条件，为在本土市场具有优势的本土企业把握差异化消费，从而创造新的竞争优势提供良好的机遇。

---

① 参见文雪梅：《三大新兴力量引领中国消费新经济》，载《中华工商时报》2015年12月28日。

二、调整脱离国内需求贸易模式的紧迫性

在中国国内消费市场深刻变革的历史机遇期,调整脱离国内需求的贸易模式,可能是稍纵即逝的"战略机遇",并且中国内需与外贸之间的联动关系已然呈现两个阶段的"过渡特征"。

其一,中国调整脱离国内需求的贸易模式,既是为了修正由内外部经济环境变化导致的外需导向型贸易模式无法持续的经济行为,同样也面临着稍纵即逝的"战略机遇"。一方面,13.6亿人有效需求的释放和城镇化带来的巨大的消费"累积效应"不断突显,为提升"中国制造"的品牌价值提供市场空间,国内需求结构不断升级为技术、产品结构的升级提供强有力的需求保障。利用巨大国内需求市场获得发展机会,成为中国本土企业缩小与国外企业竞争力差距的重要途径。另一方面,在全球需求终端市场正从发达国家向发展中大国转移的背景下,跨国公司对中国巨大的市场需求这一重要战略资源的竞争加剧。表2-6显示,外资出口企业虽然比本土出口企业的出口强

表2-6 一般贸易企业利用国内市场的比较:本土企业 VS 外资企业

指标	本土企业	外资企业
所有行业		
企业数量(家)	27068	23987
出口强度均值	0.408	0.513
国内销售均值(千元)	251197	146025
劳动生产率均值	500.3	626.5
汽车零部件及配件制造		
企业数量(家)	715	909
出口强度均值	0.324	0.323
国内销售均值(千元)	188352	215515
劳动生产率均值	392.7	754.9
电子元件及组件制造		
企业数量(家)	405	1109
出口强度均值	0.339	0.564
国内销售均值(千元)	78646	82108
劳动生产率均值	294.4	486.7

数据来源:笔者根据2009年《中国工业企业数据库》整理计算。

度高，但外资企业的生产率水平更高，并且在中国国内销售额较高。近年来，中国经济高速增长所创造的高端市场需求，面临国外企业、外资企业高质品牌的竞争替代。如在汽车零部件及配件制造和电子元件及组件制造等新产业部门，外资企业虽然具有更高的出口倾向，但比中国本土企业在国内市场销售更多。这些外资企业在中国本土市场上的有力竞争，一方面可能从市场空间上掐断中国本土企业利用国内市场需求来培育高层次竞争优势的转化路径，另一方面也抑制了中国本土企业进入国外高端需求市场的发展能力，最终有可能迫使中国形成且锁定于"俘获型"的贫困式增长模式。因此，应把握快速扩张的内需规模和不断升级的内需结构，立足国内需求培育以技术、品牌为核心的高层次竞争新优势，进而推进外贸转型升级。

其二，从纵深的历史脉络来看，中国内需与外贸之间的联动关系已然呈现两个阶段的"过渡特征"。改革开放前30年通过立足要素禀赋优势、外需导向的贸易模式促进了国内经济的长足发展，使得国内市场容量大幅度扩张；还以"中国特色"的内外贸不同管理体制、对加工贸易差异化的出口退税政策（范子英、田彬彬，2014）、"重开放轻产业"的政策组合（尹翔硕，1997；张军，2010；唐东波，2013）①、出口补贴以及人民币贬值等多项政策，助推脱离国内需求的出口模式。不可否认的是，这些基于中国现实条件的政策催生了中国的"出口奇迹"，但也使得中国出口企业有明显的"出口偏好"，大量外贸企业违背 Melitz（2003）的经典贸易理论，在国内没有销售（张杰等，2010）。当前，中国国内市场规模已经跃居世界第二，成为众多商品的全球最大消费国，使得中国外贸发展已经步入依托国内市场提升出口竞争力的战略阶段。一个重要表现是，2009年来，中国一般贸易出口占整体出口比重持续上升，2016年，一般贸易出口比重上升为53.83%，而"两头在外"的加工贸易出口比重下降为34.12%，如表2-7所示。这在一定程度上反映了从外需导向出口模式向内需驱动出口模式的转变已成必然。中国可能到了对鼓励加工贸易政策全面调整的重要关口（裴长虹，2015；张杰、郑文平，2017）。有效利用高速增长的本土市场空间和不断升级的本土需求结构，培育和发展自主创新能力与品牌等高端竞争优势，是推动中国外贸转型升级需要遵循的一

---

① 尹翔硕指出，"我国的贸易政策和产业政策使得我国的出口越来越与我国工业发展脱离"。

般性外贸发展经验。

表 2-7 中国贸易方式的变化：1981—2016 年

年份	结构					
	进出口结构：加工贸易（%）	进口结构：加工贸易（%）	出口结构：加工贸易（%）	进出口结构：一般贸易（%）	出口结构：一般贸易（%）	进出口结构：其他贸易（%）
1981 年	5.98	6.83	5.14	93.50	94.50	0.52
1985 年	10.91	10.12	12.12	87.65	86.76	1.45
1987 年	21.34	21.99	20.63	70.68	75.16	7.98
1990 年	38.27	35.16	40.94	53.41	57.11	8.32
1993 年	41.18	34.97	48.22	41.52	47.09	17.30
1995 年	47.03	44.18	49.55	40.85	47.96	12.12
1998 年	53.42	48.92	56.86	36.40	40.41	10.18
2000 年	48.55	41.13	55.25	43.27	42.21	8.19
2002 年	48.71	41.44	55.30	42.74	41.84	8.59
2004 年	47.64	39.52	55.33	42.56	41.07	9.80
2005 年	48.58	41.54	54.69	41.83	41.37	9.62
2007 年	45.30	38.53	46.36	44.44	44.13	10.17
2008 年	41.10	33.41	47.19	48.19	42.55	10.71
2009 年	41.19	32.04	48.85	48.19	44.09	10.62
2010 年	38.93	29.90	46.92	50.06	45.68	11.01
2011 年	35.84	26.95	44.01	52.85	48.31	11.31
2012 年	34.75	26.46	42.11	51.97	48.23	13.27
2013 年	32.65	25.49	38.97	52.83	49.23	14.52
2014 年	32.75	26.76	37.76	53.78	51.39	13.47
2015 年	31.44	26.57	35.04	54.07	53.47	14.49
2016 年	30.19	24.99	34.12	55.03	53.83	14.78

注：这里略去了部分年度的数据。
数据来源：笔者根据 Wind 资讯数据库数据整理计算。

其三，中国国内消费市场的变革为本土企业培育高层次竞争优势提供了重要的窗口期。中国新一代消费群体正重塑中国消费市场，不仅消费偏好从大众产品到高端商品转变，个性消费、品质需求提升；国内新一代消费者对于本土品牌的态度也更为开放，新一代消费群体接受本土替代产品的速度明显快于上一代消费者。根据《中国消费趋势报告》，总体上看，2015 年，40%的消费者偏好本土品牌。对电子消费品、家电类品牌、服饰以及护肤品牌等的本土品牌偏好在新一代消费群体中普遍提高。同时，新一代消费群体的产品偏好和品牌忠诚度还未成型。这为本土企业建立以技术、品牌为核心的竞争优势提供了重要机遇。

正是在中国内需与外贸环境深刻转变的形势下，2015年，国务院相继出台《关于加快培育外贸竞争新优势的若干意见》《关于积极发挥新消费引领作用 加快培育形成新供给新动力的指导意见》和《关于构建开放型经济新体制的若干意见》，把"加快培育外贸竞争新优势，促进国际国内市场深度融合"作为构建开放型经济新体制的总体目标。2016年的《政府工作报告》又把"促进供给需求有效对接，形成对经济发展稳定而持久的内需支撑"作为工作重点。2017年的《政府工作报告》再次把"推动供给结构与需求结构相适应"作为工作重点。中国这一拥有巨大内需市场的国家究竟如何在外贸发展方面走出具有大国特色的"中国道路"是亟待突破的重大战略理论问题，这使得中国出口没有依托国内需求的问题在当前经济形势下更加突显。国内、国际环境变化使得必须改变"大进大出"的传统发展方式，中国新一轮的开放需要牢牢把握内需这一战略基点，将需求市场规模优势真正转化为对外经济合作的新优势，在扩大与利用内需的基础上促进对外经济发展方式的转变，推进"国际国内市场深度融合"。中国到了对脱离国内需求贸易模式全面调整的重要关口。

第三章

国内市场与外贸发展方式：理论框架与大国经验

从外贸发展的起源看，一个国家对外贸易的发展过程是本土企业依托国内需求培养竞争力，逐步走向国际市场的过程。在国内贸易向国际贸易发展的过程中，必然会形成"国内需求—本土供给—出口结构"关联机制，外贸发展的本质作用是为了使经济长期增长。从"国内需求—本土供给—出口结构"关联机制理解外贸发展方式转变的本质内涵，应该是：培育本土企业高层次外贸竞争优势以谋求贸易结构升级从而改善出口的增长绩效。大国内需规模和多层次需求结构是本土企业培育高层次竞争优势进而实现贸易结构升级的立足点。依托国内需求发展对外贸易，大国国内需求支撑的规模经济、技术创新、消费反馈效应和虹吸效应，为大国本土企业培育外贸优势提供了途径，能有力促进出口升级、产品结构多元化和改善本土企业的出口竞争力。同时，依托国内需求和本土供给的外贸发展，又会通过"自我选择效应"和"出口学习效应"等途径进一步促进出口升级、产品结构多元化和改善本土企业的出口竞争力，进而改善出口的增长绩效，促进经济长期增长，由此推动外贸发展方式转变。因此，大国外贸发展更应依托国内需求，形成外贸发展的内生机制。

第一节 回归外贸发展的起源及本质作用

依托国内需求发展对外贸易，之所以是注重国内市场的经典贸易、经典竞争力理论以及企业能力理论达成的共识，其根源在于，其一，从外贸发展的起源看，对外贸易是一个依托国内市场需求逐步培育竞争力，而后走向国际市场的过程，这是企业国际化的一般性经验。[①] 在国内贸易走向国际贸易的过程中，必然会形成"国内需求—本土供给—出口结构"关联机制。其二，从外贸发展的本质作用看，贸易之所以被称为"增长的引擎"，在于贸易通过"资源的再配置效应""自我选择效应"和"出口学习效应"等途径促进了本土供给能力和供给结构的改进，进而促进经济长期增长，而本土供给主要是为了本土需求服务，因此，只有遵循"国内需求—本土供给—出口结构"关联机制的出口贸易，才能实现贸易发展的本质目标——改进本土供给能力和结构。而脱离本土需求和本土供给的"体外循环"式贸易，难以达到这一目标。因此，回归外贸起源和外贸发展的本质作用，关键在于重新认识"国内需求—本土供给—出口结构"关联机制。这一关联机制正是充分理解国内需求对发展中大国外贸发展方式转变的作用的关键，因为它既遵循了外贸发展的起源过程，也阐释了外贸发展的本质作用。

一、"国内需求—本土供给—出口结构"的关联及其意义

从对外贸易的起源看，以"斯密定理"为核心的古典贸易理论和以"斯密定理"为思想基础的新兴古典贸易理论认为，国际贸易是由国内贸易内生演进形成，一个国家对外贸易的发展是依托国内需求逐步培养动态比较优势的过程（杨小凯，2003）。注重国内市场的贸易理论无论是以分工和相互需求为基础，还是以产品差异化和异质性企业为基础，都有"依托国内市场发展对外贸易"的理论共识（张杰等，2010；易先忠等，2014）。实质上，国内需求与本土供

[①] 不可否认的是，在日益深化的全球化经济中，企业生产活动根据国际市场需求进行灵活定位，具有合理性。但若以此否定企业从国内市场走向国际市场的一般性经验，其实质就是否定了如下基本理论和基本事实：(1)"国内需求是一国外贸发展根本性优势来源之一"这一由亚当·斯密传承下来的基本观点；(2)"国际贸易由国内贸易内生演进形成"这一由新兴古典贸易理论解释过的基本事实；(3) 绝大多数能够持续发展的出口企业是依托本土需求逐步培养竞争力，然后走向国际市场的基本事实；(4) 从古典贸易理论到新兴古典贸易理论、从新贸易理论到新新贸易理论、从竞争优势理论到企业能力理论，无不强调国内需求对外贸发展的重要作用。唯一忽视国内需求作用的贸易理论是要素禀赋比较优势理论，而这一理论的致命缺陷正如杨小凯(2003)指出的那样，"无法解释国内贸易如何发展到国际贸易"。（这一看似简单的贸易理论共识和一般性贸易经验，在中国国际贸易学领域却没有得到广泛认可，这也是严重脱离国内需求外贸发展模式在中国持续存在并没有引起足够重视的原因）

给和出口产品结构的关系,是依托国内市场发展对外贸易的关键,本研究探究的出口与内需的关联,其实质是"国内需求—本土供给—出口结构"的关联问题。那么,"国内需求—本土供给—出口结构"究竟有何内在关联?为什么这一关联对外贸发展起重要作用?大国的这一关联有何特殊性?

其一,从经济运行机制看,"国内需求—本土供给—出口结构"具有一致性。由本土企业带动的本土供给能力和结构升级[①],是经济持续增长的关键,也是外贸转型升级的基础。而国内需求是决定本土供给的最根本性动力,因为对于大多数国家而言,本土供给大多是为了满足国内需求。从经济运行基本原理看,消费者根据效用最大化原则作出消费决策,生产者根据利润最大化原则决定供给,供给和需求决定均衡的价格,消费和(或)供给的变动引发价格的变动,价格变化引导资源的重新配置,从而实现供给与需求在数量与结构上的新一轮平衡。可见,"国内需求—本土供给"的匹配和平衡是市场经济运行的核心,也是市场经济良性运行的基础。供需错配不仅导致产业结构调整困难、经济增长不稳定、全要素生产率低、宏观调控机制不畅,也是内需不足、经济低迷和增长新动力难以生成的直接原因。[②] 一个国家的需求结构与产业结构在经济均衡时是一致的,而出口产品结构是产业结构在空间上的扩展,是一种"镜像"与"原像"的关系,所以出口产品结构与国内需求结构和产业结构应当一致(尹翔硕,1997;张亚斌,2010;袁欣,2010;张曙霄、张磊,2013),"国内需求—本土供给—出口结构"的基本关联如图3-1所示。如袁欣指出,"出口是国内企业在满足国内需求之后的市场拓展,它反映了国内产业的发展";张曙霄、张磊(2013)指出,"贸易结构取决于生产结构,服务于消费结构";尹翔硕(1997)指出,"理论上,出口来自生产,出口结构与生产结构应当是一致的"。正是因为"国内需求—本土供给—出口结构"具有一

[①] 这里强调本土企业,而非外资企业,原因在于:(1)路风、余永定在2014年获得"张培刚奖"的文章中指出,"中国在经济发展过程中出现了能力缺口,并与外资依赖互为因果,阻碍了产业升级,使粗放发展方式顽固地延续甚至恶化";(2)Poncet,Waldemar(2013)基于中国数据的实证结论指出,由"两头在外"加工贸易和外资带动的出口升级并不是中国经济长期增长的驱动力。

[②] 当前,中国经济的核心问题也正是在于供给不能与需求有效对接,集中体现在有效供给不足与无效供给过剩并存。一方面,对中高端产品、服务和公共物品的国内有效供给不足,突出表现在中国成为全球最大境外奢侈品消费国和全球最大出境旅游消费国。另一方面,无效供给的产能过剩成为挑战中国经济的重要顽疾,无论是传统产业如钢铁、水泥、煤炭、电解铝、石化行业,还是新兴产业如光伏、太阳能和风电等行业,均被公认有大规模产能过剩。

致性，外贸发展方式转变的关键不在于贸易结构本身，而在于本土企业带动的本土供给能力和供给结构。

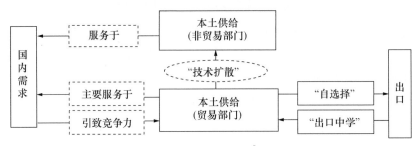

图 3-1　"国内需求—本土供给—出口结构"的基本关联

其二，从贸易起源看，"国内需求—本土供给—出口结构"关联源于国内需求是外贸优势的根本性来源。两百多年国际贸易理论与实践的发展表明，国内需求与要素、制度、技术共同构成一国比较优势的四大根本性来源。国内需求作为一国对外贸易比较优势的根本性来源之一，对一个国家的出口能力和出口贸易结构具有根本性影响。其逻辑起点在于，由于本土企业在国内市场具有成本优势、信息优势以及面临的贸易壁垒也较少，对本土文化、制度的熟悉又使得本土企业更容易把握国内需求特征，所以产品的设计和生产起初往往是针对国内市场（Weder，1996），并通过对最初产品的改进满足国外需求（Porter，1990；Weder，1996）。因而，国际贸易一般是在国内贸易之后发展起来（杨小凯，2003）。同时，国内需求被认为是一国出口优势的重要来源，对一国出口能力具有深刻影响（Linder，1961；Basevi，1970；Fagerberg，1993；Weder，1996，2003）。特别是以 Krugman（1980）以及 Helpman，Krugman（1985）为代表的新贸易理论明确指出，一国通常会出口国内需求较大的产品。这意味着一国对外贸易需要依托国内需求，遵循古典贸易理论和新兴古典贸易理论，由国内贸易内生演进形成（杨小凯，2003）。即便在产品内分工条件下，国内需求也是本土企业向价值链高端攀升的重要基础（Morrison et al.，2008；De Marchi et al.，2016），因为国内需求通过决定市场的大小和需求的特征对本土企业价值链升级产生决定性影响（Staritz et al.，2011）。此外，"技术差距论"和"产品生命周期理论"也都强调了国内需求对国际贸易的重要影响。Gruber 等人提出的"研究开发要素说"也认为，在新产品发展过程中，丰裕的国内资金和自然资源，以及高质量的人力资本是新产品和新产业发展的先决条件，但对新产品的本土需求规模，则是新产品得以发展的基础。此外，"需求侧视角"（demand-side perspective）的企业能力理论认为，消费者需求才是企业能力的核心来源（Priem et al., 2007，2012，2013）。无论是基于 Linder（1961）的相互需求理论，还是 Weder（1996）的国内需求与贸易模式理论以及 Krugman（1980）和 Helpman, Krugman（1985）等人的本土市场效应理论等，都认为一个国家出口的产品应该是本国需求和生产较多的产品，由此引申出"出口产品结构与国内需求及生产结构相匹配"的预期。

值得指出的是，以往学者们只是关注"贸易结构与国内产业结构背离"这一表面现象（尹翔硕，1997；袁欣，2010；张曙霄、张磊，2013），而没有理解这一表面现象的本质是"国内需求没有成为中国外贸优势的重要来源"，因而也不可能对表面现象下的本质问题"一国外贸优势的来源及由此决定的出口模式"进行深入讨论。尹翔硕（1997），袁欣（2010），张曙霄、张磊（2013），关注的是"贸易结构与国内产业结构的背离"。那么，一个国家的出口产品结构为什么要与国内产业结构一致呢？尹翔硕（1997）的回答是"理论上，出口来自生产，出口产品结构与生产结构应当是一致的"。但这一逻辑起点是不完全准确的。首先要理解的是，国内生产包括两个部分：对国内需求的供给和对国外需求的供给（出口）。如果一个国家的生产结构（体系）主要是为出口，那么尹翔硕（1997）的这一判断是正确的。但事实上，一个国家的生产结构（体系）大都不是为出口，而是为满足国内需求。当一个国家的生产结构（体系）主要为满足国内需求时，生产结构还会与出口产品结构一致吗？显然是不一定的。当一个国家的生产结构（体系）主要为满足国内需求时，尹翔硕（1997）的回答是不准确的。原因很简单：满足国内需求的产品并不一定能够出口，此时，主要为满足国内需求的国内生产结构当然与出口产品结构不一致。只有在国内需求支撑本土产品出口竞争力的条件下，尹翔硕（1997）的判断才是准确的，[①] 因为此时才会有"国内需求—本土供给—出口结构"

[①] 应当了解的是，尹翔硕之所以难以深入研究这一判断，是有历史原因的。因为20年前，国内和国际贸易学的发展还很难关注"国内需求是一国外贸优势的根本性来源"这一属于当时前沿的问题。国内最早关注国内需求对出口作用的译文《国内需求如何影响国际贸易格局》和尹翔硕的文章几乎是同期发表的。所以，从历史角度看，尹翔硕的研究是具有开创性的。

的关联。从一国外贸优势的构成来源的视角，理解国内需求、国内产业结构和出口产品结构的关系，深化以往对中国贸易结构与国内产业结构背离本源的认识，是对尹翔硕(1997)这一并不准确的逻辑起点的有力补充和完善。

其三，从外贸发展的本质作用看，遵循"国内需求—本土供给—出口结构"关联的外贸发展才能促进经济持续增长，实现外贸发展的"增长引擎"作用。经济持续增长的关键在于本土供给能力和供给结构的不断改善，生产率的提升是改善本土供给能力和结构的关键。外贸之所以被誉为"增长引擎"，关键在于，贸易通过"技术扩散""出口中学"和"自选择"等途径提升了本土供给的生产率，从而加强主要服务于国内需求的本土供给能力，改善供给结构，最终促进经济持续增长(Wagner, 2007)。因为外贸发展遵循"国内需求—本土供给—出口结构"关联，贸易部门与非贸易部门可通过要素流动、中间投入品、市场竞争以及示范效应实现广泛关联，外贸发展不仅可以通过"出口中学"等途径提升贸易部门的生产率水平，也可通过贸易部门与非贸易部门的广泛关联，以技术扩散促进非贸易部门生产率的改进，进而成为经济持续增长的驱动力(Bernard 和 Jensen, 2004)(如图3-1 所示)。因此，改进主要服务于国内需求的本土供给能力及结构，进而促进经济持续增长，才是外贸发展的本质作用。因此，扩大出口只具有有限的重要性，而以经济持续增长为核心的外贸发展绩效的改善才是转变外贸发展方式的落脚点。这正如金尚荣(1982)对韩国20世纪80年代加工贸易批评的那样，出口只具有手段价值，而不具备目的的价值。① 依托国内需求发展对外贸易的贸易模式，不仅为出口优势的来源及其动态演进提供国内需求的支撑，更为重要的是，依托国内需求实施的出口，必然具有"国内需求—本土供给—出口结构"的关联，从而不仅使得国内需求、产业结构和贸易结构之间能良性互动，相互促进，还能通过需求和贸易改善"本土供给"这一经济持续增长的关键。但脱离本土需求、"体外循环"式的外贸发展，尽管可能带动出口升级和出口规模扩张，但由于割裂了"国内需求—本土供给—出口结构"的关联，使得经济持续增长的关键——本土供给能力和结构提升的基础难以夯实。

---

① 正如金尚荣对韩国出口导向发展指出的那样，一无资源、二无技术、三无资本的韩国经济要实现现代化，选择发展出口的政策，本来无可非议。然而，韩国在金融、税制、汇率等一切经济政策中一直推行支持出口产业、以出口产业为中心的方针，结果导致企业素质不高、过度金融化、资源分配不当等一系列问题。

其四，从大国特殊性看，大国更需要实现"国内需求—本土供给—出口结构"的双重对接。大国和小国的根本差异在于经济规模的差异，大的经济规模意味着需求和供给规模较大。当国内供需错配时，就会产生超额需求和过剩供给。一般而言，超额需求和过剩供给可以通过国际市场得以化解，即利用进出口贸易实现国内供需失衡后的再平衡。但大国的超额需求和过剩供给在国际市场上会产生所谓的"大国效应"，囿于"买什么什么就贵，卖什么什么就便宜"的发展困境。特别是在当前全球贸易萎缩的环境下，中国外贸总额持续下降，连续五年未能实现预期增长目标，这充分说明依靠国际市场平衡大国国内供需已经举步维艰。更为重要的是，大国国内市场需求本可以通过支撑规模经济、技术创新和学习效应，催化新技术、新产品和新业态的生成，但供需错配使得大国增长新动力失去内需支撑，囿于发展方式难以转换的困境。对于小国而言，由于规模小，由国内供需不平衡导致的超额需求和过剩供给也较小，从而更容易利用国际市场实现国内供需平衡。同时，小国的国内市场狭小，也需要在国际大市场上实现规模经济，所以其供给并不一定与国内需求相匹配。如20世纪60—70年代，韩国为弥补国内市场狭小的不足，面向国际市场设计其产业结构，重点发展了钢铁、造船、石油化工、汽车、电子等产业。因此，由于大国供需难以利用国际市场得以平衡，并且供需失衡使得经济增长新动力失去国内大市场需求的支撑，所以相对小国而言，大国需要更加匹配的国内供需结构。大国超大的经济规模特征决定了大国需要实现供需的双重匹配，一是建立以内需为导向的国内生产体系，实现国内供需匹配，为经济增长新动力和持续稳定的经济发展提供大国强有力的内需支撑；二是建立以内需为依托的出口生产体系，实现国内需求与出口生产体系及外需相匹配。这种内外需求相匹配的外贸发展模式，规避了传统"外需导向"外贸模式下国内需求与外向型产能不一致的问题，不仅可以利用庞大的国内市场需求培育外贸竞争新优势，也能通过"内外贸一体化"顺利调节由内外需求波动导致的供需失衡问题。

二、产品内分工深化会弱化"国内需求—本土供给—出口结构"关联吗？

在以最终产品为分析视角的贸易理论框架下，必然会有图3-1所示的"国内需求—本土供给—出口结构"的基本关联，这一基本关联既遵循了外贸发展的起源过程，也阐释了外贸发展的本质作用。那么，全球产品分工深化是否会弱化"国内需求—本土供给—出口结构"的基本关联？

自20世纪70年代以来，国际分工经历了由产业间向产业内，再向产品内不断深化的过程。产品内分工不断深化极大地改变了企业经营活动的空间范围和行为方式，导致生产的非一体化（Feenstra，1998），或称生产的"片断化"（Arndt，Kierzkowski，2001）。也有学者使用生产过程的片断化、外包、多阶段性、生产的非地方化、垂直专业化分工和产品内分工等概念表示这一新的分工形式（Leamer，1996；卢锋，2004；Hummels，Papoport，Yi，2001）。产品内分工的主要特征是，国际分工的最终产品深入到产品的生产工序，同一产品的生产过程被分成不同的生产阶段和工序，分散到不同的国家（或地区）进行专业化生产，而这些国家（或地区）之间又通过国际中间品贸易联系起来。在这种新的分工格局下，产品生产已经具有了世界制造的意义，因此，全球生产的意义也必然使得所谓的需求有了全球化意义，使得内需和外需的边界日益模糊。产品内分工的深化会使得一国在全球生产网络中专业化于某一生产环节，从而导致出口产品可能并不是国内需求的产品。因此很容易产生一般性直觉，即产品内分工深化可能弱化了国内需求对贸易的基础性作用，颠覆了"国内需求—本土供给—出口结构"的基本关联。产品内分工深化最为直接的表现就是中间产品贸易的快速增长（Yeats，1998；Athukorala，2012）。实际上，一个国家融入全球产品内分工的形式有两种：产品内分工下的一般贸易和加工贸易。两种利用全球产品内分工的不同贸易形式，其外贸发展绩效会有本质差异。这两种外贸发展绩效差异的根源恰恰在于其是否遵循了"国内需求—本土供给—出口结构"的基本关联。

（一）产品内分工下的一般贸易对"关联"的强化机制

在图3-1刻画的"国内需求—本土供给—出口结构"的基本关联的基础上，图3-2刻画了产品内分工在一般贸易模式下的运行机理。中间品的进出口是一般贸易模式下对产品内分工的利用形式。由于产品内分工深化，就世界平均水平而言，非资源性中间品出口占总出口贸易比重为44%[①]，最终产

[①] 根据160个国家在联合国商品贸易统计数据库中的中间品贸易数据，2014年，中间品出口占总出口比例的均值为44%，其中除去了两类资源性中间品。

品出口仍然占总出口大约一半的比例。在一般贸易模式下，无论是中间品进口还是出口，都和国内需求具有必然关联，并可能强化"国内需求—本土供给—出口结构"关联。

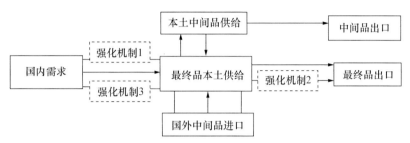

图 3-2 产品内分工中的一般贸易对关联机制的强化

其一，"国内需求—本土中间品供给—中间品出口"机制。该机制主要服务于国内需求的本土最终产品的供给需要中间品，而中间品最终受到国内"引致需求"的影响，并在国内需求的支撑下，通过需求总量的规模效应（Krugman，1980；Weder，2003）、生产者与消费者互动的学习效应（Fagerberg，1993）、引致创新进而改进产品质量和异质性需求引致的产品差异化（Fieler，2011；Osharin and Verbus，2016）等途径，提升本土中间品的出口竞争力，从而实现本土中间品的出口。在这一机制下，以中间品出口的方式参与全球产品内分工并不会颠覆"国内需求—本土供给—出口结构"关联。相反，国内需求是本土中间品出口竞争力的重要来源。

其二，"中间品进口—最终品本土供给—最终品出口"机制。在产品内分工条件下，本土企业为满足较大国内需求也需要进口技术含量高的中间品，大量研究也证实了中间品进口可以提高本土企业生产率水平（Gopinath，Neiman，2013；Fan et al.，2015；Ling et al.，2016）、改进技术（陈雯和苗双有，2016）和提高产品质量（Amiti，Khandelwal，2013）。① 这就可能使得本土企业在通过中间品进口满足国内需求的过程中，提高本土需求较大的最终产品的出口竞争力，从而降低出口与内需的背离程度。这一"进口引致出口"是产品内分工条件下本土企业实施出口的重要机制（Bas & Strauss-Kahn，2015），田巍和余淼杰进一步研究发现，相对于纯内销和纯外销的企业而言，

---

① 大量研究表明，中间品进口能改善本土企业生产率和产品质量（Bas，Strauss-Kahn，2014）。

中间品关税的下降对同时进行出口和内销的企业出口促进效应最强,这在一定程度上说明中间品进口在国内需求产品转换为有竞争力的出口产品过程中具有衔接促进效应。

其三,"中间品进口—最终品本土供给—国内需求—最终品出口"机制。中间品进口会通过扩大产品种类等途径提高最终产品的竞争程度(Goldberg et al., 2010)[①],竞争程度的提高降低了企业的成本加成,提升了消费者对品牌的认知度(Dhingra, 2013),从而扩大了对最终产品的需求规模和需求层次。这一改善的国内需求,又会通过需求总量的规模效应、生产者与消费者互动的学习效应、引致创新进而改进产品质量等途径,改善本土供给产品的竞争力,从而可能更有利于发挥国内需求对出口的促进效应。因此,在一般贸易模式下利用产品内分工不仅不会颠覆"内需—出口"机制,而是可能会通过以上三条途径强化"国内需求—本土供给—出口结构"关联机制。

(二) 产品内分工下的加工贸易颠覆"关联"机制及其发展困境

利用全球产品内分工的另外一种形式就是加工贸易。图 3-3 描述了产品内分工下加工贸易的运行机理及发展绩效。应当肯定的是,对于一无内需、二无技术、三无资本的发展中国家而言,产品内分工作为国际分工体系的新形态为发展中国家参与国际分工提供了现实条件,加工贸易是将发展中国家劳动力资源优势与发达国家资本技术优势结合的最有效的方式之一,加工贸易是全球化背景下推进发展中国家工业化的一条新道路。相比于一般贸易而言,加工贸易对于参与国的技术水平要求较低,而参与国又急于扩展贸易,对处于工业发展初期的参与国而言是一个良好的选择。在参与国难以以技术、品牌等优势参与国际竞争的情况下,引进加工贸易,不仅利于解决国内的劳动力就业,也能迅速打开对外开放局面以增加外汇收入(范子英、田彬彬,2014)。但正如金尚荣对韩国立足加工贸易的出口导向发展指出的那样,选择发展出口的政策,本来无可非议。但采取支持出口产业、以出口产业为中心的方针,结果造成了企业素质不高、资源分配不当等一系列问题,因此对进口大大超过出口的加工贸易型经济,在政策上应持慎重态度。[②] 具体而言,脱

---

① Goldberg et al. (2010)研究发现,中间产品进口能够解释31%的印度国内企业的新产品种类扩张。
② 参见〔韩〕金尚荣:《出口产业与内需产业的平衡发展》,载《韩国经济新闻》1982年2月13日。

离国内需求,立足加工贸易,利用全球产品内分工,会导致发展中国家"被俘"于价值链底端环节和外贸发展低绩效等核心问题。

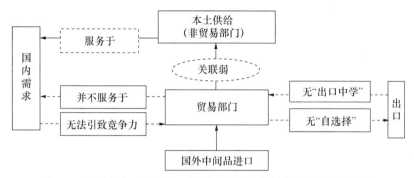

图 3-3　产品内分工下的加工贸易对关联机制的颠覆及其发展困境

其一,"被俘"于价值链底端环节。在当前全球生产网络中,发达国家的大型跨国公司"链主"主宰全球产业链和产品内分工价值链,为参与全球价值链,发展中国家企业立足于劳动力成本的比较优势,集中在低附加值的组装、加工和简单制造行业,使得发展中国家本土企业作为受控的"链节",以外包接受者的代工形式切入产品内分工体系(周勤和周绍东,2009)。由于发达国家主导的全球价值链分工体系不仅仅在于对核心技术的控制,还在于对产品终端需求市场的控制,发展中国家本土企业在全球价值链分工体系中的"低端锁定"是一种普遍现象。发展中国家要突破"低端锁定",就需要在一定需求支撑下进行本土企业的技术能力建设。而加工贸易的发展模式从市场空间上掐断了本土企业利用国内需求来构建高层次竞争优势的转化路径,在"链主"控制需求终端的价值链中,也无法接触国外终端需求,从而固化本土企业能力缺口,导致本土企业高层次竞争优势的"集体缺失",使粗放发展方式顽固地延续甚至恶化,也使中国经济越来越容易受到外部力量的左右(路风、余永定,2012)。

其二,外贸发展偏离其本质作用。贸易的作用在于通过"自我选择效应"和"出口学习效应"等途径促进本土企业生产率的改进,进而促进经济长期增长。一个一致的结论是,本土嵌入程度低的加工贸易企业并没有比非出口企业有更高的生产率(李春顶,2010;戴觅、余淼杰,2014)。同时,从事加工贸易企业的出口活动不存在显著的"自我选择效应"与"出口学习效应";只有从事一般贸易的企业,其出口活动才存在显著的"自我选择效应"和"出口学习效应"(张杰等,2016)。中国企业出口未能明显提高生产率,在高出口倾向度的外资企业中甚至出现了负向的"出口学习效应",只有在出口倾向度较低的企业中,出口才提高了生产率(包群等,2014)。而这些从事一般贸易的企业和出口倾向度较低的企业正是更多依赖国内需求的本土企业,这就说明深度嵌入国内市场的本土企业的出口贸易才是国内技术进步、生产效率改进的关键。这些证据有力地说明,脱离本土需求单纯追求融入全球产品内分工带动的出口增长由于无法促进根植于国内需求的本土企业的生产率改进,故对经济持续增长的作用十分有限。

第二节　外贸发展方式转变的本质内涵与立足点

通过回归外贸起源和外贸发展的本质作用,厘清"国内需求—本土供给—出口结构"的本质关联,基于这一本质关联,就能把握外贸发展方式转变的本质内涵和立足点。

一、外贸发展方式转变的本质内涵

外贸发展方式转变的本质内涵究竟是什么?通过梳理关于外贸发展方式转变的政策文件和相关研究可以发现,自从2009年12月中央经济工作会议提出"加快外贸发展方式的转变"以来,学术界一般认为,外贸发展方式转变的内涵是多方面的,转变外贸发展方式是一个包容性、综合性的概念。一般都把外贸发展方式转变理解为,由于出口产品低端、出口产品科技含量和产品附加值低,因而要推动出口增长的动力机制转变,提升对外贸易质量和效益,促进外贸协调和持续发展(裴长洪等,2011)。如张燕生(2010)认为,转变外贸增长方式,要研究并制定持续提升外贸增长效益和质量的约束性指标体系,并且重点扶持从事一般贸易的民营中小企业的发展。朱启荣等(2012)对中国外贸发展方式转变成效评价进行了比较系统的研究,从外贸增长速度、外贸国际竞争力、外贸经济效益、外贸社会效益、外贸资源利用水平、外贸绿色发展能力等方面评价中国外贸增长质量。汪素芹（2014）认为，外贸发展方式转变包括外贸发展的持续性、社会发展的持续性和生态环境发展的持续性，最终达到经济、社会、生态环境的良性循环和协调发展。戴翔、张为付（2017）认为，转变外贸发展方式的实质就是要转变融入全球价值链分工体系的方式。郭熙保（2013）认为，在后危机时期，加快中国外贸发展方式的转变，需要稳定和拓展对外贸易规模，调整与优化外贸空间结构，提升外贸发展的质量和效益，促进外贸协调和持续发展。裴长洪等（2011）认为，转变外贸发展方式，决不能局限于优化出口产品结构和提高出口产品附加值，从总结中国自身的经验出发，中国转变外贸发展方式的经济学含义应当包含，外贸国民收益方式和格局和转变、外贸竞争方式的转变、外贸市场开拓方式的转变和外贸资源利用方式的转变。从既有研究看，一般都把提高外贸增长的质量和效益作为外贸发展方式转变的最终目的。那么，如何提高外贸增长的质量和效益，实现外贸持续健康发展？政府指导文件越来越重视"竞争新优势培育"。如党的"十七大"报告中指出："加快转变外贸增长方式，立足以质量取胜，调整进出口结构，促进加工贸易转型升级，大力发展服务贸易。"即强调将贸易结构转换作为中国转变外贸增长与发展方式的总的指导思想。2012年7月，商务部等发布《关于加快转变外贸发展方式的指导意见》，强调培育以技术和品牌为核心的外贸竞争新优势，提高外贸发展的质量和水平，促进对外贸易的可持续发展。2015年，国务院出台《关于加快培育外贸竞争新优势的若干意见》，更加突出强调，力争到2020年，竞争新优势培育取得实质性进展，提高外贸增长的质量和效益，实现外贸持续健康发展。

综合考虑既有研究和政府指导性文件，同时基于"国内需求—本土供给—出口结构"的本质关联，笔者认为，转变外贸发展方式的关键在于培育本土企业高层次竞争优势，有效途径是贸易结构转换升级，落脚点在于提高外贸增长的质量和效益以实现经济持续增长。换言之，培育本土企业高层次外贸竞争优势以谋求贸易结构升级从而改善出口的增长绩效，是发展中国家突破发达国家"结构封锁"实现外贸发展方式转变的本质内涵。其根源在于，发达国家通过对核心技术和需求终端的控制，以及根据国内需求使其本土企业内生创新的动态机制，牢牢把握在全球分工与贸易中的主导地位。而受到国内需求不足和与前沿技术差距限制的发展中国家,难以在技术、品牌、营销渠道等环节形成高层次竞争优势,只能立足要素禀赋低层次竞争优势、以发达国家为出口市场的垂直分工模式分享全球红利。由此,在产品间分工上形成了高收入国家出口高质产品、低收入国家出口低质产品,在产品内分工上形成了高收入国家的跨国公司控制研发和销售等高端价值链环节、低收入国家本土企业"被俘"于价值链底端环节的全球贸易分工格局。在这一贸易格局下,发达国家攫取了大部分贸易利益,而发展中国家出口增长的绩效低,由此也形成了"出口什么比出口多少更重要"的理论共识(Hausman et al.,2007)。因此,通过本土企业培育高层次竞争优势以谋求贸易结构升级进而改善出口的增长绩效,成为发展中国家外贸转型升级的本质内涵①。以下,笔者进一步论述"本土企业高层次竞争优势—贸易结构转换升级—外贸发展绩效改善"这一外贸发展方式转变的本质内涵。

其一,本土企业高层次竞争优势是转变外贸发展方式的关键。崔日明认为,对外贸易发展归根结底是国际竞争力问题。在国际分工深化和要素跨境流动的条件下,本土企业的高层次竞争优势是决定一个国家在全球分工和贸易地位的基础,也是决定外贸转型升级的关键。在中国外贸当前的发展阶段,传统竞争优势明显削弱,本土企业创新能力亟待增强,品牌产品占比偏低,同质化竞争较为普遍,亟待培养本土企业的竞争新优势。郭熙保、陈志刚认为,培育以技术、品牌、质量、服务为核心竞争力的外贸新优势,是提高外贸发展质量和水平的着力点,也是促进外贸可持续发展的关键。具体到产业间和产业内的中国外贸发展方式的转变,就是要通过本土企业高层次竞争优势的培育,实现贸易结构从低质品向高质产品转换和单一出口产品结构向出口产品结构的多元化转变。刘志彪认为,具体到产品内分工条件下的中国外贸发展方式的转变,就是要破解中国企业在全球价值链中的被"俘获"与被"压榨"地位以及如何及时突围等问题,就是要提高本土企业以技术能力为核心的高层次竞争优势。在全球

---

① 需要强调的是,外贸转型升级的落脚点不是出口产品结构升级,而是改善出口的增长绩效,本土企业带动的出口产品结构升级才能促进经济长期增长。正如 Poncet, Waldemar(2013)实证研究指出的那样,加工贸易和 FDI 虽然能带动出口升级,但并不能带动经济长期增长,只有根植于国内市场的本土企业的出口升级才是经济长期增长的驱动力。

产品内分工格局下,结构升级表现为本土企业在全球价值链中顺着价值阶梯逐步提升的过程,其核心在于,本土企业通过技术能力的提升增加工序和产品的附加值(Humphrey,Schmitz,2002)。邢斐等认为,无论是由加工贸易向一般贸易的转型,还是由中间产品进口国向出口国的转变,其关键机制均为本土企业技术升级所带来的创新驱动发展。正如闫国庆等(2009)指出的那样,决定中国加工贸易转型升级的关键是技术,推动技术创新的核心就是要加快品牌建设。商务部等十部委《关于加快转变外贸发展方式的指导意见》中提出,"与世界贸易强国相比,我国外贸产品的质量、档次、附加值还不高,企业研发、设计等核心竞争力还不强,行业协调能力和政府参与国际贸易规则制定的能力还不够",其实质是本土企业高层次竞争优势的缺乏。正如2015年国务院出台的《关于加快培育外贸竞争新优势的若干意见》中指出的那样,"在国际环境和国内发展条件都发生重大变化的历史背景下,加快培育竞争新优势是事关我国发展全局的重大问题"。因此,本土企业的高层次竞争优势是转变外贸发展方式的关键。

其二,贸易结构升级是转变外贸发展方式的根本途径。当前,全球分工与贸易格局是:在产品间和产业间分工上,高收入国家出口高质产品、低收入国家集中出口低质产品;在产品内分工上,高收入国家的跨国公司控制研发和销售等高端价值链环节,而低收入国家本土企业"被俘"于价值链底端环节。发展中国家转变外贸发展方式,就需要实现出口产品结构在产业间和产业内贸易上从低技术产品向高技术产品的自主品牌转换;在产品内分工上从价值链底端向高端攀升,遵循从流程升级到产品升级,再到功能升级,最后到链条升级的过程(Gereffi *et al.*,2005;Humphrey,Schmitz,2002),或者构建以本土企业为"链主"的价值链(刘志彪,2012,2013)。中国以加工贸易为突破口参与产品内国际分工,目前已成为国际分工体系中一支重要的新兴力量(唐海燕、张会清,2009)。然而,全球产业链和产品内分工价值链是由发达国家的大型跨国公司作为发包者所主宰的,中国本土企业为了利用劳动力成本低廉的比较优势,大量集中在低附加值的装配、加工和简单制造行业,使中国本土企业作为受控的"链节",以外包接受者的代工形式切入产品内分工体系。在这样的产品内分工体系中,本土企业以劳动力密集投入为特征不可能获取丰厚的附加值。也正如闫国庆等(2009)指出的那样,现阶段中国加工贸易政策调整应以自主品牌建设为核心,引导加工贸易从最基本的形式"贴牌代工"向高级形式自主设计、自主品牌进行战略转型,提升中国在全球生产价值链上的分工地位。因此,提升中国外贸增长的质量和效益,一方面,在产业间分工和产品间分工上,重点加强本土企业的自主创新,培育以技术、品牌、质量为核心竞争力的外贸新优势,转变以初级产品或劳动密集型为主导的贸易增长模式;另一方面,在产品内分工上,着力推动加工贸易产业链向上游研发设计延伸,鼓励企业逐步从贴牌代工向自主设计和自主品牌发展,引导加工贸易企业更多地采用国产料件,延伸产业链条,加强对经济的联动促进作用(郭熙保、陈志刚,2013)。

其三,改善以经济持续增长为核心的外贸发展绩效是转变外贸发展方式的本质目的。关于外贸发展方式转变的研究都关注"提高外贸增长的质量和效益,实现外贸可持续发展"①。那么究竟以什么指标度量的外贸增长的质量和效益,能实现外贸可持续发展?这一问题实际上是外贸发展的目的性问题,即外贸为什么重要的问题。理论上,出口贸易之所以被称为"增长引擎",是因为贸易对长期经济增长的作用。长期看,最终的贸易利益来源,或者说贸易的根本性作用在于,贸易可以通过深化分工提高生产率(Young, 1928; Rosenstein, 1943; Murphy et al., 1991),也可以通过缓解规模经济与差异产品的两难提高生产率(Krugman, 1979),还可以借助内生于贸易成本的生产率和产业内资源配置效率的改善(Melitz, 2003; Melitz, Ottaviano, 2008),以及企业内产品间的资源优化配置(Mayer et al., 2011)和促进竞争、减少价格加成的市场扭曲来提高生产率(Edmond et al., 2015),从而促进长期经济增长。正因为如此,裴长洪(2011)认为传统的贸易条件并不能反映贸易收益。同时,根据"出口什么比出口多少更重要"的理论共识,为什么贸易国会追求贸易结构的升级,原因在于出口产品结构越高级化,越有利于经济长期增长(Hausman et al., 2007)。这就意味着,通过贸易结构升级提升以经济持续增

---

① 参见《关于加快培育外贸竞争新优势的若干意见》(国发〔2015〕9号);《关于加快转变外贸发展方式的指导意见》(商贸发〔2012〕48号)。

长为核心的外贸发展绩效是转变外贸发展方式的落脚点。但这并不表明贸易结构升级促进经济长期增长是没有条件的。Poncet,Waldemar(2013)基于中国数据的研究发现,由加工贸易和外资带动的出口升级并不能驱动中国经济长期增长,只有从事一般贸易的本土企业的出口升级才是经济增长的重要驱动力。Jarreau,Poncet于2012年的研究也发现,并不是所有企业的出口技术复杂度的提升都能促进经济增长,从事一般贸易的本土企业的出口技术复杂度的提升才能促进经济增长。路风、余永定(2012)研究发现,中国外贸高速增长的同时,出现了能力缺口,并与外资依赖互为因果,阻碍了产业升级,使粗放发展方式顽固地延续甚至恶化。无论是理论逻辑,还是来自实践的经验证据,都证明了 FDI 带动的出口不会给中国带来技术进步,也证明了外资企业对中国企业能力的提升无任何作用(路风、余永定,2012)。[①] 因此,以本土企业能力提升带动的贸易结构升级,才是经济可持续增长的关键,这也正是转变外贸发展方式的本质内涵。

二、大国外贸发展方式转变的立足点

通过上一部分的分析,已经明晰转变外贸发展方式的本质内涵是以本土企业能力提升带动贸易结构升级,进而实现经济持续增长。其关键是培育"以技术、品牌、质量、服务为核心的新优势",而这一新优势的培育离不开国内需求的支撑,依托国内需求培育本土企业高层次竞争优势是大国转变外贸发展方式的立足点。

无论是经典竞争力理论、企业能力理论、产品生命周期理论、"需求侧视角"的管理理论还是注重国内市场的经典贸易理论都认为,国内需求是本土企业竞争力的重要来源。根据经典企业竞争力理论,国内需求是 Porter(1990)竞争优势"钻石体系"的"火车头",国内市场的大小、成长性、竞争程度和饱和程度都深刻塑造了一国产业和企业的竞争优势。根据经典的企业能力理论,对

[①] 大量类似研究指出,中国有50%左右是加工贸易,其中60%是外企和与外资合作企业的出口贸易。加工贸易"为他人做嫁衣",既不能提高我国经济的国际竞争力,又使大部分利润让国外赚去,国内收益甚微。赵陵等(2001)认为,中国出口对经济增长的拉动作用短期内显著,但较长时期内将趋于消失。李坤望等(2014)认为,加工贸易中的本地企业难以通过"出口中学""交流中学"实现技术创新和产业升级。

来源于不同国家的产品而言，国内市场的大小是其资源与能力的核心决定因素。产品生命周期理论也认为，对新产品的国内市场需求是企业开发新产品的重要优势。利用本土市场优势，根据消费者需求创造价值是本土企业通过创新、创业和管理创造可持续竞争优势的根本途径（Priem et al.，2007，2012，2013）①。根据本土市场效应理论，国内市场规模的扩大所带来的规模效应和生产率改进能够促进出口（Krugman，1980）。国内大市场通过容纳更多的企业、行业市场竞争，使得只有生产率最高的企业出口（Melitz，2003；Melitz，Ottaviano，2008）。

在发达国家"结构封锁"型贸易格局下，对于中国这样的发展中大国而言，不断扩张的国内需求规模和不断升级的内需结构，也是中国开放型经济转型的基础和中国外贸转型升级的根本性动力。内需市场的成长使本地市场效应放大、消费需求升级和经营模式创新，进而驱动技术创新升级、自主品牌塑造、产品质量提升、产业结构优化，最终形成出口竞争新优势（许德友，2015）。路风、慕玲通过对中国激光光盘播放机工业发展经验的分析表明，基于本土市场需求特点的产品创新以及企业在技术学习和能力发展上的努力，才是技术相对落后国家的企业能够在开放市场条件下获得竞争优势的原因。没有国内市场规模的扩大、需求的升级、经营的创新，企业永远只会是"为出口而出口"的加工厂，远离了消费市场，也就远离了"微笑曲线"两端的研发、设计、品牌和营销，其进一步的发展更无从谈起。正如 De Marchi et al.（2016）对忽视本土技术能力建设的价值链研究提出明确批评，因为一般的经验观察表明，发展中国家企业在全球价值链中很难实现创新。谋求在全球价值链分工中的新地位归根结底取决于本土企业自身能力的建设，而研发能力和市场能力是本土企业技术能力建设的两个方面，因为任何一项企业的创新活动都是技术的市场化，而本土企业在国内市场上有天然优势，这就决定了研究价值链升级脱离不了本土需求的作用。由于发达国家主导的全球价值链分工体系不仅在于对核心技术的控制，还在于对产品终端需求市场的控制，

---

① 强调需求对企业竞争力作用的"需求侧视角"（demand-side perspective）成为正在兴起的三类管理文献——创新、创业和策略管理的共同研究视角（Priem et al.，2007，2012，2013）。

而需求是技术创新得以最终完成的决定性环节,发达国家领先企业控制市场需求的终端环节,实质上也就控制了微观企业技术创新激励机制的"命脉",使得发展中国家本土企业在全球价值链分工体系中的"低端锁定"是一种普遍现象(De Marchi et al.,2016)。因此,忽视发展自身本土市场合理的消费需求规模和结构,仅仅依靠代工与出口导向的发展战略,会导致被发达国家实施"结构封锁"(刘志彪和张杰,2007)。因此,国内、国际环境变化倒逼中国改变"大进大出"的传统发展方式,中国新一轮的开放需要牢牢把握内需这一战略基点,将需求市场规模优势真正转化为对外经济合作的新优势,在扩大与利用内需的基础上促进对外经济发展方式的转变,推进"国际国内市场深度融合"(徐康宁、冯伟,2010;戴翔,2013;易先忠等,2014,2016,2017;宣烨,2015)。因此,当前中国建立新兴开放型经济体系,迫切需要把国内市场纳入进来,通过国内市场与全球市场的深度融合,以国内需求重塑中国外贸发展的根本性动力,在此基础上形成新的产品竞争力。正如许德友指出的那样,中国外贸转型升级的出路不在于出口本身,而在于通过国内大市场培育本土的高层次竞争优势。

第三节 国内市场与大国外贸发展方式转变的分析框架

转变外贸发展方式的立足点在于,依托国内需求培育本土企业高层次竞争优势,而大国巨大的内需规模和多层次需求结构是本土企业高层次竞争优势的重要来源和基础。那么,发展中大国有效的外贸发展模式应该是依托国内市场需求的外贸发展模式。

一、分析框架的构建

国内市场与大国外贸发展方式转变的分析框架如图3-4所示:

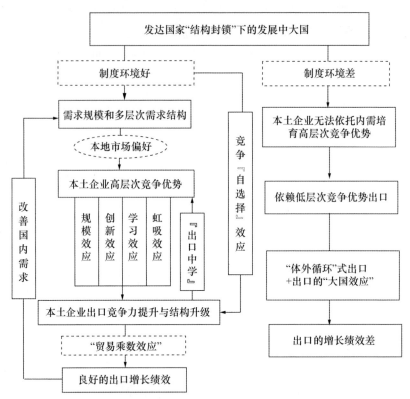

图 3-4　国内市场与大国外贸发展方式转变的分析框架

在发达国家实施"结构封锁"的世界贸易格局中，发展中国家转变外贸发展方式的关键是，培育"以技术、品牌、质量、服务为核心的新优势"，而巨大的国内需求是这一新优势生成的重要市场支撑，故大国国内需求被广泛认为是本土企业重要的"国家特定优势"（裴长洪、郑文，2011）。因此，依托国内需求培育本土企业高层次竞争优势就成为大国转变外贸发展方式的立足点。

在国内市场制度完善的条件下，贸易的"本地市场偏好"又使得本土企业偏好首先根据国内需求进行生产和销售。因为本土企业在国内市场具有成本优势、信息优势以及面临的贸易壁垒也较少，对本土文化、制度的熟悉又使得本土企业更容易把握国内需求特征，所以产品的设计和生产起初往往针对国内市场（Porter，1990）。再加上同国内贸易相比，国际贸易需要支付如关税、运输等额外费用(杨小凯,2003),所以国际贸易一般在国内贸易之后发展起来。同时,大国国内需求的多层次性和巨大的内需规模支撑的规模经济、技术创新、消费反馈效应和虹吸效应,为大国本土企业培育外贸优势提供了特殊途径。在立足本土需求发展对外贸易的过程中,本土需求通过需求总量、生产者与消费者互动的学习效应、引致创新进而改进产品质量和异质性需求引致的产品差异化等途径对本土企业出口产生深刻影响,从而形成"内需—出口"关联的理论共识[①](Linder,1961;Weder,2003;Krugman,1980)。Weder(2003)把这种由国内需求驱动的外贸发展模式称为"内需驱动型"贸易模式(demand-driven trade model)[②]。这种内需驱动出口模式可将大国国内需求优势转变为外贸竞争新优势,有利于促进本土企业出口产品升级和突破在全球价值链中的"低端锁定",从而促进贸易结构的升级。根据"出口什么比出口多少更为重要"的理论共识,不同的出口产品结构具有不同的经济增长效应,高端产品出口比低端产品出口更能促进出口国的经济增长(Hausman et al.,2007)。因此,由本土企业带动的贸易结构升级能取得更好的出口增长绩效。在依托国内需求发展对外贸易的过程中,"国内需求—本土供给—出口结构"关联较强,出口贸易不仅会通过与国内产业广泛的关联效应,发挥"贸易乘数效应"带动短期经济增长。更为关键的是,出口贸易还通过"自我选择效应"和"出口学习效应"两条主要途径改善本土供给能力和供给结构,良好的出口绩效又会通过改善国内需求进而改善本土企业供给能力和供给结构,从而实现出口国经济的持续增长。

在以上"大国国内需求—本土企业高层次竞争优势与贸易结构升级—以经济持续增长为核心的出口绩效改善"的分析框架中,制度环境完善的隐含假设发挥了两个关键作用:其一,完善的制度环境使得国内需求优势能够顺利转换为高层次竞争优势;其二,完善的制度环境迫使本土企业依托较大国内需求寻求高层次竞争优势。由于众多本土企业面临相同的国内要素成本等条件,为了避免在市场竞争中被淘汰,本土企业就会尽量依托较大国内需求寻求以技术、品牌为核心的高层次竞争优势(Porter,1990),在国内需求优势

---

① "内需—出口"关联实质上是"国内需求—本土供给—出口结构"关联的体现。
② 在本研究中,"依托国内需求的外贸发展模式"与"内需驱动出口模式"为同一概念。

能顺利转换为高层次竞争优势的制度条件下，国内需求较大的产品转化为有竞争力的、出口较多的产品就成为现实。但国内制度环境不完善使得本土企业没有动力，也没有能力依托国内需求形成高层次竞争优势，导致"内需引致出口"功能缺位，使得国内需求规模大的产品不一定具有出口竞争力（Porter，1990）。正如 Porter(1990)指出的那样，国内市场规模对本土企业的能力成长具有双面效应。一方面，国内大市场能够激励厂商投资、扩大厂商规模，因此是国内大市场产业国际竞争力的一大优势；另一方面，庞大的国内市场所提供的获利机会，也可能弱化本土企业海外控制的意愿，从而妨碍本土企业竞争力的提升。因此，必须把国内大市场与制度环境结合起来。

相反，在国内需求无法提升本土企业出口竞争力的市场环境中，国内需求优势难以转换为外贸竞争优势，大国贸易结构转型升级就会失去国内市场需求这一重要的优势来源。在本土企业无法依托国内需求培育高层次外贸竞争优势的条件下，本土企业就会偏向依赖要素禀赋或者以低价竞争模式在国际市场上实现规模经济，以寻求低层次外贸竞争优势，从而产生大量低端产品的外向型供给。而大国的外向型供给不仅会在国际市场上加剧贸易摩擦，也会产生所谓的"大国效应"，恶化贸易条件，外贸发展的绩效也较差。更为重要的是，这种外向型出口供给与国内需求的关联不强，而国内产业结构主要服务于国内需求，外向型出口供给与国内需求和国内产业关联都较弱，从而形成"体外循环"出口贸易。这种"体外循环"出口尽管可能带动出口升级和出口规模扩张，对短期经济增长具有一定的带动效应，但由于割裂了"国内需求—本土供给—出口结构"关联，出口贸易无法通过"自我选择效应"和"出口学习效应"两条主要途径改善本土供给能力和供给结构这一经济持续增长的关键，因而对经济长期增长的作用十分有限。

总之，在发达国家实施"结构封锁"的世界贸易格局中，发展中国家要改善出口增长绩效、实现经济持续增长，就需要培育本土企业高层次竞争优势，实现贸易结构升级，而大国国内需求是本土企业重要的"国家特定优势"，大国国内需求的多层次性和巨大的内需规模支撑的规模经济、技术创新、消费反馈效应和虹吸效应，为大国本土企业培育外贸优势提供了特殊优势途径。在完善的制度环境下，国内需求优势能够顺利转换为高层次竞争优势,并且完善的制度环境迫使本土企业依托较大的国内需求寻求高层次竞争优势。本土企业高层次竞争优势的获得,能有效突破发达国家的"结构封锁",实现贸易结构升级,而依托国内需求和本土供给的外贸发展,又会通过"自我选择效应"和"出口学习效应"等途径进一步促进贸易(本土供给)结构升级,进而促进经济长期增长,即获得良好的出口增长绩效。由此形成了"大国国内需求—本土企业高层次竞争优势与贸易结构升级—以持续经济增长为核心的出口绩效改善"的内生良性外贸发展机制,推动外贸发展方式转变。

二、分析框架解读一:大国为何偏向内需驱动出口模式?

根据两百多年国际贸易理论与实践的发展,要素禀赋和国内需求是一个国家外贸发展的两个主要驱动因素(杨小凯、张永生,2001;Davis, Weinstein,1996),由此也形成了要素驱动出口模式和内需驱动出口模式。固然,经济发展阶段所决定的与前沿技术水平的差距、要素禀赋结构特征以及国内需求的规模及层次,对一个国家外贸发展的主要驱动因素及由此决定的出口模式具有重要影响。但两种出口模式不仅在外贸优势来源上有根本性差异,在出口产品结构及其升级机理上也具有明显差异,更为重要的是,两种出口模式对不同规模国家的适宜性也不相同,使得即使在相同发展阶段,大国也比小国更加偏向内需驱动出口模式。

对于小型经济体而言,依托要素禀赋、以国外需求为导向的出口模式遵循了"比较优势战略理论"(林毅夫,2002),以要素禀赋比较优势参与国际分工可以取得更多经济剩余,从而有利于要素禀赋结构升级,而要素禀赋结构升级又会带动技术和产业结构升级,进而取得良好的经济增长绩效,由此形成了要素驱动出口模式下外贸转型升级的内在机理。对于缺少本土市场需求的小国而言,要素驱动出口模式通过谋求要素结构的快速升级和高度融入全球分工获得技术学习机会,可能是在全球化背景下实现快速发展的有效战略。

但对发展中大国而言,以总体要素禀赋比较优势介入国际分工,会受到"大国效应"制约而使贸易条件恶化,降低可供要素结构升级的"经济剩余",从而导致产业(贸易)结构升级刚性(易先忠、欧阳峣,2009)。Bhagwati

指出，对于一个实施出口偏向型增长的大国，出口偏向型增长会极大地增加供给，影响世界价格，从而导致贸易条件恶化，抵消部分出口偏向经济增长的收益。如图3-5所示，偏向出口部门的经济增长，导致生产可能性边界向出口部门变化。但大国偏向出口的经济增长会使得出口量大幅度增加，进而会导致出口产品价格相对下降，贸易条件从 P_x/P_y 下降到 P_x^*/P_y^*。由于贸易条件恶化，使得增长国所得福利从贸易条件恶化前的 U_3 水平降低到 U_2 水平，从而降低了外贸增长的部分福利，以贸易条件恶化的形式转移给他国享有。如果贸易条件恶化严重，则出口增长的总福利会大幅度下降，甚至低于出口增长前的福利水平，形成所谓的"贫困化增长"。中国作为世界最大出口国，虽然高新技术产品出口比重不断攀升，但要素禀赋比较优势并没有发生本质改变，出口产品技术含量低，替代性强，贸易条件更容易恶化，也容易产生出口偏向型增长福利的"转移支付"。同时，大国巨大的外向型供给难以通过国际市场消化，加剧贸易摩擦，外贸发展的绩效也较差。此外，依托要素禀赋、以国外需求为导向的出口模式的国内"植根性"不强，对国内相关产业的带动力和辐射作用低，出口的乘数效应较低，当要素禀赋优势弱化时也容易出现产业大规模跨国转移。对于中国这样的大国而言，以总体要素禀赋比较优势介入国际分工，不仅会受到"大国效应"制约而恶化贸易条件，降低可供要素结构升级的"经济剩余"，从而导致产业（贸易）结构升级刚性；并且在创新引领发展趋势突显的阶段，以要素禀赋介入国际分工，会加大被套牢于低端产品结构的风险，导致经济发展的"比较优势陷阱"。因此，要素禀

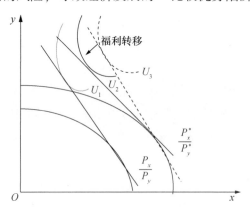

图3-5　大国出口偏向型增长的福利转移

赋驱动的贸易模式对大国的适宜性比小国更差。

更为重要的是，在发达国家主导的"结构封锁"型贸易格局中，要素驱动出口模式会使大国失去国内需求这一重要的外贸优势来源，从而囿于外贸转型困境。因为寻求以技术、品牌为核心的高层次竞争优势，是外贸转型升级的立足点，而要素禀赋比较优势在解释企业持续竞争力上贫乏无力，企业创造和维持高层次竞争优势通常是一个依托国内需求的本土化过程（路风、慕玲，2003；刘志彪，2013）。国内较大的市场需求和较为完整的产业体系内生决定了其偏内向型发展模式，突出表现在大国比小国对国际市场的依赖程度更低（Alesina et al., 2005）。这种由国家规模内生决定的发展模式也要求大国充分利用国内需求优势。而脱离本土需求的要素驱动出口模式，一方面由于贸易结构与国内产业结构的脱节，出口贸易对促进国内技术进步和改进企业生产效率的作用有限（包群等，2014），从而使得出口与国内产业无法形成良性互动和相互促进；另一方面也使大国出口产品结构升级缺乏国内市场需求这一重要优势的支撑力，从市场空间上掐断本土企业利用本土需求构建和提高其创新能力的转化路径，加大被锁定于"俘获型"发展模式的风险。

三、分析框架解读二：大国国内需求与本土企业高层次竞争优势

大国采取偏向内需驱动出口模式不仅由于要素驱动出口模式对大国外贸发展的欠适宜性，更重要的原因在于，在发达国家控制核心技术和全球需求市场终端的贸易格局下，本土企业在依托国内需求进行技术创新和品牌建设时具有天然优势，因为本土企业在国内市场具有成本优势、信息优势，同时，其面临的贸易壁垒也较少，对本土文化、制度的熟悉又使得本土企业更容易把握国内需求特征，所以本土企业贸易一般具有"本土偏好"[①]，几乎所有世界成功品牌都是依托国内需求，在国内市场的激烈竞争中慢慢地成长并被成功

[①] 一个有趣的现象是，不仅企业贸易存在"本土偏好"（home bias），消费者以及投资者的资产持有方式也存在"本土偏好"，这更加说明国内市场对本土企业能力成长和外贸发展的重要性。

推向世界（Porter，1990；刘志彪，2011）①。以技术、品牌为核心的高层次竞争优势是外贸转型升级的立足点，而大国国内需求的多层次性和由巨大的内需规模支撑的规模经济、技术创新、消费反馈效应和虹吸效应，为大国本土企业培育高层次竞争优势提供了特殊优势途径。

（1）大国国内需求的规模效应与本土企业高层次竞争优势。大国市场可摆脱规模效益与竞争机制的两难冲突，激励本土企业寻求高层次竞争优势。对小国而言，为了达到有效经济规模就需要减少厂商数量，而厂商数量的减少又会降低市场竞争程度，进而弱化厂商培育高层次竞争优势的动力。而大国国内市场可摆脱这一规模效益与竞争机制的两难冲突，大国国内需求的多层次性和巨大的需求规模可以支撑起"小众产品"的规模经济，从而容纳更多企业，形成更加拥挤的产品空间，使得大国市场竞争更加激烈（Desmet，Parente，2010）。为避免在激烈市场竞争的"自选择"中被淘汰，本土企业被迫寻求更高层次的竞争优势（Porter，1990）。同时，大国市场上拥挤的产品空间也会导致产品的替代性更强，面临多样性选择的消费者就会更加挑剔，而专业、挑剔的客户是本土企业追求高质产品和精致服务的压力来源。同时，由于大市场容纳的众多本土企业的要素成本、市场地缘、上游供应商等条件都相同，激烈的国内市场竞争和挑剔的客户就会迫使本土企业摆脱对低层次优势资源条件的依赖，寻求以技术、品牌为核心的更高层次、更具持久力的竞争优势，因此形成了"本土市场越大，创新也越多"的理论预期（Desmet，Parente，2010）。

（2）大国国内需求的技术创新效应与本土企业高层次竞争优势。巨大的国内需求为以技术、品牌为核心的高层次竞争优势的生成提供可能。创新是高层次竞争优势的决定性因素，而需求是创新的重要引致因素。由于创新本质上是一个为消费者创造价值的过程，真正成功的创新被认为是消费者驱动

---

① 美国巨大的本土市场成功助推了其众多国际品牌，美国的很多品牌都是在其本土成为成熟和强势的品牌之后才开始国际化的，如 Apple、IBM、Microsoft、GE 等。根据福布斯（Forbes）公布的"2016 年度全球最具价值品牌排行榜"，全球最具价值的 100 大品牌中来自美国的达到 52 个，其次是德国（11 个）、日本（8 个）以及法国（6 个）。而中国台湾地区和韩国的市场较小，其国际品牌也相对较少。中国台湾地区企业主要以贴牌代工、代设计为主，中国台湾地区 IT 业自主品牌只有宏碁和明基等少数企业，而康师傅、统一等食品品牌是在中国大陆市场成长起来的。

而非资源和技术驱动(Priem et al., 2013)。巨大的国内需求规模不仅可摊销创新费用,需求的多层次也能提高差异产品创新的预期收益,为创新活动创造内生激励机制。微型企业是技术创新的主体,对创新成本与收益的权衡比较是激励企业技术创新的最本质因素。只有够大的市场规模支撑起创新的收益,才能从本质上刺激微型企业创新活动。所以,国内市场需求规模的空间是决定企业研发活动的关键,这就是所谓的"需求引致创新"。通常来说,一个国家国内市场需求规模的扩大和需求层次的提升,为微型企业新产品、新技术的开发提供了补偿投资回报的市场空间,进而激发企业的创新活动,创造一个内生性的可持续循环的激励机制。从技术内生经济增长理论看,有效利用本土市场需求空间,可培育企业的创新能力,进而提升经济持续发展能力。Rosenstein(1943)和Murphy et al.(1991)认为,经济发展是一个从低技术均衡向高技术均衡的"大推进"(big push)过程,市场规模在这个过程中起着至关重要的作用。Young(1993)和Aoki, Yoshikawa(2002)认为,创新是促进一个国家经济持续增长的重要因素。之后的内生增长理论(杨小凯,1999,2003)等,也都强调市场规模与技术进步的重要联系。

(3)大国国内需求的学习效应与本土企业高层次竞争优势。向消费者学习是本土企业创新的重要源泉和方向(Xie, Li, 2015)[①],而本土企业相对于国外企业对本土文化和制度更加熟悉,在国内市场具有交流成本和信息方面的优势,使得本土企业比外资企业能更好地把握本土消费者的信息,从而更好地利用这一国家特定优势。同时,有效的消费者反馈效应是技术市场化(新产品推广)和品牌建立的重要基础。本土企业凭借对本土市场知识的把握,能更好地与消费者有效互动,快捷、低成本地了解国内消费者诉求(Fagerberg, 1993; Beise-Zee, Rammer, 2006),从而推进新产品的市场渗透和品牌建设。再者,大国国内多层次性需求结构所容纳的"前瞻性需求"和"领先用户"也比小国更加普遍,而代表需求质量的"前瞻性需求"和"领先用户"是本土企业改进产品和服务质量的重要方向(Porter, 1990; Von Hippel, 1986, 2001)。因此,本土需求在产业及企业竞争优势的塑造过程中具有"火车头"

---

① 大量研究文献证实了企业向消费者学习的重要性(Salomon, Shaver, 2005)。

的作用(Porter，1990)，即使企业拥有普通的技术和资源，对消费者的把握也能创造本土企业的可持续竞争力(Priem et al.，2012)，而大国国内需求也被广泛认为是一国本土企业可利用的国家特定优势(裴长洪、郑文，2011)。国内市场规模大的国家吸收的创业人数也较多，如图3-6所示：

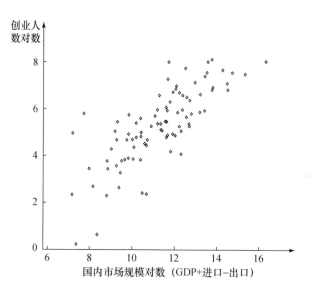

图3-6 国内市场规模与创业人数
数据来源：创业人数来源于Passport数据库，变量为1997—2011年均值。

（4）大国国内需求的"虹吸效应"与本土企业高层次竞争优势。国内大市场的"虹吸效应"为大国高层次竞争优势的培育奠定了高质要素基础。大国规模庞大的内需市场具有对全球优质资源的"虹吸效应"，全球优质资源的集聚，形成了推动技术进步和经济升级的动力。如图3-7所示，国内市场规模大的国家吸收的FDI也较多。FDI是管理经验和技术溢出的重要途径。大国国内需求支撑的获利空间通过吸引产业集聚形成以知识溢出为主要内容的外部经济，进而又会吸引更高质量的外资、更先进的管理经验和更高端人才的流入，这一对全球优质资源的"虹吸效应"为以技术、品牌为核心的高层次竞争优势的生成奠定了高质要素基础。

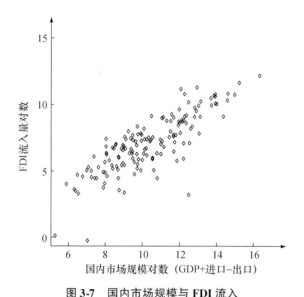

图 3-7　国内市场规模与 FDI 流入

数据来源：FDI 流入数据来源于 Passport 数据库，变量为 1997—2011 年均值。

四、分析框架解读三：大国贸易结构升级的内在机理

内需驱动出口模式遵循"国内需求—本土企业竞争优势内生演进—贸易结构升级—出口增长绩效改善"的良性内生机制。大国国内需求规模和多层次需求结构能够支撑以技术、品牌为核心的高层竞争优势，进而为产业间、产业内和产品内贸易结构升级提供内生动力，这有利于本土企业出口产品升级和突破在全球价值链中的"低端锁定"，从而取得良好的出口增长绩效。

（1）就产业间和产业内贸易而言，贸易结构升级主要体现为从低质品向高质品的转换和出口产品结构的多元化。在外需导向贸易模式下，中国外贸难以转型升级的一个根本性困境在于，中国出口产品结构难以向高质产品结构转换，出口产品结构被限于少数劳动密集型产品。而国际贸易模式清楚表明，国内市场规模与出口产品结构有显著的正相关性。出口产品升级主要体现为出口产品质量提升和出口产品结构多元化。图 3-8 和图 3-9 显示了以两种指标度量的 160 个经济体出口产品结构与国内市场规模的相关关系，各个指标以 1997—2011 年均值计算。图 3-8 表明国内市场规模大的经济体，其出口产品技术含量也较高；图 3-9 表明国内市场规模大的经济体，其出口产品多

元化程度较高,这说明大国国内需求是出口产品升级的重要驱动因素。其原因在于,大国巨大的市场空间和多层次的需求结构为高质产品和差异产品提供了盈利空间,强化了对高质产品和差异产品的研发动力。同时,国内大市场通过容纳更多企业而导致更为激烈的市场竞争,也压缩了低质产品和同质产品的利润空间,加大了本土企业以高质产品和差异产品获利的压力。再者,大国国内市场对全球创新要素的"虹吸效应",为高质产品和差异产品的生产和研发提供优质资源保障。当高质产品和差异产品的生产成为现实,大国国内需求支撑的规模经济可形成成本优势,国内便捷的消费反馈驱动效应又能进一步提升高质产品和差异产品的质量,促进大国贸易结构从低质产品向高质产品的升级和出口产品结构的多元化。

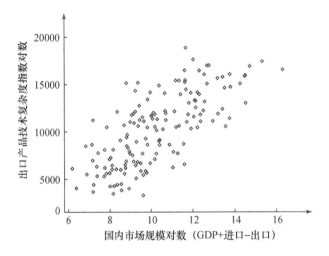

图 3-8　国内市场规模与出口产品技术复杂度

数据来源:出口产品技术复杂度来源于联合国贸易商品统计数据库,变量为 1997—2011 年均值。

大国国内需求之所以能促进出口产品升级,是由于大国国内需求能支撑起规模效应、创新效应、消费反馈效应和虹吸效应,可形成出口产品的差异化、规模经济的低成本和以技术、品牌为核心的竞争优势。一是国内需求支撑的规模经济与出口产品升级。规模经济是差异产品出口竞争力的重要来源,而国内较大的需求规模支撑起差异产品进入国际市场的临界经济规模。根据克里斯·安德森的"长尾理论",随着数字传播、互联网渗透力的加强,经济

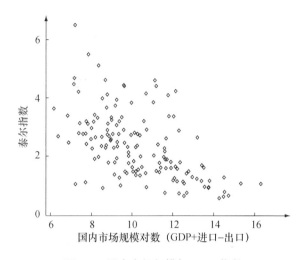

图 3-9 国内市场规模与 Theil 指数

数据来源:泰尔指数来源于联合国贸易商品统计数据库,变量为 1997—2011 年均值。

重心从少数主流产品向"小众市场"加速转移,需求曲线正逐渐扁平化(克里斯·安德森,2015)。相对小国而言,大国的国内需求规模可以支撑这些"小众产品"的规模经济,使得本土企业可以选定一个很小的产品或服务领域,集中力量进入并成为该产品或领域领先者,逐渐形成持久的竞争优势。图 3-6 显示,较大的国内市场规模能支撑"小众产品"的规模经济,从而提供了更多创业机会,所以国内市场规模较大的经济体的创业人数也较多。二是国内需求对创新与出口产品升级的激励效应。创新是出口产品升级的决定性因素,而需求是创新的重要引致因素。和国外企业相比,本土企业对国内需求的把握具有文化相同和地理临近等天然便利条件,本土企业更容易通过国内需求掌握新产品的信息与发展趋势,进行新产品开发,从而形成新产业的竞争优势。大的国内市场需求也可摊销研发费用,提高创新的预期收益,降低创新失败的概率。同时,大的市场规模能容纳更多企业,使得产品的替代性更强,市场竞争更加激烈,从而也提升了本土企业创新的动力和压力,①因此形成了"本土市场越大,创新也越多"的理论预期(Desmet,Parente,

---

① 大量经验和理论研究证实了大的国内需求激励了创新活动,改进了生产率。

2010)。三是国内市场的消费反馈驱动效应与出口产品升级。国内消费者的诉求是本土企业改进产品和服务质量的重要方向，本土企业国内销售的"干中学"效应有助于出口竞争力的提高。国内销售的"干中学"效应主要通过本土企业对国内消费形态和特征的认知、解读和回应的过程来实现（Beise-Zee，Rammer，2006）。特别是国内专业而挑剔的客户迫使本土企业改进产品质量，这是本土企业追求高质量和精致服务的压力来源和方向（Porter，1990；Von Hippel，1986，2001）。国内消费者通过对产品的使用进行学习，不断提高对产品质量的要求，这成为产品质量不断升级的重要原因。因此，本土企业与国内消费者互动是本土企业创新的过程，国内市场的消费反馈驱动效应也是解释企业国际竞争力差异的一个重要原因（Fagerberg，1993；Beise-Zee，Rammer，2006）。

（2）大国国内需求与价值链攀升。就产品内贸易而言，贸易结构的转变重点在于，如何破解发展中国家本土企业在全球价值链中的被"俘获"与被"压榨"地位的困境，破解这一困境的途径主要有两条：一是通过本土企业自身技术能力建设，实现向"微笑曲线"两端攀升；二是构建以内需为基础的国家价值链体系，实现由本土企业为"链主"的国家价值链的发展。无论哪种方式都需要国内需求的支撑，正如 De Marchi et al.（2016）指出的那样，在"俘获型"贸易格局中，忽视国内技术能力建设的发展中国家企业在全球价值链中很难实现价值链攀升。价值链升级的一个重要体现在于出口产品中国内增加值比例的提高，图3-10表明国内市场规模大的经济体的出口增加值比例也较高，这说明国内需求对价值链升级的重要性。

对于第一条升级途径而言，本土企业自身技术能力建设是这一途径成功的关键。由于发达国家主导的全球价值链分工体系不仅仅在于对核心技术的控制，还在于对产品终端需求市场的控制，这使得发展中国家本土企业在全球价值链分工体系中的"低端锁定"是一种普遍现象。正如 De Marchi et al.（2016）通过对全球价值链文献的系统性回顾后指出，忽视国内技术能力建设的发展中国家企业在全球价值链中很难实现价值链攀升。而研发能力和市场能力是本土企业自身技术能力建设的两个方面，因为任何一项企业的创新活动都是技术的市场化。发展中国家企业"被俘"于价值链底端，不仅仅在于与前沿技术差距的竞争劣势，另外一个重要的劣势在于，发展中国家企业在

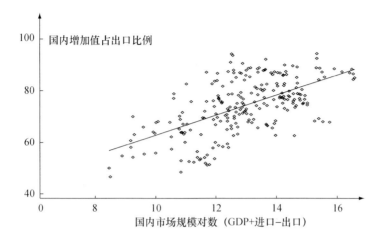

图 3-10　国内市场规模与出口产品国内增加值比例

数据来源：出口产品国内增加值比例由笔者根据 OECD 增加值贸易数据库中数据计算。

发展过程中遭遇较小的本地市场规模以及欠高端的消费者和用户。由于高端客户主要集中在发达国家，从而使得发展中国家企业容易进入的本土市场与国际主流市场脱离，国内低端用户的技术标准无法满足国际主流市场的技术标准。而大国巨大的市场空间和多层次的需求结构，可有效破解这一困境，通过"需求引致创新"功能，培育本土企业的技术能力。在个性化消费趋势下，许多产品具有"量身定制"的特征，研发设计和产品销售等高端价值链环节一般都接近终端消费者，以便降低"量身定制"所需要的信息搜索和采集、获取和处理消费者反馈信息的成本。因此，高端消费服务往往集中在大城市，而普通城市与市场规模小的国家则主要分为制造业与基本消费服务业（Holmes，Stevens，2005）。本土企业对国内需求产品的研发设计和产品销售具有信息便捷和文化临近等优势，更容易把握本土需求特征，更容易在这些高端价值链环节形成本土市场能力优势。在国内需求结构扩张和升级的条件下，本土企业更能在研发设计和产品销售等高端价值链环节取得突破。正如 Staritz et al.（2011）等指出的那样，国内需求对价值链升级具有决定性影响。① 利用大国巨大的市场空间和多层次的需求结构,突破发达国家"结构封锁型"价值链是发展中大国价值链升级的关键(张杰、刘志彪,2007)。

第二条价值链升级途径是依托国内需求发展国内价值链,培育本土企业"链主",将竞争模式从"环节对链条"转变为"链条对链条"(刘志彪,2011)。大国国内需求规模和需求差异的层次性为培育本土企业作为价值链"链主"和发展国内价值链链条提供可能。一方面,国内大市场支撑的规模效应、创新效应、消费反馈效应和虹吸效应,可提升本土企业"链主"的竞争力。与国外企业相比,本土企业在服务国内市场上享有优势,地理位置的邻近可以降低交易成本,对本土文化、制度的熟悉使得本土企业对国内的需求更容易预测,本国消费者的消费经验也更容易反馈给本土企业。因此,相比国外企业,本土企业更有优势成为依托国内需求的价值链"链主"。另一方面,大国国内市场提供了对不同质量层次产品的巨大需求,利用国内层级式、"接力棒"式的需求结构和近水楼台式的分销渠道优势,可发展与本土市场需求相适应的国内价值链体系。同时,利用大国区域禀赋差异提供的空间优势,通过生产环节在区域之间的分工布局,也可以形成依托区域差异优势的国家价值链(张杰、刘志彪,2007)。因此,构建以国内需求为基础的国家价值链,实现由国内大市场支撑下的、由本土企业作为"链主"地位主导下的发展,是发展中大国实现价值链攀升的最重要的微观经济战略选择(刘志彪,2011)。

五、分析框架解读四:大国内需驱动出口模式生成的制度环境

内需驱动出口模式的实质是实现"国内需求—本土供给—出口结构"的双重有效对接,即本土企业依托国内需求进行生产,并在国内需求支撑下形成竞争力,这一有竞争力的产品又是国外需求的产品,由此才能实现依托国内需求的外贸发展模式。这就需要两个方面的制度环境以保障内需驱动出口模式的实现。

其一,国内较大需求能被本土企业满足且能够被国际化的市场环境。注重国内市场的经典贸易理论,无论是新兴古典贸易理论,还是新贸易理论,

---

① 在全球需求终端市场转移背景下,本土需求与价值链关系是一个有待研究的新命题。正如Staritz等三位研究全球顶级价值链专家指出的那样,"尽管治理结构和领先企业在价值链升级中得到普遍关注,但终端市场的作用却没有被明确讨论"。

或是新新贸易理论,都有国内较大需求能被本土企业满足和被国际化的两个基本隐含假设。而当市场体制不完善或市场失灵时,国内较大的需求,特别是引致出口升级的高端需求,并不一定能够由本土企业满足。不完善的价格机制使得本土企业无法捕捉高端需求产品的供给关系,没有弥补的"正外部性"使得适应需求升级的新技术、新产业无法生成,行政性垄断和套利空间也会弱化对高端需求的供给动力,知识产权保护不力和对高质人力资本及资金的流动限制也会降低对高端需求的供给能力等。另外,国内需求较大的产品也不一定是国外需求的产品。一个国家的需求既有与国际需求的同质化特征,也有一国特有的差异化特征(Weder,1996)。特别是国内标准与国际标准的一致性、消费信息的流通率、对国内高端消费课以重税等不合理的本地制度等都会强化国内需求的特质,进而影响国内外"重叠需求"的对接程度。

其二,国内较大需求引致本土企业竞争力提升的制度环境。竞争激烈、规范有序的市场环境是国内需求引致本土企业竞争力提升的根本性前提。在激烈而有序的国内市场竞争环境下,为了避免在市场竞争的"自选择"中被淘汰,本土企业才会被迫依托国内需求以创新和品牌建设方式寻求不可复制的更高层次竞争优势。经济中没有"非创新获利"空间是国内需求转化为本土企业竞争力的又一前提。由于创新具有高风险、高成本的特征,当经济中存在"非创新获利"空间时,就会抑制本土企业依托国内需求进行创新的积极性。本土市场上的消费反馈是驱动本土企业提升竞争力的重要机制(Beise-Zee,Rammer,2006)。这就需要良好的消费环境和挑剔的消费者,这使得本土企业有压力从而对消费者的诉求作出解读和回应,及时把握国内需求特征及其变化趋势。否则,国内市场所保障的获利空间,不仅不能提升本土企业竞争力,反而可能弱化本土企业依托国内需求培育高层次竞争优势的动力(Porter,1990)。

第三节 大国内需驱动出口模式的国际经验

一、内需驱动出口模式的测度与典型事实

根据理论分析,在内需驱动出口模式下,出口与内需的较强关联性源于国际贸易的形成过程。根据以"斯密定理"为核心的古典贸易理论,在国际贸易由国内贸易内生演进形成过程中,由国内市场大小决定的分工深化程度进而决定的内生比较优势是一国对外贸易的基础(杨小凯,2003)。因此,一个国家的出口是国内需求在国际市场上的拓展,出口产品结构取决于国内生产结构,服务于国内消费结构。这一出口与内需的关联在新贸易理论框架下更为明确,即一个国家出口本国需求较大的产品(Krugman, 1980; Crozet and Trionfetti, 2008)。相反,在要素驱动出口模式下,出口会集中在有要素禀赋优势的产品上,而这些出口产品与国内需求的关联性较弱。因为立足要素禀赋优势的出口产品与国内需求并没有必然联系。① 也正因为如此,新兴古典贸易理论明确指出,"要素禀赋比较优势无法解释国内贸易如何发展到国际贸易"(杨小凯,2003)。据此,可以根据一个国家出口与内需的总体关联程度设计内需驱动出口指数,见(3.1)式。

$$ddtm = \exp\left(-\sum_{i=1}^{n}\left|\frac{xfei_i}{\sum_{i=1}^{n}xfei_i} - \frac{chk_i}{\sum_{i=1}^{n}chk_i}\right|\right) \quad (3.1)$$

(3.1)式中,ddtm 为一个国家内需驱动出口指数,介于 0 到 1 之间。括号内为一国出口产品结构与国内需求结构总体背离程度的相反数,即出口产品与国内需求的总体关联程度。$xfei_i$ 表示这个国家产业 i 的国内需求,为国内生产量和进口量之和,chk_i 为这个国家产业 i 的出口额,n 代表产业总数。可见,内需驱动出口指数与出口与内需的总体关联程度成正比。出口产品结构与国内需求结构的总体背离度越小,出口与内需的总体关联程度就越高,

---

① 正如南非大量出口黄金(占出口比例7.7%),而其国内需求却很小。

ddtm 指数越大,① 说明国内需求成为这个国家出口的重要优势来源,这种外贸发展模式为内需驱动出口模式(Weder,2003)。反之,出口产品结构与国内需求结构的总体背离度越大,出口与内需的总体关联程度就越低,ddtm 指数越小,说明要素禀赋等非内需因素是驱动这个国家出口的主要因素。

笔者采用联合国工业发展组织(UNIDO)四分位国际标准产业分类(ISIC)数据,测算了 51 个国家 1997—2010 年的内需驱动出口指数,国家规模与内需驱动出口指数的关系如图 3-11 所示。以 GDP 度量的国家规模与内需驱动出口指数呈显著正相关关系,相关系数达到 0.5438。说明与小国相比,大国更加偏向内需驱动出口模式。目前,市场规模较大的发达国家,基本上都采用内需驱动出口模式,如美国和德国等。而对于小国而言,由于国内市场狭小,需要在国际大市场上实现规模经济,所以其出口并不一定依托国内需求,如韩国为弥补国内市场狭小的不足,面向国际市场设计其产业结构,重点发展了钢铁、造船、石油化工、汽车、电子等产业。这一宏观层面的国际趋势也符合微观企业国际化的一般性经验,成功企业大都依托国内需求培育竞争力,然后进行跨国经营,如日本较大的国内需求是日本企业国际竞争力形成的关键要素,机器人、复印机、半导体、电子消费品、钟表和相机等行业在较大国内需求支撑下,通过激烈的国内市场竞争,培育国际竞争力,然后实现国际化(Sakakibara,Porter,2001)。② 中国比较成功的企业如华为、联想、比亚迪都以国内市场销售为基础培育竞争力,逐步走向国际市场(裴长洪等,2011)。③

---

① 对于内需驱动出口指标设计,一个可能的质疑是"本土市场效应越明显,存在超常需求,出口与内需背离的绝对值就会越大,ddtm 反而越小"。这一质疑的根源在于,只考虑本地市场效应这一种贸易驱动因素。而公式(3.1)在笔者研究分析框架下考虑了要素和内需两个主要外贸优势来源,从国家对比层面看,"内需驱动出口模式"比"要素驱动出口模式"有更高的 ddtm 指数,总是成立的。这与林毅夫的"技术选择指数",在指标设计思路、计算方法上,本质上是一致的,类似于"遵循比较优势的发展战略,技术选择指数低,而违背比较优势的发展战略,技术选择指数高"。
② 波特列举了大量"依托国内市场培育本土企业竞争力"的案例,特别是日本案例。
③ 2015 年,华为手机在国内同类产品市场销量第一,联想台式电脑国内同类产品市场销量第一。

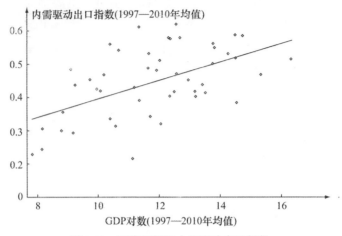

图 3-11 国家规模与内需驱动出口指数

对于图 3-11 描述的国家规模与内需驱动出口指数的关系,一个潜在的问题是,规模小的国家可能大都也是处于经济发展初期的国家,规模大的国家可能大都为发达国家,所以图 3-11 呈现的可能恰恰是经济发展阶段与内需驱动出口指数的正向关系。为此,笔者进一步以(3.2)式剥离,经济发展阶段(真实人均GDP)对内需驱动出口指数的影响,(3.2)式中的残差 e_{it} 表示经济发展阶段不能解释的内需驱动出口指数。同理,也可以剥离要素禀赋(制造业每小时工资率)[①]对内需驱动出口指数的影响。

$$ddtm_{it} = \lambda \log y_{it} + e_{it} \tag{3.2}$$

如图 3-12 所示,发展阶段残差和要素禀赋残差均值趋近于零,说明经济发展阶段和要素禀赋条件是一个国家出口模式重要的决定性因素。但同时,经济发展阶段残差和要素禀赋残差与国家规模正相关,相关系数分别为 0.28 和 0.419。由于发展阶段残差和要素禀赋残差表示发展阶段和要素禀赋不能解释的内需驱动出口指数,其残差与国家规模的正相关关系说明,在同一发展阶段和要素禀赋条件下,大国比小国更加偏向内需驱动出口模式。

---

① 制造业工资率数据来源于 Passport 数据库。

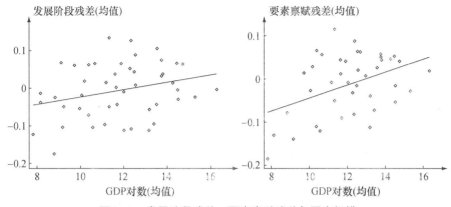

图 3-12 发展阶段残差、要素禀赋残差与国家规模

二、大国偏向内需驱动出口模式的实证检验

理论分析表明，不同出口模式对不同规模国家的适宜性不同，大国内需驱动出口模式依托国内需求培育高层次竞争优势，有利于贸易结构升级，从而取得良好的出口增长绩效。根据这一理论逻辑，出口对经济增长的贡献度受到出口模式的影响，相对小国而言，大国实施内需驱动出口模式能取得更好的出口增长绩效。因此，有待进一步检验的命题是，内需驱动出口模式对出口增长绩效的影响在大国和小国间具有显著差异，内需驱动出口模式对大国出口增长绩效的影响比小国大。为检验这一命题，笔者遵循林毅夫的研究，考虑如下方程：

$$\log y_{it} - \log y_{i(t-1)} = C + \beta_1 f(\text{ddtm}) \log(\text{export}) at_{it} + \sum X_{it} + e_{it} \quad (3.3)$$

这里，y_{it} 是 i 国在 t 年的真实人均 GDP，出口（export）对经济增长的影响效应受到 $f(\text{ddtm})$ 的影响，$f(\text{ddtm})$ 是出口模式的函数，X 是控制变量，e_{it} 为扰动项，常数项 C 可以分解为特定国家效应和特定时间效应，即 $C = \mu_i + \kappa_t$。出口的经济增长绩效受到出口模式的影响，将其设定为：

$$f(\text{ddtm}) F \doteq \alpha_1 + \alpha_2 \text{ddtm} \quad (3.4)$$

出口对经济增长的作用已经取得了广泛的经验支撑，因而 $\alpha_1 > 0$，$\alpha_2 > 0$。笔者将 α_1 看作出口对经济增长的基础性作用。这样，对大国而言，任何由于遵循内需驱动出口模式引致的对 ddtm 的改善都将提高出口对经济增长的绩

效。将(3.4)式代入(3.3)式,可以得出下面的设定式:

$$\log y_{it} - \log y_{i(t-1)} = C + \gamma_1 \log(\text{export})_{it} + \gamma_2 \text{ddmt}_{it} \times \log(\text{export})_{it} + \sum X_{it} + e_{it} \quad (3.5)$$

这里 $C = \mu_i + \kappa_t$;$\gamma = \beta_1 \alpha_1$;$\gamma = \beta_1 \alpha_2$。

根据笔者的理论分析,相对小国而言,大国内需驱动出口模式能提高出口的经济增长绩效,为此,笔者将特别关注 γ_2 的回归结果,并预期 γ_2 在大国和小国有差异。

笔者遵循既有相关研究,采用国内市场规模度量有效国家规模(size),国内市场规模以 GDP 加上进口减去出口度量(易先忠等,2014)。将国家规模大于均值的经济体($\log(\text{size}) > \text{median}$)界定为大国,国家规模小于或等于均值的经济体($\log(\text{size}) \leq \text{median}$)界定为小国。控制变量主要包括:经济发展的初始水平(y_{t-1})、投资份额(investshare)、政府消费份额(gover_spend)、人力资本(education)和贸易开放度(openness)。以常用的 Hausmann(2007)方法计算出口产品技术复杂度,使用到的贸易数据来自于联合国商品贸易统计数据库四位数分类贸易统计数据。尽管本部分的核心变量——内需驱动出口指数的时间跨度为 1997—2010 年,但由于实证分析中使用了滞后项,为减少样本损失,将其他变量跨期延长到 2011 年。

表 3-1 主要变量的描述统计

变量名称	变量含义	均值	最小值	最大值	标准差	样本个数
logy	真实人均 GDP 对数	9.24	6.07	10.68	0.040	735
log(export)	总出口对数	17.37	12.17	21.36	0.072	784
ddtm	内需驱动出口指数	0.46	0.22	0.63	0.005	548
investshare	投资份额	23.23	5.07	58.08	0.260	735
openness	贸易开放度	78.60	14.93	220.40	1.500	735
education	人力资本:大学生入学比例	41.90	0.51	95.07	0.840	747
gover_spend	政府消费份额	8.12	0.93	21.07	0.119	735
log(size)	国内市场规模对数	11.83	7.04	16.58	0.074	784
upgrading	出口产品技术复杂度对数	9.42	8.02	9.87	0.312	539

在对(3.5)式进行检验前,笔者采用两种方法为待检验命题提供初始证据。第一种方法是,从长期视角观测出口对经济增长的长期影响效应是否与

内需驱动出口模式相关,且这一相关性是否在大国和小国有差异。利用 51 个国家 1997—2011 年的时间序列数据,可估计(3.6)式中每个国家的出口对其经济增长的长期影响效应,即长期内总出口对数(log(export))对人均 GDP(logy)的边际贡献 ρ_i,再观测 ρ_i 与内需驱动出口指数($ddtm_i$)的相关性在大国和小国间的差异。

$$\overline{\log y_i} = \overline{b_i} + \rho_i \overline{\log(\text{export}_i)} \qquad (3.6)$$

图 3-13 显示了 51 个国家出口对经济增长的边际贡献 ρ_i 与内需驱动出口指数($ddtm_i$)的关系图。很明显,出口对人均 GDP 的边际贡献 ρ_i 与内需驱动出口指数($ddtm_i$)的关系在大国和小国间具有显著差异。对大国而言,出口对人均 GDP 的边际贡献与内需驱动出口指数呈现正相关,且内需驱动出口指数对出口边际贡献 ρ_i 的解释力度为 0.036,如图 3-13(a)所示。与之相对应的是,对小国而言,出口对人均 GDP 的边际贡献与内需驱动出口指数呈现弱负相关如图 3-13(b)所示,并且内需驱动出口指数对出口边际贡献 ρ_i 的解释力度更弱,仅为 0.019。这一差异初步说明,出口对经济增长的长期影响效应与内需驱动出口模式相关,且这一相关性在大国和小国存在差异,内需驱动出口模式能提高大国出口对经济增长的长期影响效应,而小国却不能。这为大国比小国更加偏向内需驱动出口模式提供了初始证据。

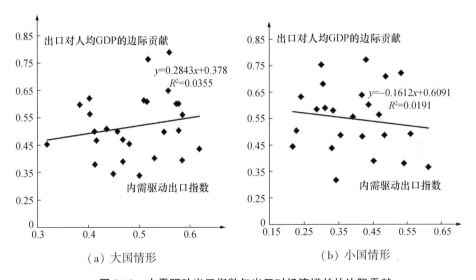

图 3-13 内需驱动出口指数与出口对经济增长的边际贡献

为待检验命题提供初始证据的第二种方法是,从短期视角观测出口与经济增长的短期变化的相关性是否在不同国家规模和内需驱动出口指数条件下有差异。根据表3-2,在不同国家规模和内需驱动出口指数条件下,出口增长($\Delta\log(\text{export})$)与经济增长($\Delta\log y$)的相关程度不同。在大国情形下(即 $\log(\text{size}) > \text{median}$),当内需驱动出口指数大于均值时($ddtm > \text{median}$),出口增长与经济增长的相关系数为0.6277;而当内需驱动出口指数小于均值时($ddtm \leq \text{median}$),出口增长与经济增长的相关系数仅为0.4808,两者相差0.15。这说明大国实施内需驱动出口模式,会提高出口与经济增长的相关性。在小国情形下(即 $\log(\text{size}) \leq \text{median}$),内需驱动出口指数较高国家($ddtm > \text{median}$)的出口与增长相关系数为0.6047,内需驱动出口指数较低国家($ddtm > \text{median}$)的出口与增长相关系数为0.5340,两者仅相差0.07,远低于大国两种情况下的差距。这说明小国是否实施内需驱动出口模式远没有大国重要,并进一步为"大国比小国更加偏向内需驱动出口模式"提供了初始证据。

表3-2 出口与经济增长的条件相关性

变量	条件1	条件2	与 $\Delta\log y$ 的相关系数	显著性水平	观测值
$\Delta\log(\text{export})$	$\log(\text{size}) > \text{median}$	$ddtm > \text{median}$	0.6277	0	187
$\Delta\log(\text{export})$	$\log(\text{size}) > \text{median}$	$ddtm \leq \text{median}$	0.4808	0	187
$\Delta\log(\text{export})$	$\log(\text{size}) \leq \text{median}$	$ddtm > \text{median}$	0.6047	0	182
$\Delta\log(\text{export})$	$\log(\text{size}) \leq \text{median}$	$ddtm \leq \text{median}$	0.5340	0	150

注:Δ 表示增加值,即 $xt - xt - 1$。

进一步估计回归方程(3.5)式,以确定内需驱动出口模式对出口增长绩效的影响在大国和小国间的差异性。这里以豪斯曼检验判定个体效应是否独立于扰动项,豪斯曼检验支持固定效应。为规避内生性问题,同时采用广义矩估计方法对(3.5)式进行估计。本部分较长的时间序列数据更适合差分广义矩估计(GMM)方法。笔者为规避两步GMM方法的标准差向下偏倚问题,故使用一步GMM方法,并把时间效应设定为严格外生变量,其他变量设定为内生变量。采用Sargan统计量检验工具变量的整体有效性,以AR(2)检验判定残差项是否存在二阶序列相关。笔者重点关注出口与内需驱动出口指数的交互项(log(exportit)×ddtmit)对经济增长的影响是否在大国和小国情形下存在显著差异。两种估计方法的检验结果如表3-3所示。

表3-3 内需驱动出口模式的增长效应：大国与小国的差异

经济增长方程	被解释变量：$\log y_{it} - \log y_i(t-1)$					
	固定效应估计			广义矩估计		
	所有样本	大国	小国	所有样本	大国	小国
log(exportit)	0.0602***	0.0431***	0.0617***	0.0751***	0.0465***	0.0738***
	(0.0068)	(0.0091)	(0.0106)	(0.0059)	(0.0070)	(0.0086)
log(exportit)×ddtmit	0.0009	0.0023**	0.0002	0.0014	0.0027**	0.0011
	(0.0014)	(0.0010)	(0.0024)	(0.0012)	(0.0013)	(0.0019)
$\log(y_{it}-1)$	-0.1254***	-0.1530***	-0.1286***	-0.1294***	-0.1547***	-0.1363***
	(0.0152)	(0.0245)	(0.0233)	(0.0125)	(0.0186)	(0.0185)
investshareit	0.0022***	0.0036***	0.0019***	0.0028***	0.0045***	0.0023***
	(0.0003)	(0.0007)	(0.0005)	(0.0003)	(0.0005)	(0.0004)
log(opennessit)	0.0078	0.0128	0.0080	0.0085	0.0150	0.0130
	(0.0111)	(0.0182)	(0.0158)	(0.0096)	(0.0141)	(0.0129)
log(educationit)	0.0086	0.0330**	0.0096	0.0024	0.0314***	0.0281**
	(0.0094)	(0.0143)	(0.0150)	(0.0083)	(0.0109)	(0.0123)
gover_spendit	-0.0023***	-0.0029	-0.0017	-0.0016**	-0.0034**	-0.0009
	(0.0008)	(0.0021)	(0.0011)	(0.0007)	(0.0016)	(0.0009)
_cons	-0.0213	0.3301	0.1308			
	(0.1126)	(0.2254)	(0.1617)			
N	510	275	235	478	251	207
R-sq: within	0.4696	0.5597	0.4766			
AR(2)检验 P值				0.42 [0.675]	0.63 [0.527]	-0.15 [0.877]
Sargan检验 P值				14.29 [0.647]	30.61 [0.202]	23.21 [0.565]
F/Wald检验	19.714***	14.850***	8.722***	354.66***	311.35***	174.68***
年虚拟变量	是	是	是	是	是	是

注：实证结果由笔者运用Stata 14.2软件进行计算并整理。括号内数字为考虑异方差稳健标准误，中括号内数字为检验对应的P值。*表示$p<0.1$，**表示$p<0.05$，***表示$p<0.01$，下同。固定效应估计中联合显著性检验为F检验，GMM估计中联合显著性检验为Wald chi2检验。

根据表3-3,与既有关于经济增长的研究较为一致的是,$\log(y_{it}-1)$显著为负,说明经济增长存在后发优势,投资增长和人力资本改善都有利于经济增长。比较广义矩估计结果和固定效应估计结果,解释变量的估计系数在广义矩估计中大都有所增大,说明没有考虑内生性问题的固定效应估计存在向下偏误问题。无论是在广义矩估计还是在固定效应估计中,笔者重点关注的出口与内需驱动出口指数的交互项系数,在大国和小国都有显著差异。在所有样本和小国样本估计中,固定效应和广义矩估计结果都显示,这一交互效应估计系数不能拒绝显著为零的原假设。而在大国样本估计中,固定效应和广义矩估计结果都显示,出口与内需驱动出口指数交互项系数在5%的显著性水平下为正。这一结论说明,内需驱动出口模式对出口增长绩效的影响在大国和小国间确实具有显著差异,内需驱动出口模式对大国出口增长绩效的影响比小国大,所以大国比小国更加偏向内需驱动出口模式。

三、大国内需驱动出口模式的机制检验

需要进一步检验的是,大国内需驱动出口模式为什么能取得更好的出口增长绩效?根据理论分析,在大国内需驱动出口模式下,本土企业能依托国内需求培育高层次竞争优势从而实现贸易结构升级,而这一由根植于国内市场的本土企业实现的贸易结构升级,必然会改善出口的增长绩效。为检验这一内在机制,考虑如下方程组:

$$\log y_{it} - \log y_{i(t-1)} = C + a_1 \text{upgrading}_{it} + \sum X_{it} + \xi_t + \mu_i + e_{it} \quad (3.7)$$

$$\text{upgrading}_{it} = C + \lambda_1 \text{ddtm}_{it} + \xi_t + \mu_i + e_{it} \quad (3.8)$$

ξ代表时间效应,μ用于度量不同经济体的个体差异,e为随机扰动项。(3.7)式中,upgrading代表贸易结构升级,以常用的出口产品技术复杂度度量贸易结构升级。而大国内需驱动出口模式有利于贸易结构升级,故而有(3.8)式,联合(3.7)式和(3.8)式可检验"内需驱动出口模式—出口升级—经济增长"机制。笔者预期这一机制在大国更加明显。为增强结论的稳健性,联合(3.7)式和(3.9)式可检验"国内需求—出口升级—经济增长"机制。因为根据理论分析,大国内需驱动出口模式能依托国内需求实现贸易结构升级的原因在于,大国内需规模和多层次需求结构是本土企业培育高层次竞争优势,

进而实现贸易结构升级的立足点,即大国国内需求可通过促进本土企业出口升级的途径促进经济增长。为解决联立方程之间存在的相关性和同期性问题,遵循 Alesina et al. (2005)的研究,用似无关回归(SUR)估计法进一步对由方程(3.7)式与(3.8)式、(3.7)式与(3.9)式所组成的方程组作系统估计,可规避对(3.7)式单独估计而产生的联立性偏误,即逆向因果关系,同时,为缓解(3.8)式与(3.9)式中 ddtm 和 marketsize 的内生性问题,以其滞后一期作为 ddtm 和 marketsize 工具变量,从而获得渐进有效的估计量。

$$upgrading_{it} = C + \lambda_1 maketsize_{it} + \xi_t + \mu_i + e_{it} \qquad (3.9)$$

大国内需驱动出口模式的机制检验见表3-4,在"内需驱动出口模式—出口升级—经济增长"机制检验中,所有样本估计结果显示,贸易结构升级能显著促进经济增长,但内需驱动出口指数对贸易结构升级的效应并不显著。在小国情形下,内需驱动出口指数对贸易结构升级的效应不显著,贸易结构升级对经济增长的影响效应也不显著,说明在小国实施内需驱动出口模式谋求贸易结构升级从而实现经济增长的机制并不成立。只有在大国情形下,内需驱动出口指数才能显著促进贸易结构升级,而贸易结构升级有利于促进经济增长。说明相对小国而言,大国实施内需驱动出口模式能通过贸易结构升级促进经济增长。"内需驱动出口模式—出口升级—经济增长"的机制检验也表明,只有当国内需求规模较大时,国内需求才能通过促进贸易结构升级的途径促进经济增长。这一稳健结论说明,大国国内需求是贸易结构升级的优势来源,依托国内大市场的内需驱动出口模式有利于贸易结构升级,而这一由国内市场驱动的贸易结构升级能改善出口的增长绩效。这一研究结论从外贸优势的根本性来源视角深化了 Poncet, Waldemar(2013)的研究。虽然出口升级不一定能改善出口的增长绩效(Poncet, Waldemar, 2013),但根植于国内市场的出口升级能改善出口的增长绩效,而依托本土需求培育高层次竞争力从而实现出口升级,进而改善出口的增长绩效,是大国外贸转型升级的内生机制。

表 3-4 大国内需驱动出口模式的机制检验（SUR 估计）

经济增长方程	"内需驱动出口模式—出口升级—经济增长"机制			"国内需求—出口升级—经济增长"机制		
	（1）所有样本	（2）大国	（3）小国	（4）所有样本	（5）大国	（6）小国
	被解释变量：$\log y_{it} - \log y_{i(t-1)}$			被解释变量：$\log y_{it} - \log y_{i(t-1)}$		
upgrading$_{it}$	0.137***	0.388***	0.053	0.094***	0.237***	0.006
	(0.038)	(0.059)	(0.058)	(0.032)	(0.061)	(0.046)
$\log(y_{it}-1)$	-0.065***	-0.049***	-0.091***	-0.033***	-0.021***	-0.040***
	(0.021)	(0.014)	(0.015)	(0.008)	(0.007)	(0.006)
$\log(openness_{it})$	0.039***	0.029**	0.111***	0.034***	0.007	0.054**
	(0.014)	(0.013)	(0.031)	(0.012)	(0.012)	(0.024)
gover_spend$_{it}$	-0.001	-0.007**	-0.005*	-0.001	-0.006***	-0.001
	(0.002)	(0.003)	(0.002)	(0.001)	(0.002)	(0.002)
investshare$_{it}$	0.002***	0.003***	0.002**	0.002***	0.004***	0.002***
	(0.001)	(0.001)	(0.001)	(0.000)	(0.001)	(0.001)
$\log(education_{it})$	0.009	0.021	0.039	0.013	0.052***	0.000
	(0.016)	(0.018)	(0.025)	(0.012)	(0.016)	(0.019)
个体效应	是	是	是	是	是	是
时间效应	是	是	是	是	是	是
出口升级方程	被解释变量：upgrading			被解释变量：upgrading		
ddtmit	0.084	0.345***	0.032			
	(0.054)	(0.045)	(0.086)			
$\log(size_{it})$				0.014	0.044***	0.051
				(0.011)	(0.009)	(0.047)
_cons	9.358***	9.247***	9.215***	9.064***	8.953***	9.932***
	(0.028)	(0.021)	(0.050)	(0.418)	(0.572)	(0.215)
个体效应	是	是	是	是	是	是
时间效应	是	是	是	是	是	是
N	454	248	206	547	274	273
R^2	0.514	0.652	0.510	0.455	0.558	0.457
chi^2-p	0.000	0.000	0.000	0.000	0.000	0.000

注：实证结果由笔者运用 Stata 14.2 软件进行计算并整理。括号内数字为考虑异方差稳健标准误。

总之，无论是典型事实，还是基于长期和短期分析提供的初始证据，以及基于跨国面板的实证检验，都有力证明了大国比小国更加偏向内需驱动的出口模式。究其根源，也正如理论分析和机制检验所揭示的那样，相对小国而言，大国国内需求的多层次性和巨大的内需规模是本土企业培育高层次竞争优势进而实现贸易结构升级的重要优势来源，由本土需求驱动的出口升级可改善大国出口的增长绩效。所以，大国比小国更加偏向内需驱动出口模式。

第四节 结　　论

培育本土企业高层次外贸竞争优势以谋求贸易结构升级从而改善出口的增长绩效，是发展中国家突破发达国家"结构封锁"实现外贸转型升级的本质内涵。在发达国家实施"结构封锁"的世界贸易格局中，发展中国家要改善出口增长绩效、实现经济持续增长，就需要培育本土企业高层次竞争优势，以实现由本土企业带动的贸易结构升级，而大国国内需求是本土企业重要的"国家特定优势"，大国国内需求的多层次性和巨大的内需规模支撑的规模经济、技术创新、消费反馈效应和虹吸效应，为大国本土企业培育外贸优势提供了特殊优势途径。同时，国内需求作为本土企业能力成长的立足点和外贸转型升级的重要优势来源，其作用并不必然随着产品内分工的深化而弱化，因为在产品内分工格局下，本土需求不仅可以提升本土中间品的出口竞争力，也可通过中间品贸易改善国内需求和本土供给能力，强化本土需求对最终产品出口的促进效应。依托国内需求发展对外贸易，有利于实现出口升级、产品结构多元化和改善本土企业的出口竞争力；同时，依托国内需求和本土供给的外贸发展，又会通过"自我选择效应"和"出口学习效应"等途径进一步促进出口升级、出口产品结构多元化和改善本土企业的出口竞争力，进而改善出口的增长绩效，促进经济长期增长，由此推动外贸发展方式的转变。因此，内需驱动型贸易模式是大国外贸发展的一般性经验。

第四章

制度环境、"出口—内需"背离与出口升级

在外贸新优势"断点"和国内需求快速增长的发展新阶段，把握撬动中国外贸转型升级的杠杆需要重新审视脱离本土需求的出口模式。本部分遵循第三章的理论分析框架，从出口产品技术升级的视角，探究脱离国内需求的出口模式的成因及影响。笔者基于ISIC四分位产业数据，测算了51个国家出口与内需的结构背离度，从多国经验中发现：虽然发挥比较优势和深度融入产品内分工等自然因素会使出口背离内需成为合理常态，但制度不完善使得"内需引致出口"功能缺位，也会导致背离本土需求的扭曲性出口产品结构；而制度引发的结构背离会使一个国家特别是拥有较大本土市场的大国出口升级失去国内需求这一重要的外贸优势来源，从而加大被套牢于低端产品结构的风险。因此，相对小国而言，大国通过完善制度环境形成依托国内大市场的内生外贸发展机制更为重要。

第一节 问题的提出

立足国内需求发展对外贸易不仅是本土企业国际化的一般性经验，也是"内需—出口"假说（demand-export hypothesis）的理论共识（Basevi，1970；Krugman，1980；Weder，1996，2003；Crozet，Trionfetti，2008）。然而，中国

出口严重脱离国内需求，在企业层面表现为大量出口企业在国内没有销售的"反常"现象（朱希伟等，2005；张杰等，2010），在产业层面表现为贸易结构与主要服务于国内需求的产业结构高度"背离"（尹翔硕，1997；袁欣，2010；张曙霄、张磊，2013）。这种脱离本土需求的出口模式在利用要素优势创造中国"出口奇迹"的同时，也使中国外贸长期囿于出口产品质量低下和过度依赖价格竞争等困境。更为重要的是，脱离本土需求的出口模式，从市场空间上掐断了中国本土企业利用不断扩张与升级的国内需求[①]构建高层次竞争优势的转化路径（张杰等，2010），从而固化了本土企业的能力缺口，造成新优势"断点"，使粗放发展方式顽固地延续甚至恶化（路风和余永定，2012）。这正如Porter（1990）指出的那样，"全球竞争乍看之下似乎降低了国内市场的重要性，实则不然。糟糕的是，很多国家往往将本国需求放置一旁，一味朝着出口导向模式发展，结果限制了本国的进步"。为重塑中国外贸转型升级的根本性动力并调整由此决定的出口模式，亟待重新审视严重脱离本土需求的出口模式。

诚然，基于要素禀赋优势的国际分工和产品内分工深化等自然性分工因素导致的背离国内需求的出口产品结构，是发挥比较优势和参与国际分工的"正常"现象。因为立足要素禀赋优势的专业化国际分工，会使一个国家的出口产品结构集中在少数有比较优势的产品上；产品内分工的深化，也会使得一国在全球生产网络中具有比较优势的生产环节专业化，从而导致出口与内需的高度背离。不过，立足要素禀赋优势、背离国内需求的出口产品结构可遵循"发挥比较优势—要素禀赋升级—结构升级"的出口升级路径（林毅夫，2003）；同样，融入产品内国际分工可通过获得新信息、进入新市场、学习新技术等途径促进参与国的出口升级（Gereffi，1999；Staritz et al.，2011）。从这个角度看，脱离本土需求的出口模式似乎"理所当然"。

但是，制度环境不完善也可能导致出口与内需的背离，并最终妨碍出口升级。"内需—出口"假说之所以会有出口产品结构与国内需求结构的一致性的预期，究其根源，在国内制度完善的隐含假设下，本土企业可依托国内需

---

① 参见《关于积极发挥新消费引领作用　加快培育形成新供给新动力的指导意见》（国发〔2015〕66号）。

求顺利实现规模经济和技术创新，国内需求较大的产品能成为有竞争力的出口产品，从而形成依托国内需求的出口模式。但制度不完善导致的市场分割（张杰等，2010）、要素扭曲（施炳展、冼国明，2012）和无序竞争（易先忠等，2016）等，可能使国内需求无法转化为本土企业的出口优势，导致出口与内需的背离。出口升级，无论是产业间高技术产品出口比例提升、产品内出口质量提升还是出口产品多元化（Hausman et al.，2007；Poncet，Waldemar，2013；Amighinia，Sanfilippo，2014），都必须立足于贸易新优势，而国内需求又是外贸优势的重要来源。因为国内需求会通过规模效应（Helpman，Krugman，1985；Weder，2003）、国内生产者与消费者互动的学习效应（Fagerberg，1993）、改善产品质量等途径对出口升级产生深刻影响。因此，由制度扭曲导致的出口与内需背离可能会抑制国内需求这一重要外贸优势来源的发挥，从而妨碍出口升级。尽管国内制度对贸易模式的深刻影响已得到广泛认可（Nunn，Trefler，2013），大量研究也论证了国内制度通过影响投资（Nunn，2007）、劳动力成本（Cunat，Melitz，2010）以及融资的可获得性（Manova，2013）等途径影响出口升级，但国内制度通过影响出口与内需的背离，进而影响出口升级的机制迄今仍然没有被关注。更进一步，制度扭曲性结构背离对出口升级的影响根植于国内需求的作用，而国家规模内生决定了国内需求的重要性，如不同规模国家的出口模式（Fernandes et al.，2015）和企业优势来源具有显著差异，由制度扭曲导致的结构背离可能对大国和小国出口升级的影响效应不同。那么，从制度视角探究出口与内需背离的成因及影响，就成为重塑大国外贸优势根本性来源和调整出口模式的重要方向。

鉴于此，笔者聚焦"制度环境—结构背离—出口升级"的逻辑框架，在多国经验中审视脱离本土需求的出口模式。笔者可能的贡献在于：(1) 提出以"出口与内需的结构背离"刻画一国外贸主要优势的构成来源和由此决定的出口模式，并基于ISIC四分位产业数据测算51个国家的出口与内需结构背离度。"结构背离"这一新概念及其测度指标的提出，不仅为讨论"一国出口模式的内生决定及其调整"等重要问题提供了科学立足点，也可摆脱"中国特例"困境，在多国经验中探寻脱离本土需求出口模式的一般性规律。(2) 放松"内需—出口"假说中制度完善的隐含假设，探究出口与内需结构背离的制度原因，不仅从"制度环境影响结构背离进而影响出口升级"这一新视角丰富了国内制度影响出口的相关研究，也加深了对"出口脱离内需"这一普遍现象的认识。特别是，虽然发挥要素禀赋比较优势和深度依赖全球产品内分工会使结构背离成为合理常态，但矫正由制度不完善导致的背离本土需求的扭曲性出口产品结构，则是重塑外贸优势来源的重要途径。(3) 深化对大国外贸发展模式特殊性的认识。笔者研究发现，由制度不完善导致的结构背离对大国出口升级的抑制效应强于小国，说明大国外贸优势来源及由此决定的出口模式与小国不同，大国更应当通过构建"内需引致出口"的制度环境，发挥国内需求这一外贸发展的"国家特定优势"。在全球消费终端市场大转移(Staritz et al., 2011)与中国国内需求扩张升级的新形势下，这对思考如何重塑中国外贸转型升级的根本性优势来源和构建"中国特色开放型经济理论"(裴长洪，2016)具有深远的启发意义。

第二节 "出口—内需"结构背离测算与典型事实

一、"出口—内需"结构背离度测算

(1) "出口—内需"结构背离的测度。[①] 根据一个国家的出口模式是否遵循"内需—出口"假说，以公式(2.1)度量出口产品结构与国内需求结构的背离程度(以下简称"结构背离")，反映一国出口依托国内需求的总体程度，根植于外贸优势来源的差异。背离度的绝对值越小，说明出口依托国内需求的程度越高，国内需求成为这个国家出口优势的重要来源，这个国家的出口模式就遵循了"内需—出口"假说，出口本国需求较多的产品，而国内需求较少的产品则出口少或者需要进口(Weder, 1996, 2003; Krugman, 1980; Crozet & Trionfetti, 2008)。相反，背离度的绝对值越大，说明一国出口依托于国内需求的程度越低，出口产品与国内需求关联性不强，非内需因素是这个国家出口的主要驱动力。由于国内需求只是外贸发展的驱动因素之一，而非内需因素，特别是要素优势驱动的出口会产生"自然性分工背离"，因此结

[①] "出口—内需"结构背离的测度方法及数据详见第二章第一节，笔者在本部分进一步对这一测度方法的合理性进行解释。

构背离是一种常态。①

笔者采用联合国工业发展组织 ISIC 四分位产业数据,测算了 51 个国家制造业出口产品结构与国内需求结构的背离度,数据来源于 2013 年联合国工业发展组织(2013)的工业需求供给平衡数据库。这 51 个国家制造业出口产品结构与国内需求结构的背离度共涉及 112914 条出口与国内需求数据。②

(2)对"出口—内需"结构背离的合理性解释。从总体看,内需驱动出口模式比非内需驱动出口模式的结构背离度更低。原因如下:其一,非内需因素驱动的出口(如要素禀赋优势驱动的出口)和国内需求没有关联,"出口—内需"结构背离度高。也正如杨小凯(2003)指出的那样,要素禀赋比较优势无法解释国内贸易如何发展到国际贸易。这也说明在要素禀赋优势驱动出口模式下,出口产品与国内需求的相关性较弱。其二,内需驱动出口模式遵循了以"斯密定理"为核心的古典贸易理论,由国内贸易内生演进形成(杨小凯,2003),有"国内需求—国内产业结构—出口产品结构"的对应关系,出口依托内需的程度较高,这与非内需驱动出口模式形成鲜明反差。其三,"内需—出口"假说认为,一个国家出口的产品应该是本国需求较大的产品,而国内需求较小的产品则出口较少或者需要进口,表现为较低的"出口—内需"背离度。无论是基于 Linder(1961)的重叠需求理论,还是 Weder(1995,1996,2003)的国内需求与贸易模式理论以及 Krugman(1980)和 Helpman,Krugman(1985)等人的本土市场效应理论等都认为,一个国家出口的产品应该是本国需求较大的产品。如 Linder(1961)的重叠需求理论认为,一国出口本国需求较大的"代表性产品"。本地市场效应理论也认为,"一种产品的国内市场需求占世界比例大,则这种产品的出口份额也更大"(Crozet,Trionfetti,

---

① 实际上,笔者计算了两套背离度数据,另一套背离度以各个产业的均值计算。笔者在后文中同时运用了这两套数据进行基本事实分析和计量检验,结果并没有显著差异。通过比较这两套背离度数据,发现以总和计算的背离度比以均值计算的背离度更加科学,因为:(1)由于基于资源禀赋比较优势的专业化国际分工可能使得一国的出口产品结构比较集中,以产业均值计算的背离度会低估一国的总体背离度;(2)由于国内消费的数据在有些国家的某些产业不完全,而各个产业的消费又是客观存在的,以产业均值计算的背离度大大高估了这些国家的背离度,故笔者采用以总和计算的背离度。为了研究的严谨性,附录 1 给出了以均值计算的背离度与制度环境、出口升级和国家规模的典型事实分析,见附录 1 "以产业均值计算的背离度的典型事实"。

② 在联合国工业发展组织数据库中,能同时获得出口数据与国内消费数据的只有 51 个国家,时间跨期为 1997—2010 年,但各个国家时间跨期有差异。

2008),因此"一个国家出口本国需求较大的产品"(Krugman,1980)。因此,背离度的绝对值越小,说明一国的出口产品结构与国内需求结构的关联性越强,出口依托国内需求的程度越高,国内需求成为这个国家出口优势的重要来源;背离度的绝对值越大,说明一国出口依托国内需求的程度越低,非内需因素是这个国家出口的主要驱动力。

对于以公式(2.1)度量出口与内需的结构背离程度,一个可能的质疑是,"本土市场效应越明显,这种背离会越大"。从基本事实看,由于无论是从需求规模、需求层次还是从内需转化为出口优势的制度环境上讲,学者们一般都会认为美国的本地市场效应发挥得比中国好。刘志彪(2011,2012)也认为,美国是一个典型的内需驱动国家。[①] 那么,遵循"本土市场效应越明显,这种背离会越大"的逻辑,就会有美国的背离度远远高于中国的预期。而事实上,根据公式(2.1)测度的中国"出口—内需"背离度远远高于美国(中国1997—2010年背离度均值为95.75,而美国均值为66.21)。是什么原因导致这一逻辑预期与基于本研究所得背离度的基本事实相违背?其根源就在于,"本土市场效应越明显,这种背离会越大"的逻辑,只是考虑本地市场效应这一种贸易驱动因素,而公式(2.1)测度的是一个国家整体的背离度,从国家对比层面(贸易模式层面,或者说从一个国家出口的重要驱动因素)看,"依托内需的出口模式"比"非依托内需的出口模式"有更低的结构背离度。

此外,还应当看到的是,经典本地市场效应(HME)模型(Krugman,1980;Helpman,Krugman,1985)的特点是:(1)HME 模型没有考虑要素禀赋优势,只是考虑了国内需求优势;(2)HME 模型考虑两个国家,即双边贸易的对比情况(这两个条件与本书结构背离的设计有根本性差异)。在这一框架下,本地市场效应的实质是,一个国家的需求相对国外更大,则这个国家生产和出口相对国外更多。Crozet,Trionfetti(2008)的表达是,"一种产品的国内市场需求占世界比例大,则这种产品的出口份额也更大"。这与本研究的结构背离测度方法和逻辑存在根本性差异。因为公式(2.1)明晰了"出口—内需"结构背离关注的是一国内部不同行业的相对内需比例与相对出口比例

[①] 刘志彪(2012)指出,"发展基于内需的全球化经济……目前全球人口和潜在市场规模较大的发达国家,基本上都属于这种经济形态。最典型的例子是美国。美国就是一个典型的基于内需的全球化经济体系"。

的关系(within-country),是为了测度一个国家内部不同行业的出口对国内需求的依赖程度,这与尹翔硕(1997)、袁欣(2010)、张曙霄、张磊(2013)的做法类似。

二、典型事实

特征事实1:制度环境差的国家结构背离度高。采用常用的由 Heritage Foundation 提供的总体经济自由度指数度量国内市场制度环境,以1997—2010年的样本均值描述制度环境与结构背离的相关性。图4-1显示,制度环境好的国家都有较低的结构背离度,而制度环境差的国家背离度都较高。对于图4-1描述的制度环境与结构背离的关系,一个潜在的问题是,制度环境差的国家可能大都是要素禀赋优势强、深度参与产品内分工的国家,所以图4-1呈现的可能恰恰是"自然性分工背离"与制度环境的关系,而非制度环境与结构背离的负相关关系。为此,笔者进一步剥离要素禀赋和产品内分工对结构背离的影响,以结构背离对要素禀赋(制造业工资率)和产品内分工回

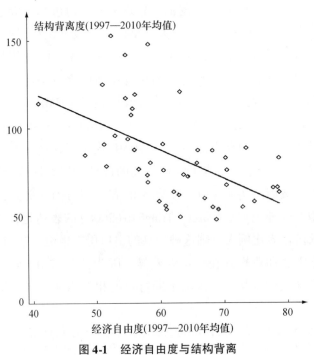

图4-1 经济自由度与结构背离

归的残差,表示要素禀赋和产品内分工不能解释的结构背离。结果如图4-2所示,要素禀赋和产品内分工的残差与制度环境显著负相关,这进一步说明,排除要素禀赋和产品内分工的影响,制度环境差的国家结构背离度高。

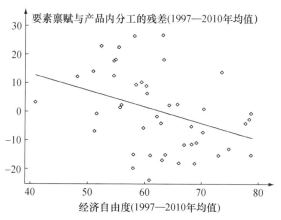

图4-2 要素禀赋与产品内分工的残差与经济自由度

特征事实2:结构背离与出口产品结构水平的相关性在制度环境不同的国家有所不同,以常用的出口产品技术复杂度反映出口产品结构水平。为捕捉不同国家内部结构背离与出口产品结构水平的动态变化关系,以结构背离与出口产品结构水平的变化值描述两者的相关性,如图4-3所示。结构背离与出口产品结构水平的相关性在制度环境不完善的国家显著负相关(相关系数为-0.1377),而在制度环境较好的国家,呈现弱正相关性。结合特征事实1,这可能意味着,当制度环境不完善时,结构背离更多由制度导致,而制度不完善导致的结构背离对出口升级有抑制效应;但在制度环境完善的国家,结构背离更多由自然性分工因素导致,这一自然性分工因素对出口升级并没有显著的抑制效应。

特征事实3:对于制度相对不完善的小国而言,结构背离与出口产品结构水平的相关性比制度环境不完善的大国更强。笔者在特征事实2的基础上,进一步考察在相同制度环境下,① 结构背离与出口产品结构水平的相关性在不

---

① 两类国家的制度水平并无明显差异,大国的制度均值为54.9,小国为54.3,都低于世界均值62.2。

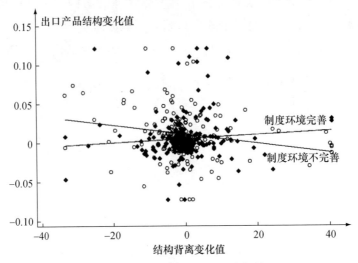

图 4-3　不同制度环境下两者相关

同规模国家的差异性，发现结构背离与出口产品结构水平在制度不完善的大国显著负相关（相关系数为 -0.1967），而在制度不完善的小国，这种负相关性却显著降低（如图 4-4 所示）。结合特征事实 2，这可能意味着，由制度不完善导致的结构背离对大国出口升级具有更强的抑制效应。

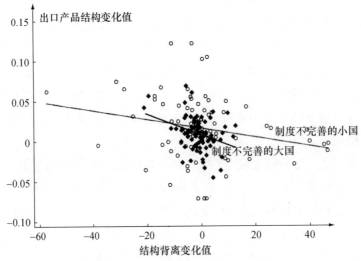

图 4-4　不完善制度环境下两者相关性在大国与小国的差异

第三节 理论分析与待检验假说

笔者基于以上观察到的典型事实，提出"制度环境—结构背离—出口升级"的理论分析框架：市场制度环境不完善导致的"内需引致出口"功能缺位，使得国内需求较大的产品无法成为有竞争力的出口产品，本土企业只能依赖以要素禀赋优势为主的低层次优势获得出口竞争力，而这种依赖要素禀赋优势出口较多的产品并不是国内需求较大的产品，从而导致较高的结构背离度。出口与内需的结构背离使得一个国家特别是拥有较大国内市场的大国出口升级失去国内需求这一重要的外贸优势来源，从而抑制大国出口升级。①

一、出口与内需的结构背离：制度环境的影响

特征事实1初步说明，制度环境不完善会导致出口与内需的结构背离。不完善的制度环境使得"内需引致出口"功能缺位，国内需求较大的产品出口少，进而使得出口产品相对集中在国内需求较少的产品上，从而形成背离国内需求的扭曲性出口产品结构。因此，制度扭曲性结构背离是由"内需引致出口"功能缺位的"一币两面"效应导致的，这正体现了(2.1)式中结构背离指标设计的"跷跷板效应"。

根据(2.1)式中结构背离指标设计的"跷跷板效应"，如果制度环境不完善会导致结构背离，则不完善的制度环境就会使得国内需求较大的产品出口少、国内需求较小的产品出口多。不完善的制度环境为什么会导致国内需求较大的产品出口少、国内需求较少的产品出口多呢？以图4-5为例进行简要分析。根据两百多年国际贸易理论与实践的发展，要素禀赋和国内需求是一个国家外贸发展的两个主要优势来源(Davis, Weinstein, 1999)。假设一个国家有两大类产品：产品A是国内需求较大的产品，其优势来源主要是(可以是)国内需求；产品B是国内需求比较小的产品，其优势来源主要是(只能是)要素成本。众多竞争性本土企业可选择产品A或者产品B出口，但出口必须有

---

① 除了制度环境外，产品内分工、鼓励出口的贸易政策、要素禀赋等都可能影响结构背离，笔者会在实证检验部分将这些因素纳入分析。

国际竞争力，竞争力的主要来源是国内需求和要素成本。由于众多本土企业面临相同的国内要素成本条件，并且要素成本优势在国际竞争中的替代性也较强，为了避免在国内及国际市场竞争中被淘汰，本土企业就会尽量依托具有较大国内需求的产品 A 以寻求更持久的竞争力。当市场制度环境完善时，较大国内需求能顺利转化为出口竞争力，产品 A 就能够出口。同时，由于本土企业在市场竞争中会尽量寻求产品 A 更持久的竞争力，会把有限的资源更多地用于有"本土需求比较优势"的产品 A 的生产和出口上，而产品 B 则出口少或者需要进口，这个国家的外贸发展就会遵循"内需—出口"假说，结构背离度也会较低。相反，当市场制度环境不完善时，较大国内需求无法转化为出口竞争力，国内需求较大的产品 A 没有竞争力难以出口，本土企业只能立足要素禀赋优势，集中出口国内需求较小的产品 B，这使得产品 B 出口比例较大，① 这个国家的外贸发展就会遵循 HOV 理论，结构背离度就会较高。这个简要的分析表明，出口与内需的结构背离程度实质上反映了出口优势主要来源的差异，制度环境影响结构背离的关键在于，较大国内需求能否顺利转化为本土企业出口竞争力。

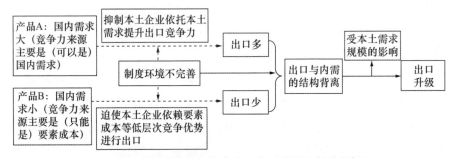

图 4-5 "制度环境—结构背离—出口升级"的分析框架

一方面，不完善的制度环境使得"内需引致出口"功能缺位，导致国内需求较大的产品出口少。"内需—出口"假说之所以预期一个国家会出口本土需求较大的产品，制度环境完善的隐含假设发挥了两个关键作用：其一，完善的制度环境使得国内需求优势能够顺利转换为高层次竞争优势；其二，完善的制度环境迫使本土企业依托较大国内需求寻求高层次竞争优势。由于众

---

① 特别是在鼓励出口的政策导向下，这一趋势会更加明显，如中国的光伏产品。

多本土企业面临相同的国内要素成本等条件,为了避免在市场竞争中被淘汰,本土企业就会尽量依托较大国内需求寻求以技术、品牌为核心的高层次竞争优势(Porter,1990),在国内需求优势能顺利转换为高层次竞争优势的制度条件下,国内需求较大的产品转化为有竞争力的、出口较多的产品就成为现实,这样也会使得出口产品不会过度集中在与国内需求不相关的产品上。但国内制度环境不完善使得本土企业没有动力,也没有能力依托国内需求形成高层次竞争优势,导致"内需引致出口"功能缺位,使得国内需求规模大的产品不一定具有出口竞争力(Porter,1990)。具体而言:

(1)不完善制度环境下的国内贸易成本会迫使本土企业放弃贸易的本地市场偏好,使得国内需求无法转换为出口竞争力。"内需引致出口"的逻辑起点在于,本土企业贸易具有"本地市场偏好",因为本土企业在国内市场具有成本优势、信息优势,同时面临的贸易壁垒也较少,对本土文化和制度的熟悉又使得本土企业更容易把握国内需求特征,所以产品的设计和生产起初往往针对国内市场(Porter,1990),国际贸易一般也是在国内贸易之后发展起来的(杨小凯,2003)。而由国内市场分割和社会信用体系导致的销售成本、搜寻成本和流通成本较高等,都会使国内贸易成本不一定低于国际贸易成本。如此,本土企业就会放弃本地市场偏好,以国际贸易的规模经济效应来替代国内市场的规模经济效应(朱希伟等,2005;张杰等,2010),较大的国内需求就无法转化为本土企业出口竞争力。

(2)不完善制度环境下的无序竞争和竞争不充分会削弱国内需求较大产品的出口竞争力。规范有序市场环境下的"自选择"是企业竞争力动态提升的关键机制(Melitz,2003)。但市场秩序不健全、市场监管不到位以及企业失信惩戒机制缺位等导致的无序竞争,会使得市场竞争无法通过"自选择"机制提升国内需求较大产品的出口竞争力(易先忠等,2016)。同样,政府对投资领域的限制和政府对企业过多的管制导致的高进入成本等,都会导致竞争不充分。而在非竞争性市场上,较大国内需求规模支撑的"相对满意"的获利会弱化本土企业进行外海扩张的意愿(Porter,1990),本土企业改进产品质量的动力也较弱,对本土市场提供的产品也非最优设计(Beise-Zee,Rammer,2006)。

(3)不完善制度环境下较低的创新收益率、"非创新获利空间"和不完善消费环境制约了"需求引致创新"功能的发挥。"需求引致创新"是国内需求较大的产品成为具有竞争力出口产品的重要机制。而较弱的产权保护和执法不严会降低创新的预期收益，对要素流动的限制和不完善的资本市场会增加创新成本，Desmet，Parente(2010)等所预期的"本土需求越大，创新越多"就不一定能实现。同时，广泛存在的"投机获利"和"寻租获利"空间会极大弱化本土企业依托国内需求进行创新的动力；由要素扭曲导致的低同质产品获利空间，也会扭曲出口企业的生产要素投入比例，固化出口企业对低成本要素的依赖(施炳展、冼国明，2012)，弱化依托内需进行创新的动力。再者，本土市场上的消费者与生产商有效互动的学习效应是"需求引致创新"的微观基础(Porter，1990；Beise-Zee，Rammer，2006)。而质量监管体系不健全、消费者权益保护机制不健全等所导致的不完善消费环境，会弱化本土企业回应消费者合理诉求的压力，国内消费者诉求也无法转换为本土企业改进产品质量的方向。在这种情况下，正如 Porter(1990)指出的那样，"当本国客户不能为企业创新提供压力时，这个产业要在创新的竞赛中胜过国外竞争对手是很困难的"。

另一方面，在"内需引致出口"功能缺位的不完善制度环境中，国内需求较大的产品出口较少，出口自然会相对集中在国内需求较小的产品上，从而形成高度背离国内需求的扭曲性出口产品结构。不完善的制度环境导致本土企业失去依托国内需求获取国际竞争优势的重要途径，本土企业只能依赖以要素禀赋为主的低层次优势获得竞争力，并通过在国际市场上的低价竞争强化这种成本优势，使得出口集中在少数有要素成本优势的产品上。或者完全放弃本土市场偏好，立足要素禀赋优势，通过深度融入全球产品内分工，获取以国外需求为导向的出口机会。这两种出口方式都会使得出口产品相对集中在与国内需求关联较差的产品上，这就必然形成高度背离国内需求的出口产品结构。

综上，笔者提出假说1：不完善的制度环境会引发出口与内需的结构背离。

二、结构背离与出口升级：国内市场机制受阻

特征事实2初步说明，在制度环境不完善的国家中，结构背离会抑制出

口升级；而在制度环境完善的国家中，结构背离没有显著抑制出口升级。基于假说 1 的分析，这说明制度环境不完善会引发结构背离，进而抑制出口升级。当制度环境较为完善时，结构背离更多由要素禀赋和产品内分工等"自然性分工"因素导致，而这种自然性分工导致的结构背离作为发挥比较优势和参与国际分工的正常体现，顺应了要素在国内及国际市场上的优化配置，不会严重制约出口升级。如前文指出的，基于要素禀赋优势的出口产品结构虽然会背离国内需求，但会通过发挥比较优势促进要素升级，进而促进出口升级（林毅夫，2003），融入产品内国际分工也会通过技术溢出等途径促进出口升级（Staritz et al., 2011）。相反，对于制度环境不完善的国家，结构背离更多由制度扭曲导致，国内需求较大的产品由于制度环境的制约无法成为有竞争力的、出口较多的产品，这使得出口相对集中在国内需求较小产品上的扭曲性出口产品结构。这一扭曲性出口产品结构作为国内需求无法转换为出口优势，必然使得这个国家的出口升级失去国内需求的支撑力。而国内需求通过支撑规模经济（Krugman，1980；Helpman & Krugman，1985）、引致技术创新（Priem et al., 2012；Xie，Li，2015）和学习效应（Fagerberg，1993；Beise-Zee，Rammer，2006）等途径为出口升级提供动力。因此，制度环境不完善导致的结构背离会制约出口升级。

首先，国内市场需求通过规模经济促进出口产品升级。由于地理位置的邻近可以降低交易成本，对本土文化、制度的熟悉使得本土企业对国内的需求更容易预测，所以一种产品的最初开发是为了满足国内需求（Porter，1990）。国内较大的需求规模支撑起本土企业进入国际市场的临界经济规模，并且报酬递增产业会偏向集中在本地市场需求大的区域（Krugman，1980），而产业集聚使得厂商间信息交流增加、技术外溢增强，形成外部规模经济效应，从而形成出口产品升级的优势来源。当一个国家的国内市场需求与国际市场的主要需求相同，而本土企业又有先发优势时，国内市场需求才成为本土企业国际竞争力的根本性来源（Porter，1990）。而当国内需求结构与出口产品结构背离时，由国内需求支撑起的规模经济优势就无法转化为出口产品升级的动力优势。

其次，国内市场需求通过激励创新促进出口产品升级。创新是出口产品升级的决定性因素。创新具有高风险和高成本特征，而国内大市场不仅能摊销研发费用，还具有降低创新风险的优势；大的国内市场容纳更多企业，促进产业集聚，使得同类企业家以及工人的技术溢出与知识交流更为普遍（Corsetti et al., 2007；Chaney, Ossa, 2013），提高了技术外溢的程度和创新成功的概率；大的国内市场通过容纳更加拥挤的产品空间，支撑起细分差异产品的规模经济，降低差异产品创新失败的概率。同时，大的市场规模支撑起更多产品种类，使得产品的替代性更强，较强的替代性增强了需求的价格弹性，降低了垄断定价，更低的垄断定价使得企业的规模更大，而大的企业规模摊销了研发费用，促进了产品的创新（Desmet, Parente, 2010）。但在结构背离条件下，国内市场需求规模支撑起的本土企业技术创新无法转化为出口产品升级的动力。

最后，国内市场需求通过学习效应促进出口产品升级。国内市场需求对企业出口竞争力的影响主要通过国内需求的形态和特征实现（Porter, 1990）。国内高端消费需求会迫使国内生产商改进产品质量，而消费受到收入水平的约束，使得收入水平较高的国家出口产品的质量也较高（Linder, 1961）。消费者通过对产品的使用，不断提高对产品质量的要求，成为产品质量不断升级的重要原因（Von Hippel, 1986）。因此，本土企业对国内消费形态和特征的学习过程被认为是本土企业创新及国际竞争力提升的过程，以及国内市场需求对企业国际竞争力的影响过程（Porter, 1990），这也是解释企业国际竞争力差异的一个重要原因（Fagerberg, 1993）。因此，从长期看，国内需求与国外销售的互补性源于国内销售的"干中学"效应，即国内销售的"干中学"提高了企业的国际竞争力，有助于国际销售的提高（Esteves, Rua 2015）。而当国内需求与出口产品结构背离时，这一国内市场的学习效应也就无法转化为出口产品升级的动力。

综上，笔者提出假说2：由制度环境不完善引发的结构背离会抑制出口升级。

三、"结构背离"对出口升级的影响效应：大国与小国的差异

特征事实3初步说明，国家规模影响了制度扭曲性结构背离对出口升级的影响效应。制度扭曲性结构背离作为国内需求无法转换为出口优势，对出

口升级的影响必然受到国内需求规模的影响。

对小国而言，一方面，较小的本土需求规模对出口升级的作用效应有限，这使得制度扭曲性结构背离对小国出口升级的抑制效应较弱；另一方面，为弥补国内市场狭小的不足，小国比大国更加依赖国际市场（Alesina et al.，2005），以通过获得新市场、学习新技术和获取新技能的途径谋求出口升级（Staritz et al.，2011），制度扭曲性结构背离一定程度上也顺应了小国依赖国际市场的趋势。

而大国却不相同，巨大的本土需求是更加依赖国内市场的大国出口升级不可或缺的"国家特定优势"，本土需求对大国出口升级的促进效应也比小国更强。因为相对小国而言，大国的国内需求不仅可摆脱规模经济与竞争机制的两难冲突，在实现规模经济的同时，容纳更多企业，使得市场竞争更加激烈，进而激励本土企业创新（Desmet，Parente，2010）。同时，大国市场上面临多样性选择的消费者也会更加挑剔，而专业、挑剔的客户是本土企业追求高质产品和精致服务的压力来源（Porter，1990）。再者，大国国内多层次性需求结构所容纳的"前瞻性需求"和"领先用户"也比小国更加普遍，而拥有代表需求质量的"前瞻性需求"和"领先用户"也是本土企业通过向消费者学习、能够便利把握的产品质量改进方向（Von Hippel，2001；Priem et al.，2012）。因此，大国国内需求广泛被认为是本土企业重要的"国家特定优势"（裴长洪、郑文，2011）。而根植于国内需求无法转换为外贸优势的制度扭曲性结构背离，必然会使大国出口升级失去国内需求这一重要的"国家特定优势"。因此，相对小国而言，制度扭曲性结构背离会对大国出口升级造成更为突出的抑制效应。

综上，笔者提出假说3：由制度环境不完善引发的结构背离对大国出口升级的抑制效应比小国更强。

第四节　检验策略与数据

一、检验策略

首先，以工具变量法在结构背离方程（4.1）中检验假说1。遗漏变量、测量误差以及逆向因果关系都可能导致(4.1)式中制度环境的内生性问题,内生性问题不仅会导致估计结果偏误,也无法识别制度环境与结构背离的因果关系。为此,笔者遵循 Acemoglu et al. (2001) 的估计策略:第一步,寻找制度环境的有效工具变量,通过制度环境对工具变量回归得到制度环境拟合值。第二步,用结构背离对制度环境拟合值回归。这两步可以采用两阶段估计方法(IV-2SLS),得到(4.1)式中制度环境系数的有效估计量。

$$\text{devia}_{it} = \alpha_0 + \alpha_1 \text{institution}_{it} + \sum X_{it} + \xi_t + \mu_i + e_{it} \quad (4.1)$$

在(4.1)式的检验基础上,为保障研究结论的稳健性,以两种方法检验假说2:方法一,分类检验法。在(4.1)式证明制度环境影响结构背离的基础上,利用出口升级方程(4.2)如果能证明在制度不完善的国家,结构背离对出口升级造成了更为突出的抑制效应,则能证明假说2。因为相对制度完善的国家,制度不完善国家的结构背离更多由制度引发。方法二,工具变量拟合值检验法。基于(4.1)式中制度环境的工具变量,通过结构背离对制度环境的工具变量回归,可得到制度环境引发的结构背离。因为根据工具变量的"排他性约束"原理,由制度环境严格外生工具变量拟合的结构背离,排除了工具变量通过影响其他因素进而引发的结构背离。同时,这一根据工具变量拟合的结构背离可在很大程度上弱化出口升级方程中结构背离的内生性问题,特别是由出口升级可能逆向影响结构背离导致的内生性问题。在此基础上,进一步检验这一由制度环境不完善引发的结构背离对出口升级的影响。

$$\begin{aligned}\text{upgrading}_{it} = &\beta_0 + \beta_1 \text{deiva}_{it} I(\text{institution}_{it} \leq \text{mean}) \\ &+ \beta_2 \text{deiva}_{it} I(\text{institution}_{it} > \text{mean}) \\ &+ \sum X_{it} + \xi_t + \mu_i + e_{it}\end{aligned} \quad (4.2)$$

同理,以两种方法检验假说3:其一,在(4.2)式证明了由制度引发的结构背离抑制出口升级的基础上,如果能证明(4.3)式中$\delta_1 < \delta_2$,则能证明制度引发的结构背离对大国出口升级的抑制效应比小国更强,即假说3。其二,在通过工具变量拟合值证明假说2的基础上,进一步以工具变量拟合值方法考察制度引发的结构背离对出口升级的影响效应是否在大国与小国之间有所差异。

$$\text{upgrading}_{it} = \delta_0 + \delta_1 \text{deiva}_{it} I(\text{institution}_{it} \leq \text{mean}) I(\text{size}_{it} \leq \text{mean})$$

$$+ \delta_2 \text{deiva}_{it} I(\text{institution}_{it} > \text{mean}) I(\text{size}_{it} > \text{mean})$$
$$+ \sum X_{it} + \xi_t + \mu_i + e_{it} \tag{4.3}$$

可见，方程(4.1)(4.2)(4.3)为序列方程，这三个序列方程依次检验本文的三个序贯假说。三个方程中，ξ 代表时间效应，μ 度量不同经济体的个体差异，e 为随机扰动项，X 为控制变量。devia 代表出口与内需的结构背离程度，upgrading 代表出口升级。$I(\text{size}_{it} \leq \text{mean})$ 和 $I(\text{size}_{it} > \text{mean})$ 为示性函数，分别表示国家规模小于均值(小国)和国家规模大于均值(大国)的国家集合。采用国内市场规模(lmarketsize)度量国家规模(size)。遵循 Li, Yue 于 2008 年的研究，国内市场规模是以 GDP 加上进口减去出口度量。同理，$I(\text{institution}_{it} \leq \text{mean})$ 和 $I(\text{institution}_{it} > \text{mean})$ 分别代表制度环境不完善和制度环境完善的国家集合。

二、数据说明

在结构背离方程(4.1)中，笔者重点关注制度环境对结构背离的影响。故采用常用的总体经济自由度指数(frd)作为市场制度环境的替代指标，因为经济自由是发挥市场机制的前提和基础，是市场效率和市场制度完善程度的体现(De Haan *et al.*, 2006)[①]。同时，为检验结论的稳健性，使用由 Global Insight 提供的商业环境指数(wmo)度量市场制度环境。经济自由度指数以 9 个维度的均值度量，[②] 商业环境指数以政府效率、腐败控制、法制、管制质量四个有关经济制度维度的均值度量。根据 Heritage Foundation 和 Global Insight 对各个维度的定义，经济自由度指数和商业环境指数基本上包含了本部分理

---

① 广泛意义上的经济自由是指，对商品生产、交换和消费没有超越必要水平的政府管制。个人选择的自由、交易自由、竞争自由、私有财产的保护是经济自由的核心。经济自由并不否认政府干预的重要性，政府的干预与管制是为了创造与维持个人与企业生产、分配和消耗的权力，克服市场失灵，维持宏观经济稳定。但过多的政府干预与管制，特别是为特定利益集团的政府干预会扭曲资源配置，并伴随较高的社会成本。See Miller T., Kim A., Defining Economic Freedom, http://www.heritage.org/index/book/chapter-7.

② See Miller T., Kim A., Defining Economic Freedom, http://www.heritage.org/index/book/chapter-7. 经济自由度包含产权保护、无腐败程度、政府支出、财政自由、商业自由、货币自由、贸易开放、投资自由、金融自由以及劳动力自由十个维度，但劳动力自由流动指标只有 2008 年开始的数据，所以笔者没有将其纳入。

论分析中涉及的市场制度环境。①

表 4-1 主要变量的描述统计

变量名称	均值	最小值	最大值	样本个数	变量定义与数据来源
diva	80.18	45.59	152.70	548	出口产品结构与国内需求结构的背离度[a]
high-tech	13.06	0.018	61.74	711	高技术产品出口占制成品比例[b]
lcomplex	9.418	8.024	9.872	539	出口产品技术复杂度对数[c]
diver	7.134	1.041	19.41	714	出口产品多元化指数[d]
wmo	0.666	0.19	1.00	637	商业环境指数[e]
frd	62.17	30.00	82.60	714	经济自由度指数[f]
lopen	78.60	14.93	220.40	681	贸易开放度[g]
lexchange	5.006	4.275	6.892	693	汇率增长率对数(1995 为 100)[e]
wage	8.244	0.10	51.10	653	制造业工资率[e]
prim	0.424	0.0272	0.989	695	原材料出口比例[h]
agri	8.755	0.378	96.58	681	农业增加值占 GDP 增加值比例[e]
lpop	9.986	5.94	14.10	714	人口对数[g]
lmarketsize	11.53	7.044	16.58	714	国内市场规模对数:log(GDP + 进口 − 出口)[g]
education	41.90	0.507	95.07	696	人力资本:大学生入学比例[e]
technology	78.42	2.345	219.90	714	相对美国劳动生产率[g]
lrgdp	9.2369	6.06	10.68	714	真实人均收入对数[g]
lFDI	8.003	1.649	12.66	705	FDI 流入量对数[e]
locklanded	0.163	0	1.00	714	内陆国家为 1,否则为 0[h]
infra	0.960	0	9.700	714	道路密集度:每平方公里道路公里数[e]
inter	0.434	0.067	0.739	644	中间产品出口比例[i]
eurfrac	0.357	0	1.00	714	欧洲语言(以英语、法语、德语、葡萄牙语和西班牙语为母语的人口比例)[j]
logemaug	3.751	2.01	7.603	375	早期移民死亡率[k]

---

① 如理论分析中的"市场秩序不健全、市场监管不到位以及企业失信惩戒机制缺位"可用经济自由指数中的"商业自由"和商业环境指数中的"管制质量"来度量;理论分析中的"政府对投资领域的限制、行政性垄断和政府对企业过多管制"可用经济自由度指数中的"投资自由"和商业环境指数中的"管制质量"来度量;理论分析中的"较弱的产权保护和执法不严"可用经济自由指数中的"产权保护"和商业环境指数中的"法制"来度量;理论分析中的"对要素流动限制和不完备资本市场"可用经济自由指数中的"金融自由"和商业环境指数中的"政府效率"来度量;理论分析中的"投机获利空间、寻租获利空间"可用经济自由指数中的"无腐败程度"和商业环境指数中的"腐败控制"来度量,等等。

(续表)

变量名称	均值	最小值	最大值	样本个数	变量定义与数据来源
leg_British	0.234	0	1.00	714	法律起源于英国为1,否则为0[l]
leg_French	0.383	0	1.00	714	法律起源于法国为1,否则为0[l]
culture	53.52	36.67	69.50	714	文化指数[m]

注:a:笔者根据公式(4.1)计算;b:笔者根据联合国贸易和发展会议数据库中的数据整理计算;c:笔者以SITC四分位贸易数据进行测度,基础数据来源于联合国贸易商品统计数据库;d:笔者根据联合国贸易和发展会议数据库中的HHI指数计算;e:笔者根据Passport数据库中的数据整理计算;f:笔者根据World Heritage Foundation的数据整理计算;g:笔者根据PWT 7.1数据整理计算;h:笔者根据CEPII数据库中的数据整理计算;i:笔者根据联合国贸易商品统计数据库中的广义经济分类法(BEC)计算;j:数据来源于Hall, Jones(1999);k:数据来源于大卫和霍普金斯以邻国数据对早期殖民死亡率数据进行扩充的数据;l:数据来源于Beck et al.(2000);m:笔者根据霍夫斯泰德六类文化指数的均值计算。进出口值、贸易开放度、GDP都以2005年为不变价格,时间跨度为1997—2010年。

为弱化因遗漏变量导致的内生性问题,笔者在(4.1)式中尽量控制其他影响结构背离的重要因素:(1)资源禀赋。由于基于资源禀赋比较优势的出口模式会使得出口产品结构可能集中在少数有要素成本优势的产品上,从而导致较高的结构背离。常用的反映要素禀赋比较优势的变量有:反映劳动力禀赋的制造业工资率(wage)、反映初级要素禀赋的原材料出口比例(prim)和农业增加值占GDP增加值比例(agri)(Zhu, Fu, 2013;易先忠等,2014)。(2)产品内分工。产品内分工的深化使得一国在全球生产网络中专业化于某一生产环节,从而导致出口产品并不是国内需求的产品。产品内分工深化最为直接的表现就是中间产品贸易的快速增长,使用中间产品贸易数据来间接度量一国融入产品内国际分工程度具有直接性和合理性(Yeats, 2001;戴翔、金碚,2014)。中间产品进出口贸易数据来自于联合国贸易商品统计数据库中的广义经济分类法(BEC)下的中间品贸易数据。根据Ueki(2011)的定义,BEC下的三类资源性产品并不能反映由于产品内分工深化而导致的分工深化,故而剔除三类资源性中间产品,以BEC下五类中间品出口额(BEC产品代码:22、32、42、53和121)占一国总出口比例(inter)度量一国融入全球产品内分工程度。(3)出口导向发展模式。鼓励出口的贸易政策如本币贬值等,可能使得一个国家主要依赖国际市场进行产品销售,也可能使得一国经济资源更多流向出口部门,从而导致较高的结构背离。出口导向发展模式以贸易开放度(lopen)和汇率增长率对数(lexchange)度量。(4)技术水平。本土企业的技术能力是依托国内需求形成有效供给进而形成出口竞争力的关键，以相对美国的劳动生产率度量技术水平(technology)。(5)一个国家的需求状况也可能影响结构背离，遵循 Linder 的"重叠需求"理论，以真实人均收入对数(lrgdp)刻画需求条件。(6)国家个体特征，包括一国的地理位置(locklanded)、文化(culture)和法律起源，遵循 Davis, Hopkins(2011)等选择常用的两种法律起源，即法律起源于英国(leg_British)和起源于法国(leg_French)。

鉴于 IV 估计中的共线性问题会比 OLS 估计更加严重(Wooldridge, 2003)，对回归式(4.1)进行初步诊断。相关系数显示，真实人均收入对数(lrgdpl)、制造业工资率(wage)和相对美国劳动生产率(technology)这三个变量之间，以及这三个变量与农业增加值占 GDP 增加值比例(agri)和制度变量，具有较高的相关系数，可能存在严重的共线性问题。笔者在估计中，剔除了农业增加值比例，并采用逐步纳入估计的方法。变量间的相关系数如表 4-2 所示：

表 4-2　结构背离决定模型主要变量的相关系数

	devia	frd	wmo	lopen	lexchange	agri	prim	inter	technology	lrgdpl	wage
devia	1										
frd	-0.412	1									
wmo	-0.629	0.781	1								
lopen	0.009	0.068	0.107	1							
lexchange	0.295	-0.518	-0.552	-0.102	1						
agri	0.515	-0.634	-0.723	-0.087	0.351	1					
prim	0.621	-0.328	-0.602	-0.135	0.443	0.478	1				
inter	-0.426	-0.019	0.263	0.181	0.077	-0.035	-0.523	1			
technology	-0.535	0.727	0.880	-0.0475	-0.483	-0.734	-0.514	0.107	1		
lrgdp	-0.548	0.726	0.884	0.0296	-0.409	-0.837	-0.503	0.130	0.935	1	
wage	-0.451	0.701	0.776	-0.011	-0.493	-0.619	-0.380	0.0138	0.779	0.799	1

根据既有研究，要素禀赋、制度特征、FDI、加工贸易、人力资本、基础设施和产品内分工等因素影响了出口产品升级(王永进等，2010；戴翔、金碚，2014；Schott, 2008；Wang, Wei, 2010；Xu, Lu, 2009；Shujin, Fu, 2013；Amighinia, Sanfilippo, 2014)。笔者遵循 Shujin, Fu(2013)的最新研究框架，在出口产品升级模型中纳入制度、FDI、国家规模、人力资本和基础设施等因素。重点考虑出口产品结构与国内需求结构背离度对出口产品升级的

影响。

笔者遵循 Zhu，Fu（2013）的最新研究框架，在出口升级方程（4.2）和（4.3）式中纳入 FDI、以人口度量的国家规模（lpop）、人力资本（education）和基础设施（infra）等因素。综合既有研究，出口升级包括三个维度：一是产业间高技术产品出口比例提升，高技术产品出口占制成品出口比例可作为产业间出口升级的理想替代指标；二是产品内出口质量的提升，大多研究采用 Hausman et al.（2007）的出口产品技术复杂度度量出口升级（Poncet，Waldemar，2013；Zhu，Fu，2013）；三是出口产品多元化，Amighinia，Sanfilippo（2014）认为，出口产品多元化指数可综合反应产业间结构升级和产品内结构升级程度。笔者为增强研究结论的稳健性，本部分同时采用这三类指标度量出口升级。

以常用的 Hausman（2007）方法度量出口产品技术复杂度，使用到的贸易数据来自于联合国原始数据库中六位数分类贸易统计数据，人均数据则来自于世界银行数据库。

$$\text{Expy}_c = \sum_k \frac{x_{ck}}{X_c} \text{prody}_k \quad (4.4)$$

$$\text{prody}_k = \sum_c \frac{x_{ck}/X_c}{\sum_j (x_{ck}/X_c)} y_c \quad (4.5)$$

其中，Expy_c 即为 c 国出口产品技术复杂度指数；x_{ck} 为 c 国产品 k 的出口额；X 为该国出口总额；prody_k 为产品 k 的技术复杂度指数；y_c 为 c 国家的人均收入水平。笔者遵循 Amighinia，Sanfilippo（2014）的研究方法，采用如下方法度量出口产品多元化指数：

$$\text{diver} = \frac{1}{\text{HHI}} \quad (4.6)$$

$$\text{HHI}_j = \frac{\sqrt{\sum_{i=1}^{n} \left(\frac{x_i}{X}\right)^2} - \sqrt{\frac{1}{n}}}{1 - \sqrt{1/n}} \quad (4.7)$$

其中，diver 为出口产品多元化指数，指数越大，出口产品结构多元化程度越高，即产品结构高级化程度越高。HHI 为标准化的 Herfindahl-Hirschmann 指数，x_i 为第 i 种产品的出口值，X 为出口总量，n 为产品种类数量，HHI 取值在0到1之间，指数越高，说明出口产品结构越密集；指数越低，说明出口产品结构越多元化。

第五节 检验结果

一、寻找制度环境的工具变量

回顾制度与经济发展的相关文献，制度环境最具代表性的工具变量有：与赤道的距离（Hall, Jones, 1999）、欧洲语言（Rodrik et al., 2004）、法律起源（La Porta et al., 1999; Beck et al., 2000）、早期殖民死亡率（Acemoglu et al., 2001）、早期政治水平（Davis, Hopkins, 2011）和民族语言分化指数等。在制度与经济发展的研究中，这些变量已被证明是制度的工具变量，但具体到本部分制度环境与结构背离的分析，有效工具变量需要满足两个条件：其一，工具变量只能通过制度环境（这里以 frd 作为替代指标）间接影响结构背离；其二，工具变量能够较清晰地解释制度环境。根据这两个基本准则，笔者对以上六个常用的工具变量进行检验。经检验发现，只有欧洲语言和早期殖民死亡率同时满足本部分制度环境有效工具变量的两个条件。检验结果如表4-3所示。

表4-3中A栏的第1列和第2列说明这两个因素可以解释大约9%的结构背离，进一步地，A栏的第3列和第4列则说明在不控制其他因素的情况下，这两个因素只通过制度环境影响结构背离，即这两个因素是严格外生变量，满足工具变量的"排他性约束"。表4-3的B栏说明欧洲语言和早期殖民死亡率对制度环境具有较强的解释力，分别能解释制度环境（frd）的29%和42%。在"恰度识别"的条件下，如果不存在弱工具变量的问题，则说明这两个工具变量是有效的。根据C栏制度环境影响结构背离的两阶段IV估计，欧洲语言和早期殖民死亡率的弱工具变量检验值远远大于10%偏误下的临界值16.38，这说明这两个变量都不是弱工具变量。据此，欧洲语言和早期殖民死亡率及其线性组合都是有效的工具变量。为减少样本损失，笔者主要采用欧洲语言作为制度环境的工具变量，并以欧洲语言与早期殖民死亡率的线性组合进行稳健性检验。

表 4-3 工具变量的有效性检验①

	A：被解释变量：结构背离				B：被解释变量：制度环境（frd）	
	欧洲语言	早期移民死亡率	欧洲语言	早期移民死亡率	欧洲语言	早期移民死亡率
制度环境（frd）			-1.2522***	-0.9648***		
			(0.1086)	(0.2313)		
工具变量	-17.1309***	6.6593***	-3.6341	-0.5530	11.0783***	-4.6773***
	(2.1916)	(1.6428)	(2.3742)	(2.8824)	(0.6783)	(0.2921)
_cons	86.2634***	63.6706***	160.1927***	149.0568***	58.3337***	82.1755***
	(1.5983)	(5.7834)	(6.8135)	(23.8581)	(0.3810)	(1.2581)
N	513	241	513	241	714	375
R^2	0.0875	0.0871	0.2372	0.1410	0.2858	0.4190
C：弱工具变量检验（2SLS 估计）			Cragg-Donald Wald F statistic		34.626	179.870
			Stock-Yogo weak ID 临界值		16.38(10%)	16.38(10%)

注：括号内为考虑异方差稳健性标准误，下同；* 表示 $p<0.1$，** 表示 $p<0.05$，*** 表示 $p<0.01$，下同。

二、制度环境影响结构背离的 IV 估计

表 4-4 给出了基于工具变量的两阶段估计结果。表 4-4 中（1）—（5）列的工具变量为欧洲语言，在"恰好识别"条件下，Kleibergen-Paap（K-P）LM χ^2 统计量和 Cragg-Donald（C-D）Wald F 统计量说明不存在识别不足和弱工具变量的问题。（6）—（7）列的工具变量为欧洲语言和早期殖民死亡率，Hansen's J P 值说明不存在过度识别问题。据此，工具变量选择在各个模型中都是合理的。（1）列给出单因素回归结果，以经济自由度指数衡量的市场制度环境估计系数显著为负，说明不完善的制度环境是影响出口与内需结构背离的重要因素，改善制度环境能有效降低出口与内需的结构背离程度。这一结论在控制产品内分工（inner）、要素禀赋（prim、wage）、法律起源（leg_British、leg_French）、文化（culture）、地理位置（locklanded）以及出口导向发展模式（lopen、lexchange）等因素后依然成立，如表 4-4（2）—（5）列所示，并且这一结论也不

---

① 限于篇幅，其他常用工具变量的有效性检验见附录 3。

表 4-4 制度环境影响结构背离的 IV 估计

变量	(1)	(2)	(3)	(4)	(5)	(6)	(7)
第二阶段估计结果							
frd	-1.595***	-1.278***	-1.742***	-1.9512***	-1.8436***	-1.458***	-1.537***
	(0.202)	(0.174)	(0.457)	(0.3689)	(0.5836)	(0.172)	(0.252)
prim		24.925***	26.384***	25.953***	24.550***	25.292***	26.843***
		(4.363)	(6.653)	(5.464)	(5.087)	(4.669)	(7.028)
inter		-168.685***	-161.584***	-217.452***	-237.106***	-297.693***	-210.839***
		(38.399)	(60.597)	(32.098)	(33.735)	(40.319)	(41.825)
inter-sq		183.149***	128.512**	207.529***	232.069***	312.161***	207.987***
		(43.515)	(63.457)	(36.258)	(38.276)	(44.700)	(45.188)
leg_British			9.807**	17.081***	12.532***		13.557**
			(4.324)	(3.256)	(3.998)		(5.486)
leg_French			-3.610*	-1.078	-1.290		-5.615
			(2.125)	(1.972)	(1.963)		(4.462)
locklanded			-13.349***	-1.843	-4.698		-10.594
			(3.379)	(3.187)	(3.335)		(7.191)
culture			0.296	0.578***	0.777***		0.980***
			(0.180)	(0.143)	(0.160)		(0.326)
lopen			5.166**	7.080***	7.671***		10.693***
			(2.185)	(2.296)	(2.087)		(2.718)

续表

变量	(1)	(2)	(3)	(4)	(5)	(6)	(7)
lexchange			-2.092 (2.547)	-2.685 (2.290)	-1.583 (2.344)		-0.760 (2.494)
wage			-1.572** (0.6154)				
technology				-0.079** (0.030)			
lrgdp					-7.014*** (2.316)		
_cons	180.452*** (12.922)	185.325*** (13.891)	213.364*** (44.363)	180.220*** (32.158)	202.267*** (26.531)	196.110*** (12.877)	180.065*** (30.140)
时间	否	控制	控制	控制	控制	控制	控制
N	513	483	366	440	440	228	204
R^2	0.226	0.481	0.471	0.524	0.569	0.501	0.556
第一阶段工具变量估计结果							
欧洲语言	10.988*** (0.795)	10.420*** (0.759)	6.613*** (0.768)	5.403*** (0.865)	5.727*** (0.797)	7.631*** (1.461)	8.418*** (1.751)
早期移民死亡率						-2.273*** (0.639)	-3.782*** (1.235)
K-P LM χ^2 统计量	130.748	129.273	34.817	47.046	38.682	108.227	38.658
C-D Wald F 统计量	195.734	196.162	40.792	74.428	51.579	180.985	28.253
Hansen's J P 值						0.6998	0.1432

注：第一阶段的控制变量与第二阶段的控制变量相同。

随工具变量的改变而变化，如表4-4(6)(7)列所示。究其根源，正如理论分析所揭示的那样，制度环境不完善使得国内需求较大的产品无法成为有竞争力的出口产品，导致出口产品相对集中在与国内需求关联较差的产品上，从而形成背离国内需求的扭曲性出口产品结构。

表4-4显示的资源禀赋的原材料出口比例(prim)都显著为正，以及制造业工资率(wage)显著为负，说明一个国家的自然资源、劳动力等要素禀赋的比较优势确实影响了出口与内需的结构背离程度。结构背离与要素禀赋比较优势的负相关同样也说明，国内需求是一国要素禀赋优势弱化条件下需要更加倚重的外贸优势来源。度量出口导向发展模式的贸易开放度(lopen)会提高结构背离度，说明贸易越开放的国家背离度越高。技术水平(technology)和真实人均收入对数(lrgdpl)的提升能降低结构背离，说明技术能力的提升和需求条件的改善能更好地发挥本土需求对出口的作用。内陆国家(locklanded)更加依赖国内市场，结构背离度相对非内陆国家更低，但这一结论并不稳健。此外，以Hofstede指数度量的文化和法律起源因素也影响了一个国家出口与内需的结构背离程度。

与笔者直觉不一致的是，反映融入全球产品内分工程度的中间产品出口比例(inter)与结构背离呈现非线性的"U"形关系，即随着融入产品内分工程度的逐步提高，出口与内需的结构背离程度先降低后增加。这说明产品内分工并不一定必然导致更高的出口与内需背离程度。可能的原因在于：其一，中间品贸易是产品内分工的本质特征，中间品进口可通过提高本土供给能力降低出口与内需的背离程度。在产品内分工条件下，本土企业为满足较大国内需求也需要进口技术含量高的中间品，中间品贸易可以提高本土企业生产率水平(Ling, Li, 2016)和改善产品质量(Amiti, Khandelwal, 2013)。这就可能使得本土企业通过中间品进口提高本土需求较大的最终产品的出口竞争力，从而降低出口与内需的背离程度。其二，中间品进口可通过改善国内需求降低出口与内需的背离度。中间品进口可通过增加产品种类等途径增加最终产品的竞争程度(Goldberg et al., 2010)，竞争程度的增加会降低企业的成本加成和提升消费者对品牌的认知度(Dhingra, 2013)，从而扩大对最终产品的需求规模和需求层次。这一改善的国内需求可能更有利于发挥国内需求对出口的促进效应。但过度依赖全球产品内分工、以国外需求为导向的出口贸易必然会导致较高的结构背离度。

三、制度环境引发的结构背离对出口升级的影响

在分类检验中,笔者主要考察在制度环境完善的国家和制度环境不完善的国家中,结构背离对出口升级的影响差异。表4-5中的(1)—(3)列表明,在制度环境不完善的国家中,结构背离对出口升级造成了显著的抑制效应;而在制度环境完善的国家中,结构背离对出口升级影响效应不仅大幅度降低,并且不显著。这一结论在以三种方法度量的出口升级检验中稳健成立。既然假说1检验业已证明制度环境会引发结构背离,则分类检验结果说明,当制度环境不完善时,结构背离更多由制度扭曲引致,而这一结构背离作为国内需求无法转换为贸易优势,会使出口升级失去国内需求的支撑力,从而显著抑制出口升级;相反,当制度环境较为完善时,制度不会是结构背离的主要原因,结构背离更多由要素禀赋和产品内分工等"自然性分工"因素引致,而这一结构背离对出口升级没有显著的抑制效应。

在工具变量拟合值检验中,笔者首先通过结构背离对制度环境严格外生的工具变量——欧洲语言与早期殖民死亡率进行回归,拟合制度环境不完善引发的结构背离(yhatdevia)。由于表4-2已经证明这些工具变量只通过制度影响结构背离,那么根据制度工具变量拟合的结构背离就排除了工具变量通过影响其他因素进而导致的结构背离,即为制度环境引发的结构背离。表4-5中的(4)—(6)列表明,无论是以出口产品技术复杂度(lcomplex)、高技术产品出口比例(high-tech)还是以出口产品多元化指数(diver)度量出口升级,制度环境不完善引发的结构背离都对出口升级具有显著抑制效应。另外,制度环境完善与制度环境不完善引发的结构背离的估计系数都大幅度提高,这说明由于分类检验法无法完全剥离其他自然性分工因素导致的结构背离,使得制度扭曲型结构背离对出口升级的抑制效应在分类检验中被低估。

表 4-5 假说 2 检验

	分类检验			工具变量拟合值检验		
	(1) lcomplex	(2) high-tech	(3) diver	(4) lcomplex	(5) high-tech	(6) diver
devia I(institution > mean)	0.0002	-0.0025	-0.0099			
	(0.0003)	(0.0032)	(0.0068)			
devia I(institution ≤ mean)	-0.0007**	-0.0050*	-0.0315***			
	(0.0003)	(0.0029)	(0.0075)			
yhatdevia				-0.0815***	-0.3970***	-0.8519***
				(0.0218)	(0.1382)	(0.2962)
lpop	0.4656***	2.5147***	5.8644***	0.3989***	1.4433*	4.4248***
	(0.0811)	(0.6759)	(1.5765)	(0.1224)	(0.7799)	(1.6697)
infra	-0.0195	0.0484	0.0565	0.0316*	0.0565	0.0056
	(0.0141)	(0.1199)	(0.2836)	(0.0190)	(0.1213)	(0.2610)
leducation	0.1604***	-0.0207	-0.2928	0.1278***	0.4986**	-0.3213
	(0.0200)	(0.1811)	(0.4284)	(0.0280)	(0.2051)	(0.4383)
lFDI	0.0021	-0.0042	0.0594	0.0005	0.1097***	-0.0455
	(0.0029)	(0.0274)	(0.0641)	(0.0049)	(0.0407)	(0.0854)
_cons	4.9243***	21.2916***	37.0944***	13.7768***	26.3139***	47.7619***
	(0.6678)	(5.4609)	(12.7254)	(1.1067)	(7.1371)	(15.3216)
时间效应	是	是	是	是	是	是
个体效应	是	是	是	是	是	是
N	427	498	499	285	375	375
ad-R^2	0.9830	0.8838	0.9478	0.9769	0.8755	0.9034
F-test (p)	0.0000	0.0000	0.0000	0.0000	0.0000	0.0000

四、制度环境引发的结构背离对出口升级的影响：大国与小国的差异

在分类检验中，表4-6中(1)—(3)列表明，在那些制度环境不完善的国家中，本土市场规模越大，结构背离对出口升级的抑制效应越突出。既然表4-5中(1)—(3)列业已证明，在制度环境不完善的国家中，结构背离更多由制度引发，从而抑制出口升级。表4-6中(1)—(3)列的结果表明，在那些制度环境不完善的国家中，由制度环境导致的结构背离对大国出口升级的抑制

效应比小国更为突出。① 这一结论在以三种方法度量的出口升级方程稳健成立。

在工具变量拟合值检验中,当以出口产品技术复杂度和高技术产品出口比例度量出口升级时,在大国情形下,制度引发的结构背离与出口升级显著负相关;而在小国情形下,制度引发的结构背离与出口升级的关系不显著,并且估计系数大幅度降低,如表4-6中(4)(5)列所示。当以出口产品多元化指数(diver)度量出口升级时,结构背离也显著抑制了小国的出口升级(估计系数为 -0.5382),但这一影响效应远低于大国的水平(估计系数为 -1.2319),如表4-6中(6)列所示,并不改变"制度引发的结构背离对大国出口升级的抑制效应强于小国"这一核心结论。相对小国而言,国内需求是大国出口升级不可或缺的国家特定优势,巨大的国内需求对出口升级的促进效应比小国更强。而制度环境不完善导致的结构背离,会使大国出口升级失去国内需求这一重要的支撑力,必然会对大国出口升级造成更为突出的抑制效应。这一研究结论说明,相对小国而言,大国更需要实施 Weder(2003)提出的"内需驱动出口模式"(demand-driven trade model),也有力支撑了"对于中国这样的大国而言,培育本土企业竞争力和转变外贸发展方式需要发挥大国国内需求优势"的观点(路风、慕玲,2003;张杰等,2010;裴长洪、郑文,2011;刘志彪,2013;裴长洪,2016)。

五、稳健性检验

其一,替换制度环境指标进行稳健性检验。制度环境是影响结构背离进而影响出口升级的关键变量,使用由 Global Insight 提供的商业环境指数度量市场制度环境,利用序列方程(4.1)(4.2)(4.3)对三个序列假说进行稳健性检验。与经济自由度指数的检验思路相同,首先寻找商业环境指数的工具变量,发现欧洲语言和早期移民死亡率也是商业环境指数的有效工具变量,据此对(4.1)式进行 IV-2SLS 估计,以检验假说 1。在此基础上,利用公式

---

① 在制度不完善的小国,结构背离没有显著的抑制效应,这一结论虽然与假说2有所差异,但并不影响各假说的成立。同时,这一差异性恰好说明,考察制度扭曲性结构对出口升级的影响,并不能割裂本土需求规模。再者,这一差异性也很好地解释了"外向型发展模式没有明显妨碍韩国等小型经济体出口升级"的事实。

表 4-6 假说 3 检验

变量名称	分类检验			工具变量拟合值检验		
	(1) lcomplex	(2) high-tech	(3) diver	(4) lcomplex	(5) high-tech	(6) diver
devia I(institution < mean) I(size > mean)	-0.0012** (0.0006)	-0.0245*** (0.0054)	-0.0280** (0.0115)			
devia I(institution < mean) I(size ≤ mean)	-0.0005 (0.0004)	-0.0027 (0.0033)	-0.0056 (0.0038)			
lpop	0.4593*** (0.0813)	2.8433*** (0.6665)	5.8654*** (1.6159)	0.3989*** (0.1224)	1.4433* (0.7799)	4.4248*** (1.6697)
infra	-0.0183 (0.0139)	0.0397 (0.1166)	-0.0821 (0.2872)	0.0316* (0.0190)	0.0565 (0.1213)	-0.0056 (0.2610)
leducation	0.1606*** (0.0199)	0.0848 (0.1773)	-0.4619 (0.4365)	0.1278*** (0.0280)	0.4986** (0.2051)	-0.3213 (0.4383)
lFDI	0.0016 (0.0030)	-0.0256 (0.0271)	0.0236 (0.0659)	0.0005 (0.0049)	0.0397 (0.0407)	0.0455 (0.0854)
yhatdevia I(size > mean)				-0.1455*** (0.0248)	-0.5561** (0.2330)	-1.2319*** (0.3021)
yhatdevia I(size ≤ mean)				-0.0402 (0.0285)	-0.0581 (0.0756)	-0.5382** (0.2704)
_cons	4.9944*** (0.6705)	24.0868*** (5.3874)	39.0352*** (13.0383)	13.7768*** (1.1067)	26.3139*** (7.1371)	47.7619*** (15.3216)
时间效应	是	是	是	是	是	是
个体效应	是	是	是	是	是	是
N	427	498	499	285	375	375
ad-R^2	0.9830	0.8886	0.9457	0.9769	0.8755	0.9034
F-test (p)	0.0000	0.0000	0.0000	0.0000	0.0000	0.0000

(4.2)和(4.3)对假说2和假说3依次检验。检验结果表明笔者研究的核心命题——"制度环境影响结构背离,由制度引发的结构背离会抑制出口升级,并且这一抑制效应在大国更强"稳健成立。稳定性检验结果见附录5和附录6。

其二,基于工具变量的三阶段估计方法,检验"制度环境影响结构背离,进而影响出口升级"的机制。笔者遵循陈硕和陈婷、Davis 和 Hopkins 的检验思路,采用三阶段的估计:第一阶段,通过制度环境对其工具变量(欧洲语言和早期移民死亡率)回归,得到制度环境拟合值。然后将拟合值代入第二阶段的"制度环境—结构背离"关系中。此时,制度环境的方差来自于外生的工具变量。第三阶段再用外生变量解释过了的结构背离作为解释变量去解释出口升级。考虑到三个方程残差之间可能存在的相关性,利用3SLS系统估计方法更有效率。这一系统估计方法的有效性取决于工具变量通过而且仅通过影响制度环境影响结构背离,而这一点在表4-3中业已证明。基于工具变量的三阶段估计方法的结果也稳健表明,制度环境通过影响结构背离抑制了出口升级,这一抑制效应在大国更为显著。"制度环境—结构背离—出口升级"机制检验结果如表4-7所示。

表4-7中(1)—(3)列是根据欧洲语言估计制度环境,(4)—(6)列是根据欧洲语言与早期移民死亡率估计制度环境。以国内市场规模度量国家规模(size),重点关注在大国和小国情形下,结构背离对出口升级影响的差异性。制度环境方程和结构背离方程与表4-4中"制度环境—结构背离"的分析原理相同,主要关注出口升级方程中结构背离对出口升级的影响。表4-7的检验结果表明,制度环境通过影响结构背离进而影响出口升级,但结构背离对出口升级的抑制效应主要限于本土需求较大的大国。表4-7中(1)列和(4)列表明,当以出口产品技术复杂度度量出口升级时,在大国情形下,出口与内需的结构背离与出口升级显著负相关;而在小国情形下,结构背离与出口升级的关系不显著,并且估计系数大幅度降低。采用高技术产品出口占制成品出口比例指标度量出口升级,同样支持结构背离显著抑制大国出口升级但对小国没有显著影响的结论,这一结论并不随制度工具变量的改变而变化,如表4-4中(2)列和(5)列所示。当以出口产品结构多元化指数度量出口升级时,结构背离也显著抑制了小国的出口升级(估计系数为-0.0092),但这一影响

表 4-7 "制度环境—结构背离—出口升级"机制检验(3SLS 估计)

变量	(1) lcomplex	(2) high-tech	(3) diver	(4) lcomplex	(5) high-tech	(6) diver
出口升级公式						
devia I(size>mean)	-0.0008** (0.0003)	-0.0109*** (0.0037)	-0.0471*** (0.0074)	-0.0009* (0.0005)	-0.0063*** (0.0020)	-0.0543*** (0.0090)
devia I(size≤mean)	0.0002 (0.0002)	0.0027 (0.0026)	-0.0092* (0.0052)	0.0002 (0.0004)	0.0044 (0.0036)	-0.0210*** (0.0080)
lpop	0.3597*** (0.0735)	2.3492*** (0.6934)	3.3030** (1.3941)	0.2635 (0.1789)	1.9370* (1.0869)	-1.0266 (2.6582)
infra	-0.0173 (0.0121)	0.1043 (0.1150)	0.1037 (0.2313)	-0.0214 (0.0148)	-0.0011 (0.0940)	0.0852 (0.2300)
leducation	0.1796*** (0.0179)	-0.1300 (0.1874)	-0.4120 (0.3767)	0.2137*** (0.0368)	0.0973 (0.2540)	0.1748 (0.6213)
lFDI	-0.0011 (0.0027)	-0.0058 (0.0271)	-0.0536 (0.0545)	-0.0072 (0.0047)	0.1009*** (0.0333)	-0.1605** (0.0816)
时间效应	是	是	是	是	是	是
个体效应	是	是	是	是	是	是
R^2	0.9857	0.8822	0.9622	0.9819	0.9404	0.9520
结构背离公式						
frd	-1.1921*** (0.1250)	-1.2070*** (0.1175)	-1.2086*** (0.1175)	-0.8697*** (0.1877)	-0.8414*** (0.1763)	-0.8399*** (0.1762)
prim	29.4387*** (4.8257)	28.2636*** (4.5313)	28.3240*** (4.5313)	35.4211*** (8.4090)	34.2584*** (8.0785)	34.2038*** (8.0787)
inter	-1.6e+02*** (29.8854)	-1.8e+02*** (27.9142)	-1.8e+02*** (27.9143)	-2.3e+02*** (39.6323)	-2.4e+02*** (37.4908)	-2.4e+02*** (37.4913)

(续表)

变量	(1) lcomplex	(2) high-tech	(3) diver	(4) lcomplex	(5) high-tech	(6) diver
inter-sq	161.6446***	176.8074***	176.1363***	219.7943***	234.9388***	234.5545***
	(34.0691)	(32.0989)	(32.0990)	(45.1013)	(42.8977)	(42.8985)
leg_british	9.8089***	9.9043***	9.9227***	3.9487	4.2851	4.2558
	(2.6697)	(2.4878)	(2.4878)	(5.1749)	(4.6785)	(4.6785)
leg_french	-3.6448	-3.2758	-3.2607	-2.5774	-0.5093	-0.5167
	(2.2562)	(2.0991)	(2.0991)	(4.7626)	(4.2760)	(4.2760)
locklanded	-6.9982**	-6.4431**	-6.4500**	-8.0348*	-10.2830**	-10.2659**
	(3.1194)	(2.8598)	(2.8598)	(4.8487)	(4.5361)	(4.5361)
culture	0.7942***	0.7077***	0.7078***	1.0886***	0.9714***	0.9691***
	(0.1449)	(0.1339)	(0.1339)	(0.3116)	(0.2897)	(0.2897)
lopen	8.8703***	8.1398***	8.1736***	11.0187***	10.5097***	10.5611***
	(2.0522)	(1.9557)	(1.9557)	(2.7318)	(2.5866)	(2.5866)
时间效应	是	是	是	是	是	是
R^2	0.5204	0.5395	0.5395	0.5344	0.5535	0.5535
制度环境方程 欧洲语言	12.7474***	12.7687***	12.7810***	14.5719***	14.8156***	14.8154***
	(0.8664)	(0.8210)	(0.8210)	(1.1075)	(1.0548)	(1.0553)
早期移民死亡率				-1.5317***	-1.5708***	-1.5535***
				(0.4136)	(0.4062)	(0.4063)
时间效应	是	是	是	是	是	是
R^2	0.5962	0.5983	0.5983	0.8105	0.8111	0.8112
N	381	428	428	190	209	209

注：制度环境方程的控制变量与结构背离方程的控制变量相同，删除了共线性较严重的控制变量。

效应远低于大国的水平(估计系数为 -0.0471),工具变量的变化也不改变这一结论,如表4-7(3)列和(6)列所示。这一稳健的检验结果证实,相对小国而言,大国更需要实施韦德提出的"内需驱动型"贸易模式。

第六节 结 论

国内需求是一国外贸优势的根本性来源之一。在外贸与内需条件深刻转变的发展新阶段,重塑中国外贸转型升级的根本性动力需要重新审视脱离本土需求的出口模式。而禀赋比较优势理论和注重国内市场的贸易理论对出口是否需要依托本土需求有不同的发展主张,全球产品内分工深化,也强化了出口无须依托内需的理论直觉。鉴于此,笔者基于51个国家ISIC四分位产业数据,构建和测算了出口依托内需总体程度的指标——出口与内需的结构背离,在多国经验中探究出口与内需背离的成因及影响,研究发现:虽然发挥要素禀赋比较优势和深度依赖全球产品内分工等因素会使背离内需的出口产品结构成为合理常态,但制度不完善使得"内需引致出口"功能缺位,进而导致的扭曲性出口产品结构也是结构背离的重要原因;制度不完善导致的结构背离作为国内需求无法转换为贸易优势的体现,会使出口升级失去国内需求的支撑,从而抑制出口升级;而国内需求又是大国出口升级重要的"国家特定优势",因此制度不完善引发的结构背离也必然会对大国出口升级造成更为突出的抑制效应。

本章从一般性国际经验的视角审视"中国出口贸易脱离国内市场需求及国内产业结构"这一"中国特色"现象,这不仅有助于加深对中国出口贸易脱离国内市场需求及国内产业结构现象的认识,对发展中大国外贸发展模式的选择也具有重要的启发意义。

其一,依托要素禀赋比较优势和深度依赖全球产品内分工的外贸发展模式会使结构背离成为常态,并不是"中国特色"现象。因为要素禀赋比较优势、产品内分工和本地市场效应是发展对外贸易的三种基本方式,不能因为这两类"自然性分工背离"而放弃对要素禀赋比较优势和产品内分工的利用(裴长洪,2008,2009;闫国庆等,2009)。由于国内制度环境不完善抑制本地市场效应而导致的结构背离是需要重点矫正、也是可以矫正的结构背离。

其二，相对小国而言，大国更有必要形成依托国内大市场的"内需驱动型"外贸发展模式。国内大市场内生决定了大国发展模式的特殊性（库兹涅茨，1999；钱纳里、赛尔昆，1988；Alesina et al.，2005；欧阳峣等，2014）。国内大市场支撑的规模经济、技术创新和学习效应等是大国外贸持续发展和转型升级的特殊优势。而出口与内需的结构背离会导致大国出口产品结构转型升级缺乏国内市场需求的支撑，从而加大套牢于低端产品结构的风险。因此，对中国这样的发展中大国而言，在发挥传统要素禀赋比较优势和谋求全球价值链分工新地位的同时，也应当注重大国外贸发展的特殊优势途径——"内需驱动型"外贸发展模式。这种内外需求相结合的"内需驱动型"外贸发展模式，不仅可以利用庞大的国内市场需求规模培育"以技术、品牌为核心的出口竞争新优势"，也能有效实现"内外贸一体化"和"国际国内市场深度融合"。

其三，形成大国"内需驱动型"外贸发展模式的着力点在于，完善国内制度环境，提高出口与内需的结构匹配程度。国内制度环境是出口产品结构与国内需求相匹配的重要决定维度。制度环境不完善使得国内需求无法转变为本土企业的有效供给，国内需求规模也无法支撑本土企业出口竞争力，因此必然表现为较高的结构背离度。那么，完善制度环境的核心在于，以"全面深化经济体制改革"，建立公平开放、竞争有序、创新导向的市场环境，使本土企业有能力、有动力、有压力，依托国内需求规模扩张和需求结构升级，带动其出口产品结构升级。这种依托国内需求的出口模式，能将国内大市场支撑的规模经济、技术创新和学习效应转化为大国外贸持续发展和转型升级的特有优势。

第五章

国内市场规模、制度环境与出口产品结构多元化

中低收入国家外贸发展过程是促进出口产品结构多元化、降低出口产品结构专业化的过程。本章遵循第三章的理论分析框架，从出口产品结构多元化视角，探究国内市场规模影响出口产品结构多元化的机制及条件。在国内市场完善的隐含假设下，经典贸易理论认为国内市场规模会促进出口产品结构多元化。笔者基于 160 个经济体 1996—2011 年的跨国面板数据实证研究发现，在影响出口产品结构的主要因素中，制度环境决定了国内市场规模对出口产品结构的作用方向。当制度环境高于门槛值时，国内市场规模扩张显著促进了出口产品结构的多元化；而当制度环境低于门槛值时，国内市场规模扩张则导致更加集中的出口产品结构。在制度环境各维度中，法律环境、金融系统的开放性、政府对投资领域的限制和对企业的管制效率，是影响国内市场作用方向的关键。

第一节 问题的提出

本土企业进行差异化产品扩张是发展中国家出口产品结构多元化的微观基础。在服务国内市场上享有优势的本土企业通常有两种选择满足不断扩张的国内市场需求：一是通过规模扩张和同质企业进入的方式专业化提高产品

产量，二是以研发差异化产品或者异质型新企业进入的方式多元化增加产品种类。显然，对于具有多样化偏好的消费者而言，更加偏好企业差异化产品的扩张。当国内市场需求得以支撑差异产品进入国际市场的临界经济规模和生产率时，一国出口产品结构多元化程度得以改进（Melitz，2003）。而出口产品结构多元化过程也是中低收入国家的经济发展过程。因为多元化的外贸扩张不仅可以规避贸易条件的恶化（Athukorola，2000），还可以降低专业化导致的外部冲击的脆弱性，也是获得"干中学""出口中学"动态技术溢出的好处和提高出口产品技术水平的重要渠道（Hausman et al.，2007）。① 由此，可形成一个"依托国内市场—提高出口产品结构多元化—改进外贸发展绩效"的良性内生外贸发展机制。但问题是：本土企业是选择专业化扩张还是多元化扩张以满足国内市场需求？

注重国内市场的贸易理论无论是以分工、相互需求为基础（Linder，1961），还是以产品差异化（Krugman，1980）、企业异质性为基础（Melitz，2003），都以"国内市场完善"（即国内贸易成本低于国际贸易成本）为隐含假设，由此引申出"立足国内市场发展对外贸易"的理论共识（朱希伟等，2005）。这种理论共识的一个理论预期是：国内市场规模能够促进出口产品结构多元化。② 因为本土企业基于由国内市场规模支撑的预期收益进行差异产品的研发与生产，当这种差异产品在国内市场的支撑下满足进入国际市场的临界经济规模和生产率时，就提升了出口产品结构的多元化。但这一理论预期与部分发展中国家的经验并不一致。③ 如拥有巨大国内市场规模的中国外贸增长却严重依赖专业化扩张，印度、俄罗斯、南非和巴西等发展中大国的出口产品结构也比较单一（欧阳峣等，2012）。由此引发的问题是，究竟是什么因素制约了国内市场规模对出口产品结构的多元化促进效应？经典贸易理论是

---

① 多元化的外贸扩张对发展中大国而言尤为重要，因为发展中大国专业化外贸增长的"大国效应"会恶化贸易条件，并且大国产出的增加，会通过贸易条件恶化降低产出价值，放大要素积累边际报酬递减的影响，从而降低外贸增长的福利（Acemoglu，Ventura，2002；易先忠、欧阳峣，2010）。

② 如新贸易理论认为，大国不仅在本国需求相对大的规模报酬递增的行业成为净出口国，具有出口数量上的"母市场效应"（Krugman，1980），并且会在规模报酬递增的行业吸引更多数量的企业，具有出口产品种类的"母市场效应"（Helpman，Krugman，1985；Melitz，2003）。

③ 本部分涉及的160个样本国家中只有一半国家的国内市场规模扩张促进了出口产品结构多元化，而另一半国家的国内市场规模扩张却促进了出口产品结构专业化。详细分析见图3-1及相关分析。

基于国内市场完善的隐含假设,即国内企业能够自由进出,要素能够自由流动,在没有寻租和投机可以获利的经济环境中,国内市场规模扩张不仅为差异产品的技术创新提供了压力,也有利于支撑差异化产品的规模经济,从而促进出口产品结构的多元化。但市场经济制度不健全以及由此导致的市场不完善是发展中国家向市场经济过渡、健全市场运行机制过程中的常态。市场制度不完善不仅通过营造寻租和投机空间抑制了企业差异化产品研发的动力,并且通过约束企业的自由进出和要素自由流动降低差异化产品研发与生产的可行性,导致国内市场的作用无法发挥。那么,国内市场制度的完善程度可能制约了国内市场规模对出口产品结构多元化的作用效应。

尽管发展中国家出口产品结构多元化导向的经济增长(diversification-led growth)已经得到普遍重视,[①] 但正如 Agosin 等于 2012 年所言,人们仍然缺乏对于出口产品结构多元化的决定因素的理解,相关研究很少探讨世界出口产品结构多元化的决定因素。主要原因可能在于缺少一个关于出口产品结构多元化决定因素的综合统一的理论分析与经验研究框架。也正因如此,实证结论也高度不一致。关于出口产品结构多元化的经验研究主要集中在特定国家的案例研究,如 Gutiérrez de Pieres, Ferrantino 于 1997 年分析了自 1975 年以来智利的经验,发现汇率贬值和贸易改革对出口产品结构多元化的积极效应。Cabral, Veiga 于 2010 年分析了撒哈拉以南非洲国家的出口产品结构多元化的经验,发现腐败、政府透明度等治理水平对出口产品结构多元化的抑制效应。Kamuganga 于 2012 年研究了非洲 49 个国家的出口产品结构多元化的决定因素,发现金融市场的欠发展、汇率的波动以及出口制度制约了出口产品结构多元化。还有些研究分析了金砖国家和低收入国家出口产品结构多元化的长期趋势,以及发达国家与发展中国家出口产品结构多元化模式的差异。除了 Parteka, Tamberi(2011)等少数研究外,很少研究使用多国大样本数据探讨出口产品结构多元化的决定。Agosin 等使用 79 个国家 1962—2000 年的大样本数据发现了人力资本、贸易开发度以及地理位置对出口产品结构多元化的影响,但忽视了国内市场规模对出口产品结构多元化的影响。Parteka, Tamberi

---

[①] 尽管发展阶段与出口产品结构多元化被证明是"U"形关系,即随着发展阶段(人均 GDP)的提升,出口产品结构先多元化而后专业化,但中低收入国家经济结构多元化、降低专业化对其经济发展绩效的意义得到了广泛认可。

(2011)在60个国家近20年的实证研究中涉及以人口度量的国家规模对出口产品结构多元化的影响,证实了国家规模对出口产品结构多元化的促进作用。但这些涉及国家规模的经验研究不仅在国家规模的度量指标上存在质疑,并且将不同国家的数据直接糅合在一起的估计,可能忽略了国家规模在不同类型国家对其出口产品结构的影响效应不同。

鉴于此,本章旨在揭示市场制度环境制约下国内市场规模对出口产品结构多元化的影响效应,为市场体制不完善的发展中国家调整出口产品结构提供政策启示。本章的主要贡献在于:一是笔者以160个国家的样本数据,通过对比面板数据的时序与截面效应、单变量检验、分组估计等方法,逐步推演,层层深入,准确识别了决定国内市场作用方向的制约因素,通过门槛模型稳健估计了制度环境对国内市场作用效应的门槛值,并进一步识别了制度环境多个维度中的关键因素;二是笔者打破了经典贸易理论关于国内市场完善的隐含假说,对"制度环境决定国内市场对出口产品结构的作用方向"的实证结论进行了理论阐释。

第二节 制度环境约束下国内市场规模对出口产品结构的作用机制

注重国内市场的贸易理论具有"立足国内市场发展对外贸易"的理论共识,由此也形成了"国内市场规模促进出口产品结构多元化"的理论预期。因为大的国内市场规模为本土企业差异化产品提供了盈利空间,催化了差异产品的研发,并且由完善制度环境形成的市场经济最核心的本质功能——自由竞争,压缩同质产品的利润空间,使得差异产品扩张成为获利的必要手段。而当差异产品在国内市场规模的支撑下满足国际市场需求时,出口产品结构多元化程度得以提高。但国内市场制度完善是这一理论预期实现的前提条件。缺乏完善的市场制度制约了多元化产品"自我发现"的经济发展过程(Hausman et al., 2007),迫使本土企业以同质产品产量扩张的方式满足国内市场需求,并以国内市场支撑的规模效应强化其竞争力,最终提高出口产品结构的集中度。所以,市场制度环境决定了国内市场规模对出口产品结构的作用方向。

一、完善制度环境下国内市场规模与出口产品结构多元化

出口产品结构多元化是指出口产品结构的分散化,具体包括两个维度:一是出口产品种类的增加,二是给定产品种类的情况下出口产品结构的分散化。出口产品结构多元化——无论是种类的扩张还是产品结构的分散化,都基于扩张产品国际竞争力的提升,而完善制度环境下的国内市场规模的扩张不仅有利于促进出口产品种类的扩张,也有助于通过提升出口产品竞争力促进出口产品结构的分散化。

首先,完善制度环境下国内市场规模的扩张推动了差异产品的研发,并支撑起差异产品进入国际市场的临界经济规模和生产率水平,从而促进出口产品种类的增加。差异产品首先是满足国内的需求,因为与国外市场相比,本土企业在服务国内市场上享有优势,由于地理位置的邻近可以降低交易成本,对本土文化、制度的熟悉使得本土企业对国内的需求更容易预测(Porter,1990)。因此,以国内市场为依托发展对外贸易是微型企业国际化经营发展的一般性经验。而企业家的创新活动是差异产品得以产生的根本途径,但只有市场需求规模足以支撑起创新收益,以及足够的激烈的市场竞争压缩同质产品的利润空间,才能从根本上激发差异产品的创新活力。因此,本土市场的需求规模空间和竞争状况是决定企业家创新活动的关键。而完善制度环境条件下的国内市场扩张通过容纳更多企业,培养市场竞争,促进企业家的创新发展的能力与动力。因此,完善制度环境下国内市场规模为差异产品研发提供了动力和可行性。但国内差异产品要实现出口,需要满足一定的生产率水平和经济规模,才能获得竞争力进入国际市场。而完善制度环境下大的国内市场产生了对不同质量层次产品的巨大需求,促进企业投资的增加和规模扩张,支撑起差异产品进入国际市场的最低规模要求,并且国内市场通过促进竞争和分工深化提高了企业生产率(Melitz,Ottaviano,2008;Chaney,Ossa,2013)。所以,完善制度环境下国内市场规模的扩张通过支撑差异产品进入国际市场的临界经济规模和生产率,促进出口产品种类的扩张。

其次,完善制度环境下国内市场规模的扩张通过提升原有出口产品竞争力,使得出口产品结构更加分散化。规模经济和技术创新是产品竞争力的两个主要来源,大的国内市场规模通过支撑起更多差异产品的规模经济提升出

口产品的竞争力，从而促进出口产品结构的分散化。有较大国内市场规模的国家会缓解规模经济的约束，倾向于生产更多的差异产品（Krugman，1980）。同时，大的市场规模使得企业能摊销研发费用，促进差异产品的创新（Desmet，Parente，2010）。不仅如此，大的国内市场还有助于促进企业家采用先进技术，因为大的国内市场意味着较高的需求价格弹性，可以在不降低传统要素回报率的前提下，提高采用新技术的利润率。因此在较大市场规模中的企业更有动力采用新技术，且传统要素供给者对采用新技术的阻力也更小（Desmet，Parente，2010）。国内市场的扩张促进企业家创新活动的另一有利因素来自于集聚经济的技术外溢效应，大的国内市场容纳更多数量的企业，使得同类企业家以及工人的技术溢出与知识交流更为普遍，也使得高质劳动力匹配成本更低。因此，对于来自不同国家的差异产品而言，国内市场的大小被认为是其能力的核心决定因素。当国内市场通过支撑起更多差异产品的规模经济和技术创新，使得原有出口产品的竞争力得以提升时，出口产品结构就更加分散化。

二、不完善制度环境下国内市场规模与出口产品结构集中

首先，不完善制度环境下的寻租与投机空间弱化了本土企业产品差异化的动力。完善市场制度、促进产品差异化的核心优势在于，通过自由竞争压缩同质产品的利润空间，迫使企业进行产品差异化以提高其竞争力，而不完善制度下的寻租与投机空间会从根本上弱化本土企业产品差异化的动力。如自由、公平的投资环境能为企业家的差异化产品创新和规模扩张提供机会。而对投资领域的限制不仅导致被保护行业产生超额垄断利润，极大降低被保护行业进行差异化产品研发的动力，并且也由于营造寻租和投机空间而弱化其他行业进行差异化产品研发的动力。再如，扩大政府支出以过度税赋的方式挤出私有部门的消费和投资，降低了差异产品开发的利润空间。不仅如此，由于政府支出活动往往受市场经济规律制约的程度低，过多的政府支出会增加寻租空间、扭曲企业投资动机、弱化企业进行差异化产品研发和生产的动力。而当寻租和投机活动缺乏公正、有效的法律约束时，可能成为企业获利的最优选择，而非通过产品差异化增强其竞争优势。

其次，不完善制度环境下的要素流动障碍和政府管制等导致的高成本限

制了差异产品研发的可行性。资本是实现差异产品研发和规模扩张的核心要素。透明、有效和开放的金融系统不仅确保企业能够公平地融资，为差异产品的开发提供资金支撑，也为差异产品的规模扩张达到出口临界规模提供机会。而对银行和金融系统的过多管制会增加企业家活动的融资成本、制约差异产品研发和规模扩张的可行性。政府对企业的管制效率影响企业的生产成本、企业家获利和开发新产品的能力，对企业的过多管制成为企业家活动的重要障碍，进而也制约了多元化外贸发展方式的形成。政府对企业的管制效率较高，企业进入成本就会较低，较低的进入成本意味着建立新产品和新企业的能力较强，从而使得一国面临不断扩大的国内市场规模时，可以沿着多元化的方向进行贸易扩张；而企业进入成本较高的大国时，会通过规模经济降低边际成本，进而以低价方式沿着同质产品专业化的方向扩张贸易。

最后，产品差异化的动力和可行性制约迫使本土企业以同质产品的规模扩张来满足国内市场需求，而国内市场规模的扩张会进一步强化这种同质产品的竞争优势，不断加强出口产品结构的集中度。这是因为，在企业不能够自由进出、产品和要素不能够自由流动、管制成本过高、知识产权得不到保护的制度环境中，市场机制的基本功能无法充分发挥，国内市场对差异产品研发与生产的支撑效应也无法实现，本土企业就会偏好以提高同质产品产量的方式满足国内市场需求，并以国内市场支撑的规模效应进入国际市场，而国内市场规模的扩张会进一步强化这种同质产品的规模效应，提升其竞争优势，最终不断增强出口产品结构的集中度。

第三节 模型与数据

一、出口产品结构多元化的测度

测度出口产品结构多元化的方法主要有标准化的 Herfindahl-Hirschmann 指数（HHI）法、绝对偏离法和泰尔（Theil）指数法。HHI 指数值根据以下公式计算：

$$\text{HHI}_j = \frac{\sqrt{\sum_{i=1}^{n}\left(\frac{x_i}{X}\right)^2} - \sqrt{\frac{1}{n}}}{1 - \sqrt{1/n}}, \quad \text{其中} \quad X = \sum_{i=1}^{n} x_i \quad (5.1)$$

其中 x_i 为第 i 种产品的出口值，n 是产品种类数量，HHI 指数取值在 0 到 1 之间，指数越高说明出口产品结构越集中，指数越低说明出口产品结构越多元化。绝对偏离法测度的产品结构集中度又称为多元化指数，它表示一个国家的出口产品结构与世界总体出口产品结构的绝对差异程度。多元化指数（sdi）[①]由 Finger 和 Kreinin 于 1979 年给出：

$$sdi_{jt} = \frac{\sum_{i} |h_{ijt} - h_{it}|}{2} \quad (5.2)$$

h_{ij} 是国家 j 的产品 i 在其总出口产品中的份额，h_i 是产品 i 在世界出口产品中的份额。该指数取值范围在 0 到 1 之间，指数越高说明出口产品结构多元化程度越低。另一类常用指数是 Theil 指数，取值范围同样在 0 到 1 之间，指数越高说明出口产品结构越集中。

$$\text{Theil}_j = \sum_{k=1}^{n} \frac{x_k}{\mu} \ln\left(\frac{x_k}{\mu}\right)$$

其中，

$$\mu = \frac{1}{n} \sum_{k=1}^{n} x_k \quad (5.3)$$

本部分使用以上三种方法测度出口产品结构多元化程度，由于笔者重点关注的总体出口产品结构多元化程度在不同国内市场规模下的动态变化，所以使用 SITC 三分位贸易数据进行测度。

二、模型框架与变量

鉴于出口产品结构多元化的决定因素缺乏统一理论分析与经验研究框架（Jetter，Hassan，2013），笔者在进行计量模型设定时，主要根据既有关于出口产品结构多元化的研究（Parteka，Tamberi，2011）和 Melitz（2003）的异质企业模型分析框架，重点纳入要素禀赋因素、产业结构因素、制度环

---

① 大量关于出口产品结构多元化的研究使用多元化指数（sdi）测度出口产品多元化程度。

境因素、宏观政策因素以及反映固定贸易成本的基础设施因素等控制变量，研究重点在于检验国内市场规模是否促进了出口产品结构多元化，设定如下模型框架：

$$\text{diversification}_{it} = \beta_1 \text{marketsize}_{it} + \beta_2 \sum \text{factorendoment}_{it}$$
$$+ \beta_3 \sum \text{structure}_{it} + \beta_4 \sum \text{institution}_{it}$$
$$+ \beta_5 \sum \text{macpolicy}_{it} + \beta_6 \sum \text{trade cost}_{it} + \mu_i + e_{it} \quad (5.4)$$

根据新贸易理论，相对国内市场规模影响出口产品结构的多元化，所以采用相对于样本均值的国内市场规模（marketsize）作为主要解释变量。[①] 笔者遵循 Li，Yue 于 2008 年的研究，国内市场规模以 GDP 加上进口减去出口度量，国内市场相对规模以国内市场规模对数与样本均值对数之比得到。μ 度量不同经济体的个体差异，e 为随机扰动项。

制度环境因素控制变量（institution）主要考察市场制度环境的影响，遵循 Parteka，Tamberi（2011）等人的研究，以经济自由度指数（frd）作为市场制度完善度即制度环境的替代指标，采用 Heritage Foundation 的总体经济自由指数[②]。因为经济自由是发挥市场机制的前提和基础，[③] 是市场效率和市场制度完善度的体现（De Haan et al.，2006）。同时，本部分使用由 Global Insight（Global Insight Business Risk and Conditions）提供的商业风险与环境指数（wmo）检验制度环境门槛效应的稳健性。[④]

---

① 出口产品结构的多元化，无论是种类的扩张还是结构的分散化，都是基于这类产品具有更强相对优势（相对国外的同类产品），而这一相对优势的增强是建立在相对国内市场规模基础上，而非绝对国内市场规模基础上，所以用相对国内市场规模更能反映国内市场规模在出口产品结构多元化中的作用。

② 主要有两种经济自由度指标数据，分别来源于 Heritage Foundation 和 Fraser Institute，虽然这两种经济自由度指标在度量维度上有差异，但对所测度国家的总体排名却非常相似。同时，由于 Heritage Foundation 的经济自由度指标提供了详尽的分类指标数据，故笔者采用该指标。限于篇幅，笔者没有将经济自由的 4 个方面 9 个维度的统计描述列出，对经济自由各个维度的指标含义将在后文予以说明。

③ 正如斯密指出，自由市场、对私有产权的保护以及政府最小限度地参与经济活动，将促使一国走向经济繁荣；弗里德曼指出，经济自由比其他控制经济活动的方法更有效率；多位经济学诺贝尔得主，如 Hayek、Friedman、Sen 以及 North 都强调了经济自由对国民财富的重要性。

④ 商业风险与环境指数（WMO）包括 6 个维度，由于本章关注的是经济制度环境，所以笔者只选择了其中 4 个有关经济制度的维度，即政府效率、腐败控制、法律、管制质量，以四个维度的均值度量 WMO，没有纳入其他涉及政治体制的维度。

表 5-1　主要变量描述统计

变量名称	样本个数	均值	标准差	最小值	最大值	变量定义与数据来源
HHI	2560	0.322	0.217	0.048	0.986	出口集中度:HHI 指数[a]
sdi	2385	0.656	0.157	0.229	0.924	出口产品多元化指数[b]
Theil	2223	2.248	1.189	0.265	6.955	泰尔指数[b]
marketsize	2560	0.999	0.197	0.583	1.438	国内市场规模:个体均值与样本均值比[a]
frd	2470	59.730	10.690	35.100	87.300	经济自由度指数[c]
wmo	2071	0.561	0.226	0.080	1	商业风险与环境指数[d]
agri	2322	14.160	12.290	0.034	41.510	农业增加值占 GDP 增加值比例[e]
leducation	2334	2.762	1.257	-0.329	4.772	人力资本对数:大学生入学比例[e]
FDI	2538	0.476	0.746	0	2.289	FDI 流入量与样本均值之比[a]
lexchange	2397	4.955	0.426	4.078	6.023	汇率增长率对数(1995 年为 100)[d]
lopenc	2386	4.341	0.487	3.245	5.414	贸易开放度对数[a]
road	2512	0.546	0.600	0	1.800	道路密集度:每平方公里道路公里数
locklanded	2560	0.220	0.414	0	1	内陆国家为 1,否则为 0[f]
lurban	2386	12.998	1.690	8.210	17.976	城市人口对数[a]
lelectrify	2544	23.085	2.391	17.111	29.135	发电量对数[d]
lrgdpl①	2386	8.619	1.343	5.192	11.822	真实人均 GDP 对数[g]

注:a:笔者根据联合国贸易和发展会议数据库中数据计算;b:笔者以 SITC 三分位贸易数据进行测度,基础数据来源于联合国商品贸易统计数据库;c:数据来源于 World Heritage Foundation 数据库;d:数据来源于 Passport 数据库;e:数据来源于世界银行发展数据库;f:数据来源于 CEPII 数据库;g:数据来源于 PWT 7.1 下数据库。进出口值、贸易开放度、GDP、真实人均 GDP 都以 2005 年为不变价格。FDI 存在大量负值,为了数据的平稳性,故采用比值而非对数形式。时间跨度为 1996—2011 年,WMO 缺乏 1997 年、1999 年和 2001 年数据。以不改变原始观测值为原则,对各变量离群值进行最小幅度的 winsor 处理。

要素禀赋(factorendoment)控制变量主要考察高质量人力资本和 FDI 流入量的作用,基于 Melitz(2003)的理论框架,人力资本积累可以使得一国出口产品结构从初级产品向制成品转换,从而促进出口产品结构多元化。国内市场规模较大的国家通过吸引 FDI 提升出口产品结构的多元化,因为大的经济

---

① 由于笔者没有将度量发展阶段的真实人均 GDP 与国内市场规模的共线性纳入控制变量,而是为了检验 Imbs,Wacziarg 于 2003 年和 Cadot 等于 2011 年提出的发展阶段与出口产品结构多元化的"U"形关系是否影响国内市场规模与出口产品结构的多元化。

体成为差异产品生产地的最佳选择，从而使得差异产品的生产趋向于集中在国内市场规模较大的国家(Melitz, 2003)。但同时，根据产品内分工理论，发展中国家通过引入 FDI 而嵌入甚至 "套牢" 在全球价值链的劳动密集型和资源密集型的加工环节，不利于出口产品结构的多元化。结构(structure)控制变量主要考察产业结构的作用，产业结构以农业增加值占 GDP 增加值的比例来度量，该比例越低，则产业结构越高端。

宏观政策(macpolicy)控制变量则可能影响出口的盈利进而影响出口产品结构的多元化，主要包括汇率贬值和贸易开放度。根据异质企业模型(Melitz, 2003)，贸易开放可以为生产差异产品的企业增加出口产品结构机会，从而引致出口产品结构的多元化。但根据要素禀赋理论，贸易开放带来的获利机会可能会导致具有比较优势产品的专业化扩张，从而促进出口产品结构的集中度。根据 Melitz (2003) 的异质企业模型，汇率贬值能否促进出口产品结构的多元化，取决于固定进入成本，如果进入成本小于预期利润，新出口商会进入国际市场，进而促进出口产品结构多元化。度量固定贸易成本的基础设施要素(tradecost)主要包括地理位置和国内基础设施。Melitz(2003)的理论分析表明，一国的地理位置会影响贸易成本，从而影响出口机会和出口产品的数量，所以地理位置与出口产品结构多元化有负相关关系。同时，国内基础设施通过影响国内贸易成本对本土企业的出口参与产生影响(王永进等，2010)，进而可能影响出口产品结构的多元化。

三、内生性问题及其处理

内生性的来源，一种可能是由遗漏变量引起，由于出口产品结构多元化的决定因素并没有统一的分析框架，遗漏变量会导致部分解释变量与随机扰动项相关。为了解决因遗漏变量引起的内生性问题，可以利用固定效应模型的组内去均值方法剔除不可观测个体因素引起的偏误。内生性的另一个可能的来源是，国内市场规模、产业结构与贸易开放可能与出口产品结构多元化具有双向的因果关系，如出口产品结构多元化有利于产业结构调整升级，并促进经济增长，从而导致国内市场规模的扩张。为此，笔者对每一个变量的内生性进行检验。在选择工具变量时，笔者根据工具变量与解释变量相关但与扰动项不相关的原则进行选择，并用弱工具变量检验和过度识别检验判定工具变量选择是否适当。在 Ols 估计中使用 Durbin-Wu-Hausman 检验方法检验每个变量的内生性，发现对国内市场规模和产业结构的检验拒绝了外生变量的零假设。笔者在纳入个体效应的估计中采用 Davidson-MacKinnon 检验方法在组间估计中采用 Hausman 检验方法，检验每个变量的内生性，发现都不能拒绝外生变量的零假设。这说明国内市场规模和产业结构变量的内生性主要是由不随时间改变的个体因素导致的，这可能是由于个体因素对出口产品结构多元化的解释力度很强，在估计中这一解释力度达到 48.95%（即 0.9243 – 0.4348）（如本章第四节表 5-2 所示），而利用固定效应模型的组内去均值方法可有效克服因遗漏个体因素导致的内生性。在具有内生变量的估计中采用工具变量两阶段最小二乘估计方法（IV – 2SLS），以发电量对数和城市人口比例作为国内市场规模的工具变量，以农业结构比例的滞后一、二期作为农业结构的工具变量，以 Sargan 检验方法检验工具变量的有效性。

第四节 制度环境影响国内市场作用方向的实证研究

一、国内市场规模促进了出口产品结构多元化吗

分别采用工具变量的两阶段混合最小二乘估计（IV – 2SLS）、固定效应的组内估计和组间估计方法估计模型（即(5.4)式），回归结果如表 5-2 所示。固定效应的组内估计主要体现了各解释变量随着时间变化对出口产品结构多元化的影响，即时序效应；组间估计基于经济体个体均值的估计，体现了经济体的对比效应，即截面效应；而混合最小二乘估计则是组内效应和组间效应的综合。表 5-2 的(1)—(2)列中，笔者重点考察各个解释变量随着时间变化对出口产品结构多元化的影响，以及不随时间变化的个体因素对出口产品结构多元化的影响。从模型的整体拟合优度来看，(2)列的 R^2 比 (1) 列提高了 48.95%（即 0.9243 – 0.4348），这说明个体因素对出口产品结构多元化的影响效应比较大。在(3)列中，组间估计考察经济体之间的对比效应。

从三种估计方法的结果看，人力资本（leducation）、产业结构（agri）以及地理位置（locklanded）与国内基础实施（road）在三种估计结果中都一致，与 Melitz(2003) 的理论预期也一致。这说明了提高人力资本和改善国内基础设施

有利于降低出口集中度，促进出口产品结构多元化；降低农业比例有利于降低出口集中度，但不显著。反映宏观政策因素的贸易开放度对数（lopenc）和汇率增长率对数（lexchange）在三种估计结果中差异较大。在固定效应的组内估计中，贸易开放度显著提升了出口集中度，这与 Agosin 等的结论一致，但组间估计和混合最小二乘估计中为负。这说明贸易开放对出口产品结构的作用效应在不同国家可能有所不同。一方面，根据异质企业模型（Melitz, 2003），贸易开放可以为生产差异产品的企业增加出口机会，从而引致出口产品结构的多元化。但另一方面，根据要素禀赋理论，贸易开放带来的获利机会可能会导致具有比较优势产品的专业化扩张，从而提高出口产品结构的集中度。同理，汇率贬值也可能在不同类型的国家对出口产品结构产生不同的影响。一方面，汇率贬值扩大了同类产品的规模扩张的盈利空间，从而可能导致出口集中度的提高；另一方面，汇率贬值也为生产差异产品的出口商进入国际提供了盈利空间，从而也可能导致出口产品结构的多元化。①

表 5-2　国内市场规模对出口产品结构多元化的影响：混合估计、组内估计与组间估计

变量	(1) IV-2SLS	(2) within regression	(3) between regression
marketsize	-34.645***	5.203	-38.869**
	(4.284)	(8.550)	(16.375)
frd	-0.371***	-0.385	-0.389**
	(0.050)	(0.245)	(0.185)
leducation	-5.691***	-2.571***	-6.283***
	(0.540)	(0.751)	(1.856)
agri	0.048	0.034	0.052
	(0.037)	(0.066)	(0.135)
lopenc	-4.297***	3.795***	-5.889
	(1.066)	(1.257)	(3.706)
lexchange	2.440**	-0.852	3.478
	(0.995)	(0.803)	(4.078)

---

① 另外，经济自由度对出口产品结构多元化的影响在考虑个体效应后不显著，这体现了前期研究关于经济自由是通过水平效应还是通过增量效应起作用的争论，但都不否认经济自由的作用。同时，笔者以经济自由度（frd）的增量形成进入方程时，估计结果在各模型中显著为负。

（续表）

变量	(1) IV-2SLS	(2) within regression	(3) between regression
FDI	0.031	0.632	-0.554
	(0.850)	(0.458)	(3.758)
locklanded	1.2905	0.790	0.6810
	(0.979)	(1.846)	(3.362)
road	-4.941***	-15.555***	-4.406*
	(0.765)	(3.329)	(2.618)
_cons	124.484***	23.601**	102.525***
	(18.038)	(11.624)	(38.223)
个体效应	no	yes	—
时间效应	yes	yes	yes
Ad-R^2	0.4348	0.9243	0.6129(between)
F	45.139	5.06	6.754
Sargan statistic(P)	0.534(0.765)	—	—
N	1612	1860	1860(147)

注：被解释变量为 HHI 乘以 100，下同；括号内为考虑异方差稳健性标准误，下同；* 表示 $p<0.1$，** 表示 $p<0.05$，*** 表示 $p<0.01$，下同；对(5.1)式的时间效应检验的 LR=68.70，$P=0.0000$，说明时间效应显著；(5.1)式中的工具变量为 lelectrity、lurban、$l(1/2)$. agri2。

笔者重点关注的解释变量——国内市场规模，在考察时序效应的组内估计和考察截面效应的组间估计中出现了很大差异，结论不稳健。国内市场规模在组间估计中显著为负，其经济含义是：与国内市场规模较小的经济体相比，国内市场规模较大的经济体的出口产品结构更加多元化。而国内市场规模在固定效应的组内估计中，不仅其系数大小发生了很大变化，而且符号方向也发生了改变。组内估计结果的经济含义是：国内市场规模扩张提高了出口产品结构的集中度，但这一效应不显著。为什么组内估计和组间估计出现如此大的差异？一个重要的原因可能在于，国内市场规模的扩张在不同类型的国家对出口产品结构多元化有不同的影响效应，即有些国家的国内市场规模扩张促进了出口产品结构多元化，而有些国家的国内市场规模的扩张则抑制了出口产品结构多元化。这一相反的作用方向使得在将不同国家数据直接糅合在一起的估计中，国内市场规模的系数大幅度降低(仅为

5.203%)。为了验证这一判断,笔者采用 Opler 等的研究方法,分别考察 160 个国家的国内市场规模与出口产品结构多元化的时间序列效应后,得出以下估计式:

$$\text{diversificaton}_{it} = \beta \text{marketsize}_{it} + e_{it} \quad (5.5)$$

运用每个国家 1996—2011 年的时间序列,通过估计式(5.5),得到每一个国家的国内市场规模与出口产品结构多元化的估计系数 β,进而得到 160 个 β 系数的比例分布图。160 个 β 系数的均值为 -0.08099[①],其中有 78 个国家相关系数为负,占总样本的 48.7%。而在另外一半的样本国家中,国内市场规模与出口产品结构多元化的相关系数为正。这正说明,国内市场规模在不同类型的国家对出口产品结构的作用方向不相同,在近一半的样本国家中,国内市场规模扩张有利于出口产品结构多元化,而在另一半的样本国家中却提高了出口产品结构的集中度。

分别以 HHI 指数、多元化指数(sdi)和 Theil 指数为被解释变量对方程(5.5)进行估计,各个经济体估计的 β 系数分布见图 5-1、图 5-2 和图 5-3。在以被解释变量为 sdi 的估计中,有 55.6% 的经济体的国内市场规模与出口产品结构的集中度负相关。在以被解释变量为 Theil 指数的估计中,有 49.7% 的经济体的国内市场规模与出口产品结构的集中度负相关。

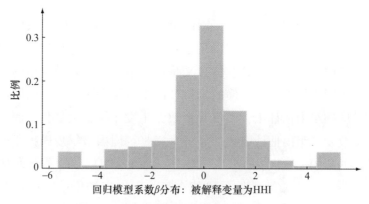

图 5-1 被解释变量为 HHI 的 β 系数分布

[①] β 系数为负号也可能是这种情况,即国内市场规模缩小而出口产品结构多元化程度提高。在所有 160 个国家样本中,只有伊拉克和利比亚两个国家出现此情况,对这两个样本作为系数为正处理。

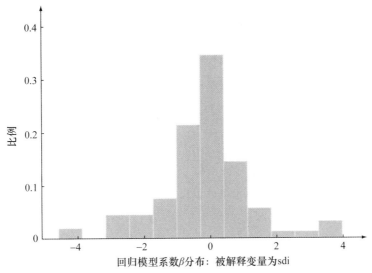

图 5-2 被解释变量为 sdi 的 β 系数分布

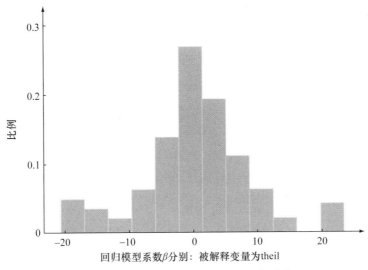

图 5-3 被解释变量为 Theil 的 β 系数分布

二、什么因素决定了国内市场的作用方向

什么因素使得国内市场规模对出口产品结构的作用方向发生变化？根据估计式(5.5)得到的国内市场规模与出口产品结构多元化的 β 系数将总样本分

为两大类,即 β 系数为正(0 组)和系数为负(1 组),然后检验各个变量在这两组样本中的均值差异。单变量检验见表 5-3。首先,国内市场规模均值在两组有明显差异,在国内市场规模促进了出口产品结构多元化的样本中(1 组),国内市场规模均值为 1.030,稍大于国内市场规模促进了出口产品结构专业化(0 组)的样本均值 0.970,t 检验结果表明这一差异明显。同样,与国内市场规模促进了出口产品结构专业化的样本均值(0 组)相比,国内市场规模促进了出口产品结构多元化的样本国家(1 组)有更高的经济自由度(frd)、更丰裕的人力资本(leducation)、更好的基础设施(road)和更多的 FDI,同时农业结构比例(agri)和贸易依存度(lopenc)也更低。

在单变量的研究中,除了汇率贬值在两组样本中没有显著差异,其他变量都存在显著差异,说明汇率政策并不改变国内市场的作用方向。再结合各个变量的解释力,可为判断"什么因素制约了国内市场规模对出口产品结构的作用方向"这一问题指明方向。首先可以排除的是,发展阶段并不会如 Imbs,Wacziarg(2003)预期的那样改变国内市场规模对出口产品结构的作用方向,因为度量发展阶段的两组真实人均 GDP 对数(lrgdpl)的均值检验表明,1 组的样本均值显著大于 0 组的样本均值,说明在人均 GDP 较高的国家,国内市场规模有利于出口产品结构多元化,即国内市场对出口产品结构的作用方向并没有随着人均 GDP 的提高而发生"由负(有利于多元化)到正(促进专业化)"的转变。也就是说,Imbs,Wacziarg(2003)和 Cadot et al.(2011)提出的"发展阶段与出口产品结构多元化的'U'形关系"并不会改变国内市场规模对出口产品结构多元化的作用方向,即国内市场规模并不会在经济发展初期促进多元化,而在发展中后期促进专业化。从单个变量对出口产品结构多元化的解释力来看,除了国内市场规模外,人力资本和经济自由度的解释力最强,分别达到 20.54% 和 17.3%。那么,最有可能的是,人力资本、经济自由或者市场规模本身制约了国内市场的作用方向。[①]

[①] 另外一种可能是,由于两组样本的出口集中度(HHI 指数)有显著差异,那么在出口产品结构多元化的不同阶段,国内市场规模对出口产品结构的作用方向也可能不同。为此,笔者进行了分位数估计,采用了 0.15、0.25、0.50、0.75 和 0.85 分位点,采取 bootstrap(300),无论是控制个体效应还是没有控制个体效应的估计结果都高度拒绝了这一可能性。再有,解释力较强的国内基础设施(road)的分组检验也表明,基础设施没有改变国内市场的作用方向。限于篇幅,对于 HHI 指数的分位数估计结果和国内基础设施的分组估计结果,笔者没有给出。

表 5-3 单变量检验与解释力

变量	relamarketsize	frd	agri	lopenc	leducation	lexchange
0 组	0.970	57.62	15.09	4.400	2.540	4.970
1 组	1.030	61.67	13.23	4.290	2.980	4.940
t-statistic	-6.866	-9.5314	3.656	5.803	-8.703	1.279
(p-valuve)	(0.000)	(0.000)	(0.0007)	(0.000)	(0.000)	(0.201)
单变量解释力(ad-R^2)	0.2202	0.1759	0.0814	0.0004	0.2054	0.0139
变量	road	FDI	locklanded	lrgdpl	HHI	
0 组	0.510	0.430	0.290	8.430	0.340	
1 组	0.580	0.510	0.160	8.800	0.305	
t-statistic	-3.022	-2.737	7.826	-6.667	4.150	
(p-valuve)	(0.003)	(0.006)	(0.000)	(0.000)	(0.000)	
单变量解释力(ad-R^2)	0.1499	0.1109	0.0153	0.1275		

根据对式(5.5)的估计,有近50%的经济体的国内市场促进了出口产品结构多元化,那么根据个体均值是否大于总体均值的划分方法,可以将总样本平均分为两组。① 如果在以人力资本划分的两组检验中,出现了国内市场规模对出口产品结构相反的作用方向,可以初步判定人力资本在很大程度上决定了国内市场规模对出口产品结构的作用方向。否则,则说明人力资本并不是决定国内市场规模作用方向的关键变量。相同的分析适用于以国内市场规模和经济自由分组的检验。根据经济自由、人力资本和国内市场规模进行的分组检验如表5-4所示。分组检验表明,在经济自由度较低的国家,国内市场规模扩张促进了出口产品结构的专业化,而在经济自由较高的国家,国内市场规模的扩张显著促进了出口产品结构的多元化。而在人力资本和国内市场规模较小和较大的两组检验中,国内市场规模的扩张都促进了出口产品结构的专业化。因此,可以初步判定是制度环境,而非人力资本和国内市场规模本身决定了国内市场规模的扩张对出口产品结构的作用方向。

---

① 笔者没有采用0.50分位点分组,是为了不分裂同一个经济体,主要是考察同一经济体的时间序列效应,并且(5.2)式也是同一经济体的时间序列估计。

表 5-4　什么因素决定了国内市场的作用方向：制度环境、人力资本还是市场规模本身

变量	(1) 经济自由低	(2) 经济自由高	(3) 人力资本低	(4) 人力资本高	(5) 市场规模小	(6) 市场规模大
relamarketsize	44.461***	-21.457**	32.272**	11.306*	23.596**	5.730
	(9.661)	(9.099)	(14.786)	(6.197)	(10.593)	(6.470)
frd	-0.105*	-0.076	-0.034	-0.127***	-0.058	-0.018
	(0.059)	(0.063)	(0.093)	(0.044)	(0.065)	(0.035)
FDI	0.212	0.631	1.319	0.414	-1.130	0.475*
	(0.921)	(0.421)	(2.025)	(0.342)	(2.681)	(0.253)
road	-1.008	-18.987***	-12.447**	-11.036***	-16.992***	-7.363***
	(4.865)	(3.214)	(5.921)	(2.832)	(4.382)	(2.653)
leducation	-2.451***	-3.724***	-1.572	-0.988	-3.088***	-0.787
	(0.782)	(1.143)	(1.086)	(0.789)	(0.887)	(0.659)
_cons	91.494***	-16.695	-4.644	30.539***	27.392***	23.100***
	(13.868)	(14.615)	(20.147)	(9.684)	(8.821)	(7.664)
个体效应	yes	yes	yes	yes	yes	yes
时间控制	yes	yes	yes	yes	yes	yes
F	2.658	4.929	2.278	4.371	2.811	3.084
ad-R^2	0.909	0.904	0.869	0.934	0.893	0.914
N	1191	1027	858	1360	1246	972

注：根据单变量的解释力简化控制变量，解释力弱的控制变量没有被纳入，以降低解释变量之间的共线性和得到简化估计。限于篇幅，笔者没有给出其他解释力较弱的分组估计，即便有其他潜在因素影响了国内市场的作用方向，但其较弱的解释力说明其不会是重要的决定性因素。

三、制度环境决定国内市场作用方向的门槛效应

笔者为进一步确定代表市场制度的经济自由与国内市场规模扩张对出口产品结构的作用方向，运用门限估计方法确定经济自由的门槛值，并检验门槛值的真实性。笔者借鉴 Hanson 于 1999 年提出的门限模型的思路，构建经济自由度与国内市场规模的门限回归模型：

$$HHI_{i,t} = \beta_1 \text{relamarketsize}_{it} I(\text{frd}_{it} \leq \gamma) + \beta_2 \text{relamarketsize}_{it} I(\text{frd}_{it} > \gamma)$$
$$+ \beta_3 \sum x_{it} + \mu_i + e_{it} \quad (5.6)$$

其中，frd_{it} 为门槛变量，γ 为特定的门槛值，$I(frd_{it} \leq \gamma)$ 和 $I(frd_{it} > \gamma)$ 为示性函数。门限模型的基本思路是，首先对式(5.6)采用组内去均值的方法消除个体效应 μ_i 的影响。然后对任一给定的 γ，可通过 Ols 估计式(5.6)得到相应的参数的估计值和残差平方和，进一步用格栅搜索(grid search)法挑选最小残差平方和对应的门槛值。笔者估计的门槛值为 60.013。最后进行门槛模型检验，门槛模型检验包括门槛效应的显著性检验与门槛估计值的真实性检验，检验过程分别运用"自抽样法"(bootstrap)构建渐进分布和似然比统计量 LR。门槛回归模型显著性检验的目的是检验以门槛值划分的两组样本的模型估计参数是否显著不同，即检验回归结果(5.3)式中的 β_1 与 β_2 是否有显著差异。不存在门槛值的零假设为 $H_0: \beta_1 = \beta_2$，构造 F 统计量对其进行统计检，采用"自抽样法"模拟得到 P 值进行判定，拒绝零假设表示存在门槛效应。检验结果表明，单一门槛检验在 1% 的显著水平下拒绝原假设，认为 β_1 与 β_2 存在显著差异，门槛效应显著；而双重门槛则接受原假设，认为 β_1 与 β_2 不存在显著差异，即双重门槛效应不明显(如表 5-5 所示)。然后，对门槛估计值的真实性进行检验，即检验所得的临界值与其他潜在可能的界值是否存在显著差异。Hanson 提出使用极大似然估计量(LR)检验门槛值，但统计量 LR 的分布是非标准的，他提出构造非拒绝域，即运用在 5% 的显著性水平下、LR$(\gamma) = -2\log(1 - \sqrt{1 - 0.05}) = 7.35$ 时所对应的门槛值的置信区间的大小判定门槛值的可靠性，95% 置信水平下对应的置信区间大，则说明门槛值估计是无效的；置信区间小，则估计的门槛值是有效的。图 5-4 给出了在 95% 置信水平下，门槛值的置信区间为 58.869 到 60.506，这一较小的置信区间说明估计的门槛值 60.013 基本准确。

表 5-5　门槛效应检验

门槛类型	F 值	P 值	1%	5%	10%	门槛估计值	95% 置信区间
单一门槛	45.877	0.000	43.974	17.995	11.341	60.013	[58.869, 60.506]
双重门槛	2.079	0.370	32.808	14.911	10.058		

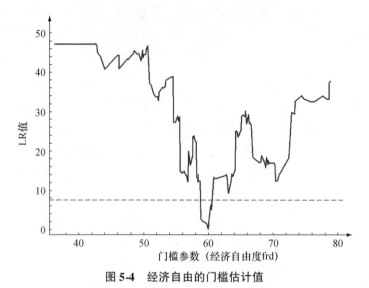

图 5-4　经济自由的门槛估计值

得到门槛值以后，运用(5.6)式对各个参数进行估计。为了检验结论的稳健性，笔者对比了门槛参数估计结果与分组估计结果，分组的依据是根据 frd 的 25%、50% 和 75% 的分位点将总样本分为 4 组（如表 5-6 所示）。分组检验的结果进一步表明，经济自由度越高，国内市场规模扩张对出口产品结构多元化的促进效应越强。比较 $60 < \text{frd} < 67$ 和 $\text{frd} \geqslant 67$ 两组估计可知，当经济自由度大于 67 时，国内市场规模的边际效应进一步增强，达到 -0.5231。通过比较 $\text{frd} \leqslant 53$ 和 $53 < \text{frd} \leqslant 60$ 两组估计可知，当经济自由度足够小时，国内市场对出口产品结构专业化的促进效应也会降低。门槛参数估计表明，当经济自由度高于门槛值时，国内市场规模扩张显著促进了出口产品结构多元化，而当经济自由度低于门槛值时，国内市场规模扩张显著促进了出口产品结构专业化。这一稳健结论说明国内市场对出口产品结构的作用方向取决于体现市场制度的经济自由度。

表 5-6　门槛参数估计与分组估计

	门槛参数估计	分组估计			
		$\text{frd} \leqslant 53$	$53 < \text{frd} \leqslant 60$	$60 < \text{frd} < 67$	$\text{frd} \geqslant 67$
relamarketsize		39.261***	47.751***	-30.851**	-52.310***
		(12.791)	(16.734)	(14.831)	(10.968)

（续表）

门槛参数估计		分组估计			
		frd≤53	53<frd≤60	60<frd<67	frd≥67
leducation	-2.739***	-5.160***	-1.639	-9.938***	-1.137
	(0.592)	(1.221)	(1.208)	(1.923)	(1.383)
road	-10.691***	9.151	-13.825*	-29.579***	-3.279
	(2.831)	(7.105)	(8.367)	(4.992)	(4.437)
FDI	0.537	0.107	-0.158	0.942	0.598
	(0.425)	(1.414)	(1.259)	(0.795)	(0.402)
frd	-0.234	-0.011	-0.237*	-0.151	-0.263
	(0.039)	(0.103)	(0.108)	(0.125)	(0.189)
relamarketsize I (frd>60)	-29.744***				
	(10.055)				
relamarketsize I (frd60)_cons	37.116***	12.7525	0.2361	82.814***	104.180***
	(8.241)	(12.076)	(17.592)	(20.151)	(14.198)
	(6.268)				
个体效应	yes	yes	yes	yes	yes
时间控制	yes	yes	yes	yes	yes
N	2218	561	609	519	529
Ad-R^2	0.9195	0.9157	0.8793	0.9023	0.8947
F	4.9217	2.1644	1.6431	4.6330	4.8156

四、稳定性检验

为检验这一核心结论的稳健性，分别以 sdi 和 Theil 指数为被解释变量、以经济自由度(frd)为制度变量，以 HHI 指数为被解释变量、以 wmo 指数为制度变量，运用方程(5.6)检验门槛效应。根据门槛效应的稳健性(如表 5-7 所示)，三种估计结论都支持了单一门槛值的存在。

表 5-7　门槛效应的稳健性检验

被解释变量	制度变量		F 值	P 值	1%	5%	10%	门槛估计值	95%置信区间
sdi 指数	frd	单一门槛	28.35	0.00	23.02	15.53	9.46	63.30 ①	[63.10, 63.30]
		双重门槛	5.80	0.125	15.53	13.34	10.99		
Theil 指数	frd	单一门槛	11.61	0.029	16.12	8.49	6.60	61.02	[59.02, 61.41]
		双重门槛	5.80	0.22	16.74	13.74	11.07		
HHI 指数	wmo 指数	单一门槛	11.53	0.021	15.64	8.24	6.86	0.522	[0.40, 0.56]
		双重门槛	2.61	0.425	19.45	16.11	11.29		

这三种门槛模型估计和分组估计(见附录 6 给出的"门槛模型估计的稳健性检验")表明当制度环境高于门槛值时，国内市场规模扩张显著促进了出口产品结构多元化，而当制度环境低于门槛值时，国内市场规模扩张显著促进了出口产品结构专业化。这一稳健结论说明国内市场对出口产品结构的作用方向取决于制度环境。

第五节　制度环境的构成效应：哪些制度更为重要

一、制度环境的分解

既然已证明总体经济自由度决定了国内市场作用方向，如果能证明经济自由各个维度中哪些维度相对更为重要，就能识别决定国内市场作用方向的关键经济自由维度。借鉴 Swaleheen 于 2008 年提出的方法，运用国内市场规模系数的变化幅度，辅助以解释力大小、经济自由各维度估计系数的大小，识别决定国内市场作用方向的关键经济自由维度。经济自由度涉及经济制度的各个方面，Heritage Foundation 从法律环境(产权、腐败)、有限政府(财政自由、政府支出)、管制效率(商业、劳动力和货币自由)和开放市场(贸易、

---

① 笔者根据图 5-4，预期门槛值应该稍小于制定变量的均值，与预期的偏差可能是由于在估计门槛值时使用了平行面板数据，使得部分数据不全的国家没有纳入估计所导致的。(可能是同样的原因导致了以 HHI 指数为被解释变量、以 wmo 指数为制度变量估计的门槛值低于 wmo 指数的平均值)

投资与金融自由)四个方面度量经济自由。① 对经济自由的不同维度进一步检验,结果如表 5-8 所示:

表5-8 经济自由不同维度的检验结果(IV-2SLS 估计)

变量	(1)	(2)	(3)	(4)	(5)	(6)
relamarketsize	−50.71***	−34.64***	−37.44***	−47.07***	−40.05***	−35.63***
	(1.810)	(2.045)	(2.316)	(2.135)	(2.162)	(2.195)
openmarket		−0.514***				−0.567***
		(0.026)				(0.037)
law			−0.206***			0.121***
			(0.020)			(0.030)
limitgov				0.106***		0.096***
				(0.026)		(0.026)
regula					−0.390***	−0.09**
					(0.034)	(0.048)
_cons	82.70***	95.43***	78.29***	71.44***	98.63***	93.96***
	(1.956)	(2.077)	(2.073)	(3.169)	(2.553)	(3.423)
N	2385	2385	2385	2385	2385	2385
Ad-R^2	0.212	0.326	0.246	0.214	0.253	0.333
Sargan P	0.1840	0.2242	0.7657	0.1707	0.6144	0.1138
F	784.959	426.873	447.051	399.607	506.437	273.971

注:工具变量为 lelectrity、urban。下同。

根据表 5-8,法律环境(law)、管制效率(regula)和开放市场(openmarket)都显著促进了出口产品结构的多元化,而以有限政府(limitgov)度量的经济自由促进了出口产品结构的专业化。首先,从国内市场规模系数变化幅度看,在控制市场开放后,国内市场规模系数降低幅度最大(0.507 − 0.346),之后是法律环境。这是因为,国内市场规模对出口产品结构多元化的影响包含了

---

① 根据 Aeritage Foundation 在十个维度平均分配权数的方法,笔者进一步计算法律环境、有限政府、管制效率和开放市场四个维度的经济自由度,其指数都是介于 0—100。需要说明的是,劳动力自由的数据只有 2008—2011 年的,为了便于同一时间和样本维度的比较,劳动力自由流动的指标没有被纳入分析。随后涉及的对各个维度的定义与解释来源于 Miller T., Kim A., Defining Economic Freedom, http://www.heritage.org/index, 2018 年 12 月 26 日访问。

国内市场规模的直接效应和市场开放对出口产品结构的间接效应，因而在控制市场开放后，国内市场规模的作用系数会下降，所以相对较大的下降幅度说明，市场开放、法律环境通过市场规模对出口产品结构多元化的间接效应相对较大。其次，从估计系数看，市场开放作用最大，之后是管制效率；从解释力看，市场开放的国内市场规模的联合解释力也最强，R^2 达到 0.326，之后也是管制效率。再次，从四个维度纳入同一模型的结果看，法律环境和管制效率的系数及显著性发生明显变化。联合解释力仅为 0.333，没有显著提高，说明变量之间的共线性严重。进一步的相关系数的检验也证实，法律环境、管制效率和市场开放高度相关（相关系数分别达到 0.711 和 0.708），管制效率和市场开放相关系数也达到 0.651。说明在同一模型纳入这些变量是不适宜的。但同时也说明法律环境的解释力部分包含在管制效率和市场开放维度中，这在一定程度上说明法律环境是管制效率和市场开放发生作用的前提条件。在已证明总体经济自由度决定国内市场作用方向的条件下，那么国内市场系数变化幅度、经济自由的各个维度的共线性、估计系数及解释力说明市场开放和法律环境是影响国内市场效应的关键维度。

鉴于经济自由的四个维度之间的共线性，笔者进一步分别检验经济自由各分解因素的作用效应，检验结果见表 5-9 和表 5-10。产权保护（propertyright）主要度量公证、透明和有效的司法体系对产权的保护和对合约的执行。而公正、有效的司法体系是反腐败的重要措施，因此这两个变量具有高度相关性，其相关系数达到了 0.8357，这一共线性使得在控制了产权保护后无腐败（freecorruption）效应不显著，这并不意味着腐败对出口产品结构没有影响，因为在一个腐败盛行的经济中，企业没有动力实现产品的差异化。相反，这进一步说明司法体系对抑制腐败的重要性，进而对出口产品结构多元化的重要性。同时，与表 5-9 的估计（1）列中的国内市场规模系数相比，控制产权保护后导致了该系数大幅度下降（0.507 - 0.3894），说明司法体系通过国内市场作用于出口产品结构间接效应的重要性。

表 5-9　法律环境与有限政府的分解因素（IV – 2SLS 估计）

变量	法律环境			变量	有限政府		
	(1)	(2)	(3)		(4)	(5)	(6)
relamarketsize	38.94***	-39.67***	-38.94***	relamarketsize	-47.56***	-49.29***	-47.54***
	(2.254)	(2.358)	(2.339)		(2.139)	(2.100)	(2.144)
propertyright-spending	-0.196***		-0.196***	government	0.079***		0.077***
	(0.018)		(0.031)		(0.018)		(0.020)
freecorruption		-0.171***	-0.006	fiscalfree		0.029	-0.020
		(0.020)	(0.029)			(0.026)	(0.029)
_cons	80.13***	78.28***	80.13***	_cons	73.97***	76.75***	73.65***
	(2.061)	(2.114)	(2.115)		(2.775)	(3.200)	(3.292)
N	2385	2385	2385	N	2385	2385	2385
Ad-R^2	0.250	0.236	0.250	Ad-R^2	0.215	0.210	0.215
Sargan P	0.4888	0.5526	0.5061	Sargan P	0.4883	0.1110	0.5340
F	367.418	340.919	244.833	F	306.768	297.361	204.423

从有限政府的各分解因素看，财政自由(fiscalfree)是度量个人和企业在支付政府财政负担后的收入支配程度，财政负担越高，可支配的收入越低，则财政自由度越低。财政自由对出口产品结构的影响不显著，并且同时纳入财政自由和政府支出的模型解释力恰好等于政府支出的解释力，即(5-6)式的R^2等于(5.4)式的R^2。这说明财政自由对出口产品结构的影响包含在政府支出的影响效应中，因为政府支出必须由财政支付，政府支出越大则财政越不自由。政府支出的增加显著促进了出口产品结构的专业化。[①] 政府支出是提供公共物品、维持经济运行规则的根本保障，但过多的政府支出意味着企业的税收负担重，从而降低了企业进行差异产品研发与生产的盈利空间。同时，由于政府支出活动受到市场经济规律制约的程度低，过多的政府支出会扭曲资源配置，增长寻租空间，从而弱化了企业进行差异产品研发和生产的动力。

从管制效率的各分解因素看，货币自由(monetaryfreedom)主要度量货值的稳定性，商业自由(businessfree)主要度量政府对企业的管制效率，政府对企业的干预越小，商业自由指数越高。政府对企业活动的过度干预是影响企业

---

① 这一结论对以政府支出指标度量"有限政府"的合理性产生了质疑，相类似的质疑也出现在运用 Heritage Foundation 的经济自由指数进行的相关实证研究，如 Carlsson，Lundstrom(2002)。

表 5-10 管制效率与市场开放的分解因素（IV-2SLS 估计）

变量	管制效率			变量	市场开放			
	(1)	(2)	(3)		(4)	(5)	(6)	(7)
relamarketsize	-38.9***	-47.2***	-38.5***	relamarketsize	-42.7***	-39.4***	-39.5***	-35.9***
	(2.202)	(2.090)	(2.201)		(2.152)	(2.038)	(2.008)	(2.069)
businessfree	-0.31***		-0.30***	tradefree	-0.27***			-0.09***
	(0.028)		(0.030)		(0.027)			(0.028)
moneytaryfree		-0.18***	-0.083***	investmentfree		-0.33***		-0.16***
		(0.028)	(0.029)			(0.020)		(0.027)
				financialfree			-0.35***	-0.21***
							(0.019)	(0.027)
_cons	91.91***	92.55***	95.89***	_cons	92.94***	88.96***	89.19***	93.61***
	(2.217)	(2.673)	(2.629)		(2.342)	(2.035)	(2.013)	(2.210)
N	2385	2385	2385	N	2385	2385	2385	2385
Ad-R^2	0.258	0.223	0.261	Ad-R^2	0.244	0.300	0.312	0.329
Sargan P	0.2729	0.1156	0.3557	Sargan P	0.1407	0.1522	0.1417	0.2372
F	383.64	320.38	259.03	F	359.27	469.28	498.53	268.03

家活动最常见的障碍,因此提高商业自由有利于出口产品结构的多元化,并且这一相关系数相对于经济自由的其他维度也较高,达到0.31%,与市场规模的联合解释力也较高,达到0.258,说明商业自由对出口产品结构的重要性。更重要的是,国内市场规模系数在控制商业自由大幅度下降,说明了商业自由对国内市场作用的影响较大。

从市场开放的各分解因素看,贸易开放(tradefree)主要反映对内与对外的贸易开放程度。估计结果显示,通过内外开放构建统一的大市场有利于出口产品结构的多元化。金融自由(financialfree)主要反映金融系统的开放性与透明度。开放、透明的金融体系通过确保企业的公平融资、促进竞争以压缩同质产品扩张的利润空间、提供真实价格信息等途径,对出口产品结构多元化有着基础性作用,因此其解释力相对于经济自由的其他维度也最强(与国内市场的联合解释力达到0.312),对出口产品结构多元化的影响系数也最高(达到0.35%)。投资自由(investmentfree)主要反映对投资领域的非限制性。投资自由对出口产品结构的解释力也很强,与国内市场的联合解释力达到0.3。这是因为,投资自由通过规避寻租、投机空间、促进竞争等途径,使得以差异产品的研发与生产成为企业家获利的必要手段,极大提高了差异产品研发的动力。更重要的是,国内市场规模系数在控制金融自由和投资自由后大幅度下降,这说明两者通过国内市场作用于出口产品结构多元化的重要性。

二、稳定性检验

利用相同的方法,分别以sdi指数和Theil指数为被解释变量识别关键制度维度,如表5-11所示。

首先,从国内市场规模系数变化幅度看,以sdi指数为被解释变量的估计中,在控制法律环境的两个维度(产权保护和无腐败程度)后,国内市场规模系数降低幅度最大(分别为-10.25%和-12.65%),之后为金融自由。而在以Theil指数为被解释变量的估计中,控制金融自由后国内市场规模系数下降幅度最大(达到-13.52%),之后为法律环境。

其次,从估计系数看,两类估计结果都表明,金融自由、投资自由和商业自由以及贸易开放的作用最强。

最后,从解释力看,金融自由和投资自由解释力也相对更强。鉴于法律

表 5-11 制度维度分解的稳定性检验

	变量	产权保护	无腐败	政府支出	财政自由	商业自由	货币自由	贸易开放	投资自由	金融自由
被解释变量：sdi	marketsize系数变化	-0.1025	-0.1265	-0.0563	0.0134	-0.0941	-0.0209	-0.0384	-0.0397	-0.0995
	制度系数	-0.17***	-0.16***	0.16***	0.16***	-0.25***	-0.10***	-0.18***	-0.19***	-0.24***
	解释力增加幅度	0.126	0.00534	0.1095	0.0682	0.1054	0.0455	0.1054	0.1136	0.1302
被解释变量：Theil	marketsize系数变化	-0.1018	-0.1044	-0.0892	-0.0444	-0.0918	-0.0199	-0.0885	-0.0835	-0.1352
	制度系数	-0.007***	-0.005***	0.008***	0.012***	-0.010***	-0.001	-0.014***	-0.014***	-0.015***
	解释力增加幅度	0.0659	0.033	0.0879	0.0842	0.0549	0.0073	0.1172	0.1868	0.2125

注：本表数据根据 IV-2SLS 估计结果整理，可根据附录 7 和附录 8 得到。

环境与其他制度维度的共线性，这些结论比较稳健地说明，在制度环境的各维度中，法律环境具有基础性作用，金融系统的开放性与透明度、政府对投资领域的限制和对企业的管制效率相对经济自由的其他维度更为重要。

第六节　结　　论

注重国内市场的贸易理论具有"国内市场规模促进出口产品结构多元化"的理论预期。而市场制度环境是市场机制发挥作用的前提和基础，也是激发本土企业依托国内市场进行差异产品扩张，进而促进出口产品结构多元化的前提条件。本部分的理论和实证研究表明，国内市场规模扩张对出口产品结构的作用方向取决于市场制度环境。当制度环境高于门槛值时，国内市场规模扩张能促进出口产品结构的多元化；当制度环境低于门槛值时，国内市场规模扩张却导致更加集中的出口产品结构。在制度环境的各个维度中，金融系统的开放性与透明度、政府对投资领域的限制和对企业的管制效率相对其他维度更为重要，而法律环境具有基础性作用。

这一结论的政策含义体现在，通过市场导向的制度改革充分发挥国内市场的作用，对市场体制不完善的发展中国家提升出口产品结构多元化具有普遍意义。而深化市场体制改革以形成依托国内大市场的内生外贸发展机制，更是发展中大国调整出口产品结构的一条重要的优势途径。实施市场化制度改革、发挥国内市场作用的政策重点在于：在公正、透明、有效的法律环境下，提高金融系统的开放性与透明度以完善基础性要素市场、放松对投资领域的管制以规避寻租与投机活动、减少对企业活动的干预以降低其运行成本，从而形成公平竞争的发展环境，激发出口产品结构调整的微观基础活力。

第六章

国内大市场、制度条件与本土企业出口竞争力

中国不断扩张的国内市场规模和不断升级的需求结构为培育新型出口优势提供了一条重要的大国特色路径，但国内大市场一定能提升本土企业出口竞争力吗？笔者遵循第三章的理论分析框架，基于全球电子消费品行业1252家品牌企业的数据，采用规避"本地市场偏好"的国外市场份额客观度量本土企业出口竞争力，寻找中国电子消费品这一代表性行业国内大市场影响本土企业出口竞争力的微观证据及其制度条件。研究发现：伴随中国国内市场规模的扩张，本土企业贸易的本地市场偏好增强，国外市场份额下降；中国国内市场规模对本土企业出口竞争力的贡献度低，处于主要出口国的较末端水平；中国国内市场扩张未能显著提升本土企业出口竞争力。原因在于，国内大市场要在规范有序与创新导向的市场环境、国内需求的国际化、良好的消费环境、消费者与生产商有效互动等制度条件下，才能转换为本土企业出口竞争力。据此，培育依托国内大市场的新型出口优势应注重国内大市场发挥作用的制度条件。

第一节 问题的提出

人口红利、资源红利和全球化红利等传统出口优势的削弱，迫使中国这

一出口大国寻求新的出口优势以维持出口增长并实现出口产品结构转型升级。国内市场需求规模通常被认为是在寻求出口贸易新型优势时的新维度。而中国拥有全球第二大国内市场需求规模，社会消费品零售总额近十年平均增速为16.4%，2014年达26.2万亿元。那么，中国巨大的国内市场需求规模是否已成为推动中国出口的新优势？

无论是经典贸易理论还是竞争力理论都认为，国内市场规模是本土企业出口竞争力的重要源泉。如根据本土市场效应理论，国内市场规模的扩大所带来的规模效应和生产率改进能够促进出口（Krugman，1980）。国内大市场通过容纳更多企业，涵养市场竞争，使得只有生产率最高的企业出口（Melitz，2003；Melitz, Ottaviano, 2008）。竞争力理论也认为，立足国内需求，实现技术创新和规模经济，是本土企业提升竞争力的一般性经验（Porter，1990）。

基于经典贸易理论和竞争力理论框架，国内学者从不同视角探究以国内市场规模提升竞争力的新思路。徐康宁、冯伟（2010）提出基于本土市场规模的技术创新的第三条路径，许德友（2015）提出以内需市场培育出口竞争新优势，范红忠（2007）提出以有效需求规模提升国家自主创新能力，宣烨等（2015）提出依靠国内市场推动服务业发展进而塑造国际竞争力。这些基于经典理论框架探究如何发挥国内市场效应的研究，虽然充分认识到国内市场的作用，但对经典理论的隐含假设没有给予足够的重视，而这些隐含假设条件直接决定了国内市场的作用机制能否有效实现（易先忠等，2014）。

也正是在经典贸易理论和竞争力理论框架下，大量基于中国区域出口数据（张帆、潘佐红，2006）和行业出口数据（杨汝岱，2008；邱斌、尹威，2010；钱学锋、黄云湖，2013）的实证研究都证实了经典理论的预期：中国本土市场规模已经成为推动出口的优势之一。但中国本土企业的实际贸易竞争优势与基于宏观数据的实证结论并不一致（姚洋、章林峰，2008），出口产品质量（张杰、郑文平，2014）和技术含量（姚洋、张晔，2014）也总体上呈下降趋势。造成这一不一致的原因可能在于，由于以加工贸易为主的外商投资企业和以一般贸易为主的本土企业并存，使得区域和行业层面贸易流量并不能客观反映中国本土企业的竞争力（姚洋、章林峰，2008），从而也不能解答国内市场规模是否能成为本土企业出口优势的问题。同时，既有相关实证研究无法比较国内市场规模对出口竞争力的贡献程度，因而也无法判别中国国内市场规模对出口的促进潜力。

鉴于既有理论与实证研究的不足,笔者在中国成为全球最大电子消费品市场的背景下,[①] 以全球各个国家电子消费品行业8类产品的企业数据的经验分析,试图解答中国国内大市场规模是否成为本土企业出口竞争力的来源,以及贡献度有多大的问题。本章的贡献在于:一是以全球电子消费品行业1252家全球品牌企业(global brand owner)为研究对象,排除了外资企业和代工企业对出口竞争力的高估,通过国际比较研判了中国国内市场规模对本土品牌企业出口竞争力的贡献度;二是采用国外市场份额客观度量本土品牌企业出口竞争力,规避了本土企业贸易的"本地市场偏好"对出口竞争力的高估;三是厘清经典贸易理论(Linder, 1961; Weder, 1996; Krugman, 1980; Melitz, 2003)和竞争优势理论(Porter, 1990)关于国内市场规模发挥作用的前提条件,并据此对"中国国内市场规模未能显著提升本土品牌企业出口竞争力"提供解释。

第二节 国内大市场提升本土企业出口竞争力的机制及制度条件

国内市场需求规模通过规模与成本的静态效应和竞争与创新的动态效应两条根本机制提升本土企业出口竞争力,但这需要在创新导向的市场环境、国内需求国际化以及消费者与生产商有效互动的条件下才能实现。

一、国内市场规模影响本土企业出口竞争力的机制

无论是Linder(1961)的相互需求理论、Porter(1990)的国家竞争优势理论,还是Weder(1996)的国内需求与贸易模式理论,以及Krugman(1980)和Melitz(2003)等人的本土市场效应理论等,都认为国内市场规模影响本土企业竞争力的机制无外乎两条:静态的规模与成本效应和动态的竞争与创新效应,其中竞争与创新效应是本土企业出口竞争力的根本性、持久性来源。

[①] 中国已成为全球最大的电子消费品市场。See Gao Yuan, China is Biggest Consumer Electronics Market, *China Daily*, 2014-01-06.

(一）规模与成本的静态效应

首先，国内市场需求规模是本土企业内部规模经济和外部规模经济的重要来源。一方面，国内大市场可以促进本土企业内部规模经济的形成，即企业生产成本随着产量增加而下降，从而形成成本优势。由于出口需要负担较国内贸易更高的贸易成本，只有达到出口临界经济规模的本土企业才能实现出口。国内较大的需求规模能支撑起本土企业进入国际市场的临界经济规模，因此一国应出口本国需求较大的"代表性产品"（Linder，1961）。另一方面，国内大市场在促进产业外部规模经济形成时具有两个基本优势：一是报酬递增产业会偏向集中在本地市场需求大的区域（Krugman，1980），产业集聚使得厂商间信息交流增加、技术外溢增强，形成外部规模经济效应。二是国内大市场容纳的企业和消费者也较多，从而增强了本地市场的竞争，这一竞争效应会增加企业、个人以及相关产业的投资和研发，从而改善整个产业环境（Porter，1990）。这种外部经济是无法跨越国界、被国外企业所获得的，因此可成为本土企业特有的竞争优势。

其次，国内大市场降低创新风险，分摊研发成本，提高创新的预期收益。创新具有高风险和高成本特征，而国内大市场不仅能摊销研发费用，还具有降低创新风险的优势：第一，大的国内市场容纳更多企业和促进产业集聚，使得同类企业家以及工人的技术溢出与知识交流更为普遍，这能提高技术外溢程度，提高创新成功的概率；第二，大的国内市场通过容纳更多产品，支撑起细分差异产品的规模经济，降低差异产品创新失败的概率；第三，大的国内市场意味着较高的需求价格弹性，即价格下降使销售收入大幅度增加，这样可以在不降低传统要素回报率的前提下，提高采用新技术的利润率，减少传统要素供给者对采用新技术的阻力，从而提高创新成功的概率（Desmet，Parente，2010）。

（二）竞争与创新的动态效应

首先，较大的国内市场规模能容纳更多的企业和更多的产品，使得竞争加剧，而市场竞争是企业创新的原动力。国内市场竞争对本土企业出口竞争力的重要性，不仅体现在迫使企业竞相降低成本、提高产品和服务的质量、研发新产品和新流程。同时，与国外的企业竞争相比，由于国内企业在同一条件下竞争，使得国内企业更容易成为本土企业学习的榜样，这有利于形成充满创新活力的市场环境(Porter, 1990)。更为重要的是,国内企业的竞争不仅提供创新压力,也成为激励本土企业寻求竞争优势升级的新途径。因为本国竞争者在要素成本、市场地缘、上游供应商等方面条件都相同,激烈的国内市场竞争就驱使本土企业寻求更高层次及更具持久力的竞争优势,迫使本土企业摆脱对低层次优势资源条件的依赖(Porter, 1990)。

其次,消费者在竞争性市场下比在垄断性市场下更加专业和挑剔,专业而挑剔的客户是本土企业追求高质量和精致服务的压力来源。国内市场激烈的竞争会起到培养消费者的作用,消费者会有更高的要求,本土企业为了满足消费者对产品质量的期望,快速改进产品和推出新产品,因此,专业而挑剔的消费者既有利于维持本土企业的竞争优势,更有利于创造新的竞争优势。同时,竞争性市场更容易达到饱和,饱和性市场和挑剔的消费者迫使本土企业改进产品质量和开发新产品(Porter, 1990)。如 Sakakibara、Porter(2001)研究发现,日本在国际市场上有竞争力的产业,如传真机、机器人和相机都是国内市场竞争非常激烈的产业,而政府干预和垄断性产业的国际竞争力都普遍较弱。

二、国内市场规模提升本土企业出口竞争力机制的制度条件

大的国内需求规模对本土企业出口竞争力的影响具有双面效应:一方面,国内大市场具有激励本土企业投资、扩大规模的动力,从而成为企业竞争力的来源;另一方面,国内大市场所支撑的获利机会也可能弱化本土企业海外扩张的意愿,妨碍竞争力的提升。因此,国内市场规模并不总是使本土企业竞争力提升(Porter, 1990)。国内市场需求规模对本土企业出口竞争力的影响机制需要满足诸多条件才能实现。

(一)创新导向的市场环境

首先,"只有创新才有竞争力"的市场环境是国内市场机制发挥作用的根本性前提。无论是贸易理论还是竞争力理论,都认为创新是本土企业出口竞争力根本性、持久性的来源,在解释国内市场规模影响出口竞争力时遵循的基本逻辑是:国内市场需求规模大—企业多、产品空间大—竞争激励—企业创新—出口竞争力提升。而这一逻辑的最基本隐含假设就是:经济中没有"非创新获利"空间,而本土企业只有创新才有持久的竞争优势。因为创新的

风险大、成本高，当经济中存在"非创新获利"空间时，本土企业就会偏向"非创新获利"，而非"创新获利"，从而极大抑制本土企业创新的积极性。而现实经济生活中，由于体制不完善等原因，产生了多种形式的"非创新获利"空间，如由要素扭曲导致的"低、同质产品获利"空间、由行政性垄断导致的"投机获利"空间，以及由政府职能改革滞后导致的"寻租获利"空间等，这些都极大抑制了本土企业创新的积极性，使得国内市场提升本土企业出口竞争力的机制无法实现。

其次，国内市场充分竞争的市场环境是本土企业不断创新和提升竞争力的保障。充分的竞争使得企业试验更多的产品，收集更多的产品信息，从而提高本土市场发现隐形需求的可能性。由于新产品往往是由新企业所研发，企业自由进入就增加了市场的发现功能（Audretsch，1995）。如果国内需求与国际需求差异小，竞争性市场更有可能研发满足全球需求的产品。而即便国内需求与国际需求差异大，竞争性市场也是全球性成功创新的源泉。在非竞争性市场，本地需求的发现过程是非效率的，对市场提供的创新产品也不是最优设计（Beise-Zee，Rammer，2006）。当市场从垄断性结构转变为竞争性结构时，消费者对产品的要求也会增加，而需求压力又迫使企业更加注重新产品的开发，以维持竞争优势。

最后，尽管国内市场规模所能涵养的市场竞争是竞争优势的重要来源，但竞争方式和竞争程度同样重要。不同产业所需要的最优的竞争程度不同，过度竞争和竞争不足都会削弱国内市场的作用。更为重要的是，基于创新的竞争还是基于成本的竞争，对本土企业国际竞争力的影响不同。低端产品为获得规模经济的恶性成本竞争，反而会削弱一个国家的国际竞争力（Porter，1990），而以创新为导向的竞争模式才能提升本土企业出口竞争力。

（二）国内需求与国际需求相匹配

Porter（1990）在论述国际竞争力时指出，具有规模经济的产业面临的最重要的问题是：究竟哪个国家的企业可以率先生产出既满足国内市场需求，又满足国外市场需求的产品？尽管国内市场需求规模具有重要意义，但如果国外没有相同的需求，大的国内市场规模不一定有助于本土企业国际竞争力的提升。① 国内市场需求的国际化是本土企业出口竞争力提升的关键性前提条件（Weder，1996）。当一个国家的国内市场需求与国际市场上的主要需求相同，而本土企业又有先发优势时，国内市场需求才能成为本土企业国际竞争力的根本性来源（Porter，1990）。前瞻性需求（anticipatory demand）被认为是实现国内需求和国际需求有效对接的关键，因为前瞻性需求一般代表国际需求的发展趋势，并且能帮助本土企业掌握产品的信息与发展趋势，激励企业不断进行产品升级，从而增强国际竞争力。国内市场需求只有转化为国际需求时，前瞻性需求才能成为本土企业现实的出口竞争力。国内市场的前瞻性需求可能催生本土企业的国际竞争力，而国内市场的需求规模则能强化这一竞争力（Porter，1990）。一国的特质型消费（idiosyncratic demand），即便规模大，由于没有相似的国外需求，也难以成为本土企业的国际竞争优势（Porter，1990）。因此，一国的国内需求与国际需求的差异程度成为影响国内市场规模能否支撑本土企业出口竞争力的重要因素，② 而导致这一差异的不仅仅是各国的消费偏好不同，也受到收入水平、相对价格、政府管制、质量标准、自然环境等诸多因素影响（Weder，1996）。

（三）消费者与生产商的有效互动

创新是出口竞争力的决定性因素，而本土市场上的消费者—生产商互动（local user-producer interaction）是创新得以实现的微观基础。因为国内市场需求对企业国际竞争力的影响主要通过国内需求的形态和特征来实现，本土企业对国内消费形态和特征的认知、解读和回应的过程就是本土企业创新及国际竞争力提升的过程（Porter，1990）。由于本土企业对国内市场需求的注意力最敏感，了解国内需求所需的成本也最低，并且国内市场的客户压力是企业最直接的压力，而文化与地缘的一致性又使彼此沟通更为有效。所以，基本上所有新产品的开发都是依托国内需求进行的，国外需求通过产品的改进而非改变其核心得以满足（Porter，1990）。而本土企业对国内需求形态和特征的认知、解读和回应的过程既是本土企业竞争力提升的过程，也是消费者—生

---

① 以美国农机业为例，美国丰富的农业资源和广阔的农地面积，促使美国农业综合收割机产业的崛起。但这种大型收割机并不受地形复杂的欧洲国家欢迎。德国 Class 公司的小型收割机更加适合欧洲的复杂地形，从而击败美国的农机企业，成为欧洲农机业的霸主。

② 由此可知，Porter 的国际竞争力的概念与本书的出口竞争力的概念相一致。

产商的互动过程。有效的消费者—生产商互动,可使得本土企业即时把握国内需求特征及变化趋势,可使产品的市场渗透和生产改进更加顺利(Porter, 1990),使得本土企业依托国内需求实现产品质量改进和研发新产品成为可能。因此,消费者—生产商互动被认为是解释企业国际竞争力差异的一个重要原因(Fagerberg, 1993)。而消费者与生产商的互动对本土企业出口竞争力的影响程度,受到消费环境、市场竞争程度、国内需求的国际化程度等因素影响(Beise-Zee, Rammer, 2006)。

第三节 国内市场规模对本土企业出口竞争力的贡献度:国际比较

一、行业选择依据与数据

笔者选择电子消费品行业八类产品作为代表性产品,原因如下:(1)电子消费品产业是一个典型的规模报酬递增的行业,并且电子消费品行业是增长速度最快的现代产业部门之一。2003—2012年,世界电子消费品市场每年以平均7.4%的速度增长,而同期内,中国的增速为16%。因此,电子消费品行业的外贸竞争力是一个国家贸易竞争力的重要标志。(2)中国是全球最大的电子消费品消费国。以市场零售额计算,2012年,中国是全球第一大电视机及投影仪、手机消费市场,第二大计算机及外围设备、显像设备、家庭影院消费国,第三大车载娱乐设备消费国,第五大视频播放器和便携式播放器消费国。(3)电子消费品行业是中国的主要出口行业,2014年,以计算机、通信设备为主的电子信息产品占全国外贸出口比重为33.5%。无疑,电子消费品行业是研究国内市场规模与本土企业出口竞争力相关性的代表性行业。

本部分的基础数据来自全球市场信息数据库(Euromonitor International)。Euromonitor International 提供了2003年到2012年在全球市场份额达到0.1%的1252家企业在各个国家的销售数据,这些企业的销售总额占全球市场98%以上,他们分布在56个国家。笔者对这1252家企业进行国别归属,跨国公司和合资企业根据其公司总部地址所在国作为其母国。需要指出的是,这1252家企业是指全球品牌拥有者(company shares by global brand owner),并不是以组装加工为主的代工型企业。① 因此，这些样本有效规避了宏观贸易流量数据由于包含以加工贸易为主的外商投资企业和以一般贸易为主的本土企业而不能客观反映中国本土企业的竞争力状况的问题。

二、本土企业出口竞争力度量

度量产业国际竞争力的五种常用指标为：全球市场占有率、国外市场份额（又称为国外市场渗透率）、显示性比较优势指数、贸易竞争指数和显示性竞争优势指数。茅锐、张斌（2013）在比较这五种指标后认为，国外市场份额是度量出口竞争力的最科学的指标。度量企业国际竞争力的两种常用指标为：全球市场占有率和国外市场份额。但由于全球市场占有率包含本土企业在本国市场的销售，不能客观反映本土企业的出口竞争力，在国内市场规模大且贸易的本地市场偏好较强时尤其如此。因为一般而言，本土企业在国内市场具有运输成本优势、信息优势以及面临的贸易壁垒也较少，通常本土企业的产品销售具有本地市场偏好（张少军，2013）。Porter（1990）是从产品出口和国外市场占有率的视角判定产业和企业的国际竞争力。因此，笔者构建的本土企业在国外市场上的占有率指数，规避了本土企业贸易的本地市场偏好，能较全球市场占有率更加客观地度量本土企业的出口竞争力。

$$\text{Excomp}_{ki} = \frac{Wsize_k \times Wshare_{ki} - Dsize_k \times Dshare_{ki}}{Wsize_k - Dsize_k} \quad (6.1)$$

其中，Excomp_{ki} 表示企业 i 产品 k 的国外市场份额，代表本土企业 i 的出口竞争力；$Wsize_k$ 表示产品 k 的全球市场大小；$Wshare_{ki}$ 为企业 i 产品 k 的全球市场份额；$Dsize_k$ 表示产品 k 的国内市场大小；$Dshare_{ki}$ 为企业 i 产品 k 的国内市场份额。笔者以公式（6.1）计算各个国家生产八类电子消费品的本土企业在全球市场和在国外市场上的份额，结果如图6-1所示：

---

① 因为以"两头在外"和"体外循环"为特征的加工贸易企业无法依托国内市场，不是笔者研究的对象。

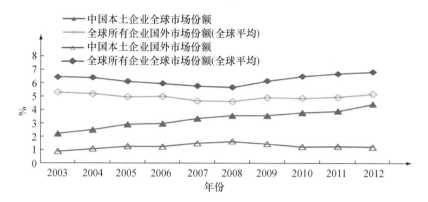

图 6-1 本土企业国外市场份额与全球市场份额(中国与世界平均)
数据来源:笔者根据全球市场信息数据库中电子消费品行业数据计算整理。

如图 6-1 所示,中国本土企业全球市场份额与国外市场份额的差额明显高于世界平均水平,2012 年,中国本土企业依靠国内市场销售在全球市场占有 4.4% 的份额,但在国外市场仅占有 1.2% 的份额,相差 3.2%。相对全球平均水平而言,2012 年,全球所有企业在全球市场上的平均份额为 6.8%,在国外市场上的平均份额为 5.2%,相差 1.6%。这说明中国本土企业的绝大部分产品都在国内市场销售,中国本土企业贸易的本地市场偏好明显强于全球平均水平;并且中国本土企业的全球市场份额与国外市场份额之差有明显增强趋势,从 2003 年的 1.33% 增加到 2012 年的 3.2%,说明中国本土企业贸易的本地市场偏好明显增强。2003—2012 年,中国电子消费品市场规模平均增速为 16%,伴随这一快速扩张的国内市场规模,中国本土企业在国内市场销售占总销售比例从 56.31% 上升到 72.74%,而国外市场份额不断降低。这更加说明中国本土企业贸易的本地市场偏好增强。

三、国内市场规模与本土企业出口竞争力的总体相关性

首先需要判定的是,在全球生产网络条件下,本土企业出口竞争力对国内市场规模的依赖程度是否随着产品内分工深化而降低。根据本地市场效应理论,对于电子消费品这一规模报酬递增的行业,国内市场消费大的国家,其在国外市场上的份额也将成比例扩大(Krugman,1980)。如果这一理论预期成立,则根据一国相对市场规模大小与其国外市场份额之差,即国内市场规模与企

业出口竞争力的背离程度,可以度量国内市场规模与本土企业出口竞争力的相关性。背离度的绝对值越大,说明国内市场规模与本土企业出口竞争力的相关性越弱;背离度的绝对值越小,说明国内市场规模与本土企业出口竞争力的相关性越强。据此,可构建国内市场规模与本土企业出口竞争力的背离度计算公式:

$$Z_{jk} = \frac{D\text{size}_{jk}}{W\text{size}_k} - \sum_{i=1}^{n} \text{Excomp}_{jki} \quad (6.2)$$

其中,Z_{jk}表示国家j产品k的背离度;$D\text{size}_{jk}$表示国家j产品k的国内市场大小;$W\text{size}_k$表示产品k的世界市场大小;n代表j国产品k的企业总数;Excomp_{jki}表示j国企业i产品k的国外市场份额。根据公式(6.2),可计算全球八类电子消费品国内市场大小与本土企业竞争力的背离度的均值,结果如图6-2所示:

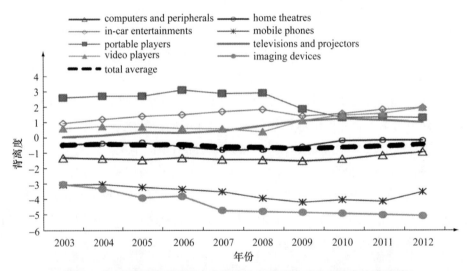

图6-2 全球电子消费品国内市场大小与本土企业出口竞争力背离度

根据图6-2,就世界总体水平而言,背离度的总体均值在观察期间并没有发生明显变化(见total average曲线),并保持较小的绝对值,说明即使在全球生产网络条件下,随着产品内分工不断深化,本土企业出口竞争力与国内市场规模相关性也没有明显降低。但不同类型产品的出口竞争力对国内市场规模的依赖程度不同,计算机及外围设备、家庭影院、电视机及投影器产品的国内市场大小与本土企业出口竞争力的相关性相对较强,而显像设备和手机产品的国内市场大小与本土企业出口竞争力的相关性相对较弱。

同理,可计算中国电子消费品国内市场大小与本土企业出口竞争力背离度,结果如图6-3所示。通过比较中国与全球平均水平,可发现如下基本特征:(1)中国背离度的总体均值远远高于全球平均水平,2003—2012年,中国背离度均值为6.7,而同期全球平均水平仅为-0.54。这说明中国巨大的国内市场与本土企业竞争力的相关性远低于全球平均水平。(2)中国国内市场与本土企业竞争力的背离度从2003年的5.6增加到2012年的9.6,表明两者相关性越来越弱。(3)与全球八类电子消费产品的平均水平相比,中国电子消费品行业八类产品皆为正背离,这说明中国相对国内市场规模大,而本土企业的出口竞争力却较弱。其中,背离度最高的产品是计算机(平均背离度为12)和手机(平均背离度为11.7),这些产品有大的国内市场需求规模,但国外市场占有率却相对低。视频播放器和便携式播放器背离度最低,2003—2012年平均背离度分别为1.3和3.8(而全球同期分别为0.96和2.2),但其背离度低的主要原因不是本土企业在国外市场份额的增加,而是相对国内市场规模降低的结果。

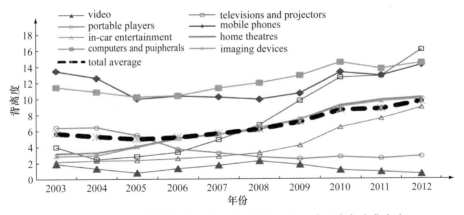

图6-3 中国电子消费品国内市场大小与本土企业出口竞争力背离度

总之,就全球总体水平而言,在全球生产网络条件下,本土企业出口竞争力与国内市场规模的总体相关性并没有随着产品内分工深化而降低。而中国国内市场规模与本土企业出口竞争力的相关性不强,呈现下降趋势。

四、国内市场规模对本土企业出口竞争力贡献度的国际比较

既然已证明本土企业出口竞争力与国内市场规模的总体相关性并没有随着产品内分工深化而降低,那么如果贸易理论和竞争力理论关于国内市场规模提升出口竞争力的预期成立,则根据一单位本国相对市场大小所能支撑的国外市场份额,可有效度量国内市场规模对本土企业出口竞争力的贡献度。据此,笔者构建国内市场规模对本土企业出口竞争力的贡献度计算公式(6.3),其中的变量与公式(6.1)和(6.2)相同。公式(6.3)计算了主要出口国的国内市场规模对本土企业出口竞争力的贡献度。

$$M_{jk} = \sum_{i=1}^{n} \text{Excomp}_{jki}/(D\text{size}_{jk}/W\text{size}_k) \qquad (6.3)$$

首先,中国是全球最大电视机及投影仪消费市场,2012年,中国国内市场规模占全球市场比例为17.2%,中国本土企业占全球市场份额为10.3%,但绝大部分产品都在国内市场销售,本土企业在国外市场上的份额仅为1%。一单位国内市场规模所支撑的本土企业在国外市场上的份额仅为0.06,国内市场规模对本土企业出口竞争力的贡献度远远低于全球1.96的平均水平,如表6-1所示。与之相比较,日本是全球第三大电视机及投影仪消费市场,2012年,日本国内市场规模占全球市场比例为10.4%,日本企业占全球市场份额为20.8%,日本本土企业在国外市场份额达到12.6%。更为重要的是,2003—2012年间,中国电视机及投影仪国内市场规模不断扩张,而本土企业在国外市场的份额却不断降低,使得国内市场规模对本土企业出口竞争力的贡献度不断降低。

表6-1 电视机及投影仪(televisions and projectors)市场贡献度

国家或地区	年份									
	2003年	2004年	2005年	2006年	2007年	2008年	2009年	2010年	2011年	2012年
韩国	5.36	7.44	14.55	9.01	7.79	8.07	13.55	15.65	15.60	15.49
荷兰	7.06	6.72	8.08	6.36	6.52	5.23	4.29	4.47	5.44	5.91
中国台湾地区	0.10	0.09	0.09	0.22	0.38	0.60	0.91	1.06	1.35	1.43
日本	4.12	3.65	2.85	2.74	2.88	2.45	1.62	0.91	0.77	1.21
瑞士	/	/	1.59	1.78	1.74	1.75	1.62	1.87	2.39	1.21

(续表)

国家或地区	年份									
	2003年	2004年	2005年	2006年	2007年	2008年	2009年	2010年	2011年	2012年
印度	0.11	0.10	0.18	0.29	0.44	0.58	0.57	0.75	0.63	0.64
马来西亚	/	/	0.09	0.18	0.30	0.37	0.61	1.45	1.62	0.61
土耳其	1.19	1.02	1.04	1.22	1.29	1.18	0.81	0.63	0.39	0.27
瑞典	0.23	0.23	0.34	0.34	0.30	0.26	0.16	0.19	0.21	0.24
美国	0.06	0.06	0.06	0.06	0.05	0.07	0.13	0.14	0.13	0.19
印度尼西亚	0.26	0.26	0.41	0.36	0.41	0.45	0.44	0.38	0.15	0.10
中国	0.45	0.61	0.57	0.51	0.37	0.29	0.12	0.08	0.10	0.06
加拿大	0.01	0.01	0.00	0.00	0.00	0.01	0.00	0.00	0.00	0.05
英国	0.29	0.19	0.14	0.10	0.08	0.07	0.04	0.04	0.05	0.04
德国	0.08	0.06	0.00	0.03	0.00	0.00	0.00	0.01	0.00	0.01
均值	1.45	1.55	2.12	1.69	1.71	1.69	1.89	2.03	2.08	1.96

注："/"表示无数据。

在全球市场销售份额达到0.1%的中国本土企业有康佳、海尔、长虹、海信、创维、天敏科技六家，这些企业在国内市场上的占有率从2003年的38.9%上升到2012年的54.5%，但这些本土企业在国外市场上的份额都不断下降，如图6-4所示。这些数据充分说明，对于电视机及投影仪产品而言，伴随国内市场规模的扩张，并没出现有如经典贸易理论和竞争力理论所预期的本土企业出口竞争力的提升，反而如Porter(1990)所言，国内大市场所支撑的获利机会可能会弱化本土企业外海扩张的意愿，妨碍其出口竞争力的提升。

中国也是全球最大手机消费市场，2012年，中国国内市场规模占全球比例为15.5%，本土企业在全球市场销售份额为4.6%，本土企业在国外市场上的份额仅为1.35%，绝大部分产品同样在国内市场销售，国内市场规模对本土企业的出口竞争力的贡献度仅为0.09，处于主要出口国的末端水平，如表6-2所示。超过一半的全球市场份额被韩国和芬兰公司占有，2012年，两国分别控制了全球29.6%和28%的市场份额。2003—2012年间，韩国国内市场规模占全球市场比例平均为3.77%，但韩国企业占全球市场份额为22.35%，在国外市场上的份额为20.32%，因此国内市场规模对本土企业的出口竞争力的贡献度也比较高，达到6.05。在全球市场份额达到0.1%的中国本土企业只有华为、中兴、联想、康佳、波导五家，并且在国外市场上销售份额都较低，如图6-5所示。

图 6-4 中国电视机及投影仪国内市场规模与本土企业国外市场份额

表 6-2 手机（mobile phones）市场贡献度

国家或地区	年份									
	2003 年	2004 年	2005 年	2006 年	2007 年	2008 年	2009 年	2010 年	2011 年	2012 年
芬兰	17.16	18.94	17.09	11.31	19.36	17.95	16.11	16.08	16.17	16.75
韩国	1.65	2.93	4.22	5.17	4.94	5.30	7.68	9.84	9.47	9.34
中国台湾区地	0.02	0.02	0.05	0.43	0.49	0.58	0.61	1.22	2.77	5.01
加拿大	/	0.06	0.14	0.42	0.62	0.92	1.41	2.09	2.60	3.22
美国	1.16	1.54	1.74	1.67	1.43	1.34	1.16	1.08	1.29	1.43
马来西亚	0.62	0.77	0.97	1.01	1.07	0.84	0.85	0.96	0.93	0.95
日本	0.65	0.59	0.99	1.05	1.13	1.39	1.28	0.92	0.57	0.27
泰国	1.25	1.19	0.60	0.26	0.25	0.15	0.30	0.27	0.19	0.21
荷兰	0.17	0.28	0.14	0.16	0.23	0.34	0.25	0.21	0.18	0.20
韩国	0.61	0.34	0.24	0.19	0.20	0.19	0.13	0.10	0.11	0.11
中国	0.01	0.01	0.03	0.03	0.04	0.06	0.12	0.07	0.10	0.09
法国	0.09	0.08	0.06	0.06	0.01	0.01	0.03	0.00	0.02	0.03
均值	2.13	2.23	2.19	1.81	2.48	2.42	2.49	2.74	2.87	3.13

注："/"表示无数据。

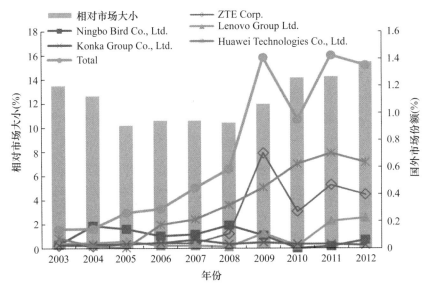

图 6-5 中国手机国内市场规模与本土企业国外市场份额

电视机及投影仪与手机市场贡献度的国际比较显示，国内市场规模对本土企业出口竞争力贡献较大的经济体，其国内市场规模较小，如韩国、荷兰、芬兰等，这说明国内市场规模并不是本土企业出口竞争力的唯一决定维度，国内市场规模较小国家的本土企业也可培育较强的出口竞争力。

中国是全球第二大计算机及外围设备、显像设备和家庭影院消费市场。中国显像设备国内市场规模占全球比例从 2003 年的 2.9% 增长到 2012 年的 10%。但遗憾的是，没有一家中国本土企业在全球市场份额达到 0.1%。因此，国内市场规模对本土企业出口竞争力的贡献度为 0，考虑到占全球市场份额达到 0.1% 的这些企业的销售总额占全球市场 98% 以上，中国本土企业在全球市场上的竞争力几乎可以被忽略。中国显像设备的国内市场规模并没有支撑起本土企业的出口竞争力。全球 87% 的显像设备市场被日、美、韩三国企业占有，其中日本和美国以相对较大的国内市场规模支撑起本土企业较强的出口竞争力，而韩国以相对较小的国内市场规模支撑起本土企业较强的出口竞争力，这再次说明国内市场规模并不是本土企业出口竞争力的唯一决定维度。

就计算机及外围设备而言，2003—2012 年，中国市场规模占全球比例从 13.2% 增长到 17.57%，中国本土企业在全球市场上的份额从 3.2% 增长到

5.6%，本土企业在国外市场上的份额从1.8%增长到3.2%，一单位国内市场规模所支撑的本土企业在国外市场上的份额也有所增长，从0.14增长到0.182，如表6-3所示。但国内市场规模对本土企业的出口竞争力的贡献度仍然比较低，处于主要出口国的末端水平。并且中国本土企业在国外市场份额的增长严重依赖联想集团一家企业，2012年，联想集团在国外市场份额占中国所有本土企业国外市场份额的67.2%。其他本土企业如清华同方、深圳神舟、方正科技、东莞中宇伴随着国内市场规模的扩张，其出口竞争力并没有明显提升，如图6-6所示。

表6-3 计算机及外围设备(computers and peripherals)市场贡献度

国家或地区	年份									
	2003年	2004年	2005年	2006年	2007年	2008年	2009年	2010年	2011年	2012年
中国台湾地区	25.760	26.764	26.217	25.262	26.124	30.598	30.614	30.187	32.088	27.007
瑞士	9.409	9.663	10.934	10.914	13.205	14.323	15.885	15.240	14.539	15.226
韩国	1.178	1.435	1.774	1.841	1.653	1.888	2.476	2.657	2.154	2.037
美国	1.250	1.223	1.243	1.240	1.376	1.487	1.621	1.685	1.478	1.454
新加坡	3.722	2.940	2.819	2.890	2.869	2.949	2.360	1.943	1.549	1.194
日本	0.599	0.601	0.684	0.777	0.955	1.086	1.011	0.875	0.797	0.841
荷兰	0.629	0.509	0.585	0.725	0.957	0.876	0.624	0.634	0.664	0.646
加拿大	0.347	0.293	0.365	0.315	0.240	0.246	0.260	0.262	0.246	0.227
芬兰	0.133	0.072	0.069	0.074	0.081	0.097	0.112	0.127	0.148	0.185
中国	0.139	0.155	0.181	0.200	0.181	0.178	0.162	0.157	0.173	0.182
巴西	0.142	0.113	0.149	0.043	0.018	0.010	0.004	0.017	0.007	0.014
德国	0.005	0.009	0.003	0.005	0.036	0.002	0.009	0.002	0.014	0.005
均值	3.609	3.648	3.752	3.691	3.974	4.478	4.595	4.482	4.488	4.085

中国是全球第二大家庭影院市场，2012年，中国国内市场规模占全球比例为12.07%，本土企业在全球市场份额仅为2%，并且大部分产品都在国内市场销售，本土企业在国外市场上的份额仅为0.26%。从2003—2012年，一单位国内市场规模所支撑的本土企业在国外市场上的份额的均值仅仅为0.02，处于主要出口国的末端水平。占世界市场份额达到1%的中国本土企业仅有丽声音响、新科电子、步步高电子三家，其产品绝大部分都是在国内市场销售，国外市场份额极低，其中新科电子的国外市场份额最高，2012年所占份额为0.2%。全球83%的家庭影院市场被日、美、韩和荷兰四国占有。其中日本国

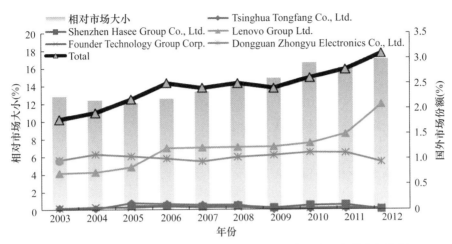

图 6-6 中国计算机及外围设备国内市场规模与本土企业国外市场份额

内市场规模占全球市场比例为 6.1%，但日本企业占据全球 41.2% 的市场份额，日本以相对较小的国内市场规模支撑起本土企业较强的出口竞争力。

表 6-4 家庭影院(home theatres)市场贡献度

国家或地区	年份									
	2003 年	2004 年	2005 年	2006 年	2007 年	2008 年	2009 年	2010 年	2011 年	2012 年
日本	2.610	2.746	2.980	3.457	4.871	6.698	7.819	6.612	6.158	6.328
荷兰	4.658	4.609	4.574	5.053	5.215	4.393	4.320	4.328	4.713	4.967
韩国	4.267	3.591	4.442	4.187	3.996	3.991	3.993	3.995	3.997	3.999
美国	1.193	1.339	1.335	1.466	1.324	1.304	1.284	1.264	1.244	1.224
法国	0.484	0.507	0.530	0.553	0.576	0.599	0.622	0.645	0.668	0.691
德国	0.115	0.088	0.094	0.101	0.123	0.128	0.151	0.174	0.197	0.220
中国台湾地区	0.008	0.058	0.003	0.402	0.300	0.257	0.204	0.161	0.244	0.218
印度尼西亚	0.193	0.245	0.268	0.296	0.165	0.177	0.169	0.168	0.173	0.174
中国	0.019	0.020	0.021	0.022	0.021	0.020	0.019	0.018	0.019	0.022
均值	1.505	1.467	1.583	1.726	1.843	1.952	2.065	1.929	1.935	1.982

中国作为世界第三大车载娱乐设备消费市场，2012 年，国内市场规模占全球比例为 9.1%，本土企业依赖国内市场的销售在全球市场销售份额中占 3.4%，在国外市场上的份额仅为 0.2%，国内市场规模对本土企业的出口竞争力的贡献度仅为 0.02，如表 6-5 所示。全球市场份额超过一半被日本和中

国台湾地区公司占有，2012 年分别占 34.7% 和 19.3% 的全球市场份额。与中国形成鲜明对照的是，2003—2012 年间，日本国内市场规模占全球市场比例平均为 15.36%，但日本企业占全球市场份额平均为 48.62%，在国外市场份额平均为 41.35%，因此国内市场规模对本土企业的出口竞争力的贡献度也比较高，平均达到 2.75。2012 年，在全球市场达到 0.1% 的中国本土企业只有浙江富友、广东好帮手、广州飞歌、深圳路畅、昂达科技、新科电子、深圳德赛五家，并且在国外市场上销售份额都较低。随着车载娱乐设备国内市场规模的扩张，中国本土企业的出口竞争力并没有明显提升，如图 6-7 所示：

表 6-5　车载娱乐设备（in-car entertainment）消费品贡献度

国家或地区	年份									
	2003 年	2004 年	2005 年	2006 年	2007 年	2008 年	2009 年	2010 年	2011 年	2012 年
中国台湾地区	0.678	1.018	1.700	2.595	6.482	16.017	20.299	20.374	18.214	17.236
荷兰	0.222	0.260	0.526	0.991	2.175	3.259	3.817	3.085	5.416	7.598
日本	3.949	3.369	2.982	3.213	3.633	3.171	2.734	1.710	1.388	1.386
美国	0.049	0.105	0.141	0.159	0.164	0.103	0.085	0.118	0.109	0.137
韩国	0.178	0.125	0.143	0.073	0.019	0.082	0.195	0.165	0.179	0.135
俄国	/	/	/	/	/	0.081	0.065	0.112	0.097	0.121
德国	0.536	0.403	0.233	0.154	0.080	0.080	0.167	0.155	0.141	0.100
印度	/	/	/	0.162	0.143	0.122	0.093	0.050	0.097	0.046
巴西	/	0.016	0.017	0.044	0.053	0.040	0.021	0.065	0.056	0.040
阿根廷	/	/	/	/	0.190	0.134	0.093	0.046	0.044	0.031
中国	0.040	0.030	0.080	0.080	0.140	0.110	0.040	0.020	0.020	0.020
均值	0.807	0.666	0.728	0.831	1.304	2.107	2.508	2.354	2.341	2.440

注："/"表示无数据。

2012 年，中国是全球第五大视频播放器和便携式播放器消费国。就视频播放器而言，2012 年，中国国内市场规模占全球比例为 2.2%，中国企业仅占全球市场份额的 2.3%。日本、韩国和荷兰三国基本垄断了全球视频播放器的销售，2012 年，三国分别占全球市场份额的 36.3%、24.5%、12.8%。日本以较大的国内市场规模支撑起本土企业较强的出口竞争力，但韩国和荷兰的市场规模较小，2012 年，两国国内市场规模占全球比例分别为 0.26% 和 0.92%，但国内市场贡献度很高，见表 6-6，这说明国内市场规模并不是本土企业出口竞争力的唯一决定维度。2012 年，中国本土企业在国外市场上的份

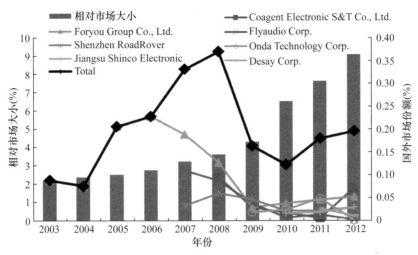

图 6-7 中国车载娱乐设备国内市场规模与本土企业国外市场份额

额为 1.85%,其中步步高电子的国外市场份额最高,2012 为 1%。占世界市场份额达到 0.1% 的中国本土企业仅有广州万丽达、新科电子、东莞齐声、步步高电子四家。中国本土企业在国外市场上的销售份额主要由步步高电子带动,并与中国国内市场规模变化方向一致。中国国内市场规模变化与其他企业出口竞争力的变化并没有明显相关性,如图 6-8 所示。

表 6-6 视频播放器(video players)市场贡献度

国家或地区	年份									
	2003 年	2004 年	2005 年	2006 年	2007 年	2008 年	2009 年	2010 年	2011 年	2012 年
韩国	33.711	36.574	37.864	34.887	33.150	34.404	50.889	71.943	80.535	94.137
荷兰	8.015	8.280	9.756	10.779	12.324	13.185	12.104	6.453	11.099	13.712
日本	1.694	1.651	1.282	1.315	1.484	1.449	1.318	1.307	1.333	1.217
中国	0.284	0.449	0.717	0.74	0.561	0.625	0.608	0.644	0.698	0.837
印尼	/	/	0.027	0.05	0.104	0.230	0.352	0.421	0.383	0.491
土耳其	0.635	0.506	0.046	0.089	0.159	0.146	0.130	0.352	0.264	0.197
印度	/	0.127	0.229	0.252	0.188	0.128	0.167	0.265	0.307	0.284
巴西	0.380	0.316	0.281	0.304	0.036	0.002	0.008	0.035	0.024	0.041
法国	0.057	0.033	0.057	0.085	0.107	0.076	0.046	0.095	0.087	0.101
波兰	/	/	/	0.023	0.054	0.061	0.058	0.067	0.091	0.145
西班牙	/	/	0.024	0.047	0.033	0.026	0.018	0.062	0.084	0.080

注:"/"表示无数据。

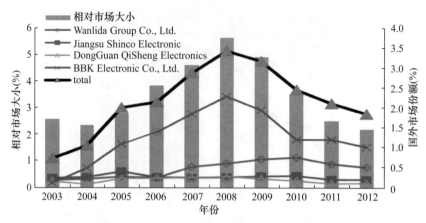

图 6-8 中国视频播放器国内市场规模与本土企业国外市场份额

就便携式播放器而言，2003 年至 2012 年，中国本土企业在国内市场上的占有率明显上升，从 7.7% 上升为 38.8%，本土企业依托国内市场销售在全球市场上的销售份额从 0.9% 增长到 2.7%，在国外市场份额从 0.4% 增长到 1.39%，国内市场贡献度从 0.06 增长到 0.35，如表 6-7 所示。但伴随国内市场贡献度上升的，却是中国国内市场规模占全球比例从 2003 年的 6.8% 降为 2012 年的 4%，并没有体现出国内市场规模与本土企业竞争力提升的相关性。在全球市场份额达到 1% 的中国本土企业有北京纽曼、北京华旗、深圳蓝魔等 9 家，但在国外市场上的销售份额都比较低，其中北京纽曼的国外市场份额最高，不过在 2012 年也仅为 0.37%，如图 6-9 所示。与之相比较，2012 年，美国国内市场规模占全球市场比例为 32.3%，美国企业在全球市场上的销售份额为 40%，在国外市场上的份额为 27%，国内市场贡献度为 0.84，美国以较大的国内市场规模支撑本土企业较强的出口竞争力。相比较而言，中国国内市场规模对本土企业出口竞争力的贡献程度较低，远低于全球平均水平。

表 6-7 便携式播放器(portable players)市场贡献度

国家或地区	年份									
	2003 年	2004 年	2005 年	2006 年	2007 年	2008 年	2009 年	2010 年	2011 年	2012 年
新加坡	14.49	15.73	26.93	41.81	45.93	36.93	24.45	21.38	20.07	17.97
韩国	1.05	0.89	1.03	1.05	1.07	1.43	2.06	2.11	1.92	2.16
荷兰	4.45	4.12	3.92	2.63	3.52	3.57	2.52	2.29	2.06	1.72

(续表)

国家或地区	年份									
	2003年	2004年	2005年	2006年	2007年	2008年	2009年	2010年	2011年	2012年
日本	3.56	3.22	1.73	1.64	1.68	1.79	1.79	1.74	1.78	1.52
美国	0.002	0.002	0.03	0.04	0.04	0.04	0.86	0.74	0.75	0.84
智利	/	/	/	/	0.09	0.08	0.09	0.37	0.16	0.39
中国	0.06	0.10	0.20	0.21	0.27	0.34	0.37	0.34	0.40	0.35
西班牙	/	/	0.03	0.08	0.11	0.18	0.21	0.08	0.05	0.05
德国	0.01	0.01	0.02	0.02	0.02	0.02	0.03	0.03	0.01	0.01
中国台湾地区	/	/	0.06	0.04	0.17	0.30	0.14	0.33	/	/
印度	0.48	0.45	0.31	0.54	0.23	0.19	0.18	/	/	/
均值	3.01	3.06	3.43	4.37	4.43	3.74	2.73	2.49	2.51	2.36

注："/"表示无数据。

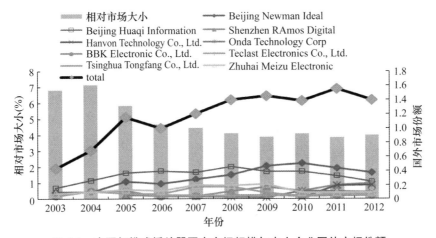

图6-9 中国便携式播放器国内市场规模与本土企业国外市场份额

总之，通过国际比较发现，中国国内市场对本土品牌企业出口竞争力的贡献度总体上处于主要出口国的末端水平，中国本土企业主要依靠国内市场销售在全球市场份额中占有一定比例，国外市场占有率低，绝大部分本土企业的国外市场份额并没有随着国内市场规模的扩大而增长。

第四节 中国国内大市场与本土企业出口竞争力：PVAR 检验

一、模型设定

以上的贡献度分析不足以确定国内市场规模与本土企业出口竞争力的因果关系，为了系统刻画国内市场规模变化对本土企业出口竞争力变化的动态影响路径和程度，笔者采用适合处理内生性关系的面板数据向量自回归(PVAR)方法，[①] 以 39 家中国本土企业 2003—2012 年的数据，[②] 考察中国国内市场规模对本土企业出口竞争力的影响路径和程度。使用的 VAR 模型形式为：[③]

$$y_{it} = Ay_{it-1} + f_i + e_t + v_{it} \tag{6.4}$$

为增强检验结果的稳健性，笔者采用常用的度量企业国际竞争力的指标——本土企业在全球市场上的份额和本土企业在国外市场上的份额两种指标度量中国本土企业出口竞争力。故分别设定 $y_{it} = \{wmfe_{it}, relativesize_{it}\}'$ 和 $y_{it} = \{foreignfe_{it}, relativesize_{it}\}$，其中 $wmfe$ 代表中国本土企业在全球市场上的份额，$foreignfe$ 代表中国本土企业在国外市场上的份额，$relativesize$ 为相对市场大小，以中国国内市场大小与全球市场大小之百分比度量。

二、面板 VAR 模型的估计

笔者采用 Fisher-ADF 检验和 Hadri 检验方法检验序列的平稳性，两种检验方法表明 wmfe、foreignfe 和 relativesize 均为平稳变量。为消除模型包含的固

[①] 笔者同时采用动态面板数据的 SYS-GMM 方法进行估计，但无论是 SYS-GMM 一步法还是两步法，估计结果都显示，国内市场规模都没有显著提升本土企业的出口竞争力(国外市场份额)。

[②] 总样本数为 350 个。车载娱乐设备的 7 家中国本土企业中，只有广州飞歌的数据跨度为 2003—2012 年。

[③] 需要指出的是，笔者没有纳入可能影响中国企业在全球及国外市场份额的其他变量，因为在没有其他控制变量的情况下，面板数据向量自回归(PVAR)方法已经足够判别国内市场大小变化对本土企业出口竞争力变化的动态影响路径和程度。这正是 PVAR 方法的优越性。同时，纳入的变量越多，所要求的时间跨度就会越长。正因为如此，几乎所有运用 PVAR 方法的文献选取的变量都不会超过 3—4 个的原因。如在最新使用 PVAR 方法的文献中，国际货币基金组织的 Carlos Góes 教授运用 PVAR 方法考察制度质量对人均 GDP 的动态影响路径和程度时，并没有纳入其他控制变量，因为就研究主旨和 PVAR 方法而言，已经没有必要这么做了。See Carlos Góes, Institutions and Growth: A GMM/IV Panel VAR Approach, *Economics Letters*, 2016(138), pp.85—91。

定效应，运用横截面上的均值差分消除时点效应，使用前向均值差分，即"Helmert 转换"消除个体效应。在两个方程中 AIC、BIC、HQIC 都显示，滞后两阶为最优滞后阶。PVAR 方法估计结果如表 6-8 所示。PVAR 方法估计结果显示，在全球市场份额方程中，国内市场规模（relativesize）对本土企业在全球市场上的份额（wmfe）没有显著影响。在国外市场份额方程中，国内市场规模的滞后一期和二期对本土企业在国外市场上的份额（foreignfe）也没有显著影响。这印证了中国国内市场规模对本土企业出口竞争力贡献度低的结论，并进一步确定了中国电子消费品行业的国内市场规模与本土企业出口竞争力并没有显著的因果关系。

表 6-8 面板 VAR 模型的估计结果

全球市场份额方程			国外市场份额方程		
h_wmfe			h_foreignfe		
L. h_wmfe	1.192***	(4.20)	L. h_foreignfe	1.049***	(4.50)
L. h_relativesize	0.002	(0.09)	L. h_relativesize	0.006	(0.51)
L2. h_wmfe	−0.254	(−1.15)	L2. h_foreignfe	−0.204	(−1.46)
L2. h_relativesize	0.000	(−0.04)	L2. h_relativesize	0.009	(0.97)
h_relativesize			h_relativesize		
L. h_wmfe	0.237	(0.27)	L. h_foreignfe	0.815	(0.82)
L. h_relativesize	0.955***	(11.71)	L. h_relativesize	1.217***	(14.12)
L2. h_wmfe	−0.252	(−0.34)	L2. h_foreignfe	−0.574	(−1.23)
L2. h_relativesize	−0.151**	(−2.16)	L2. h_relativesize	−0.312***	(−4.99)
N	265		N	254	
AIC	−6.206		AIC	−6.347	
BIC	−5.077		BIC	−5.196	
HQIC	−5.750		HQIC	−5.882	

注：括号内为 t 统计值，*$p<0.1$，**$p<0.05$，***$p<0.01$，h_表示变量已经过"Helmert 转换"。

面板 VAR 模型估计结果显示，在全球市场份额方程中，国内市场规模对本土企业在全球市场上的份额没有显著影响。在国外市场份额方程中，国内市场规模对本土企业在国外市场上的份额也没有显著影响。这印证了中国国内市场规模与本土企业出口竞争力的背离程度高、相关性弱的结论，也印证了中国国内市场规模对本土企业出口竞争力的贡献度低的结论，并进一步确定了中国电子消费品行业的国内市场规模与本土企业出口竞争力并没有显著的因果关系。

三、脉冲响应函数

以脉冲响应函数衡量随机扰动项的一个标准差的冲击对其他变量当前和未来取值的影响轨迹。通过给予变量一个标准差的冲击，使用 Monte Carlo 方法模拟 500 次得到脉冲响应函数，如图 6-10 和图 6-11 所示。根据图 6-10(B)，一个标准差的国内市场规模的冲击并没有引起本土品牌企业国外市场份额的显著反应。根据图 6-11(B)，国内市场规模的冲击也没有引起本

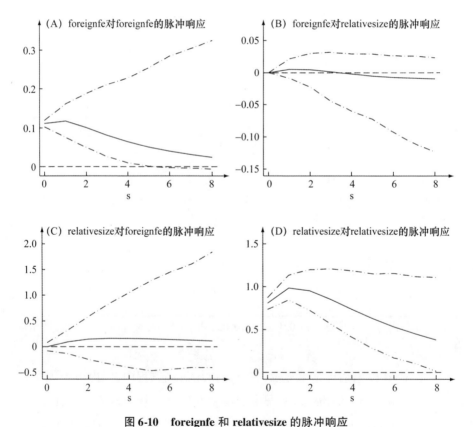

图 6-10　foreignfe 和 relativesize 的脉冲响应

注：虚线代表 90% 的置信区间，通过 500 次 Monte Carlo 方法模拟得到。

土品牌企业全球市场份额的显著正向反应。因此，脉冲响应函数进一步验证了，中国电子消费品国内市场规模扩张并没有显著提升土企业出口竞争力。①

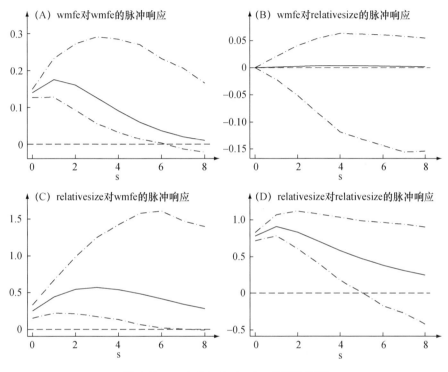

图 6-11 wmfe 和 **relativesize** 的脉冲响应

注：虚线代表 90% 的置信区间，通过 500 次 Monte Carlo 方法模拟得到。

总之，面板 VAR 模型实证检验并没有确立中国电子消费品行业大的国内市场需求规模提升本土企业出口竞争力的因果证据。

---

① 由于面板 VAR 模型估计和脉冲响应分析表明，中国国内市场规模的变动并没有引起本土企业出口竞争力的显著变化，故方差分解和因果检验省略。实际上，方程分解的结果也表明，国内市场规模对本土企业出口竞争力的解释力度很低，约为 0.03，因果检验也表明国内市场规模不是本土企业出口竞争力提升的原因。

第五节　中国国内市场规模发挥作用的
　　　　实现制度条件考察

为什么中国电子消费品行业的国内大市场没有支撑起本土企业的出口竞争力？正如理论分析指出，尽管国内市场规模能够通过规模与成本的静态效应和竞争与创新的动态效应提升本土企业出口竞争力，但同时，国内大市场支撑的巨大获利空间可能弱化本土企业出口对外扩张的动力，大的国内市场规模并不一定能提升本土企业的出口竞争力。国内市场规模对本土企业出口竞争力的作用机制要在创新导向的市场环境、国内需求与国际需求相匹配、消费者与生产商有效互动等制度条件下才能实现。

一、"低成本获利空间"弱化了本土企业提升出口竞争力的动力

"只有创新才有竞争力"的市场环境是国内市场机制发挥作用的根本性前提，但中国电子消费品行业规范有序、创新导向的市场环境还没有形成。基于低质、同质产品的价格竞争仍然是中国目前本土企业的主要竞争方式。[①] 如"以价换量"的恶性竞争使得中国家用影视设备商品零售价格指数在2002—2013年一直处于负增长状态，如图6-12所示。这种为获得规模经济的恶性成本竞争，非但不会增强本土企业的国际竞争力，反而会削弱其国际竞争力（Porter，1990）。基于低质、同质产品的价格竞争之所以是中国目前本土企业的主要竞争方式，原因在于：（1）快速扩张的市场国内规模为本土企业以"以价换量"的获利模式提供了空间。随着中国人均收入的增长，农村与低收入群体的消费潜能不断释放，这使得中国电子消费品市场规模在2003—2012年期间平均以16%的速度增长，这一快速扩张的国内市场为本土企业以同质产品薄利多销的获利模式提供了空间，使得中国本土企业在国内市场销售占总销售比例从56.3%上升到72.7%，同时也弱化了中国本土企业以创新进行

[①] 如家电行业的价格战是一个不争的事实，"以价换量"是我国家电行业竞争的主要方式。参见《家电业开启"以价换量"疯狂竞争模式》，载《经济观察报》2016年1月4日。

海外扩张的动力。① (2) 低质、同质产品的获利空间和创新能力的缺乏，使得中国电子消费品"以价换量"的恶性竞争成为常态。知识产权保护不力、行业进入门槛低以及缺乏对企业失信的惩戒机制等，助长了以价格竞争为主的无序竞争，一个突出表现就是低价"山寨产品"层出不穷，导致市场无法通过"自选择"机制提升整个行业的竞争力。这种低端产品依靠模仿，以低成本、低价格占领电子消费品大部分市场份额，扰乱市场竞争，使得市场竞争的"自选择"机制不畅，制约了本土企业核心竞争力的提升。(3) 由国内市场规模扩张保障的低质、同质产品的获利空间和无序竞争又反过来弱化了本土企业的技术创新动力，导致本土企业技术投入不足。如中国家用影视设备制造业的技术投入比率在 2002—2008 年一直处于 1.2% 的水平，并且近年来进一步降低（如图 6-12 所示）。而技术优势的缺乏使得本土企业只能以价格优势来参与国际竞争，但这种低成本竞争方式，在跨国公司通过整合全球产业链所带来的成本优势和技术优势的双重夹击下，在国外市场竞争中举步维艰，只能依靠本土市场的便利在全球市场上占一席之地。这就解释了为什么拥有巨大国内市场的中国本土品牌企业的绝大部分产品都在国内市场销售，而国外市场份额低。

二、国内外需求的匹配程度低抑制了国内大市场效应的发挥

无论是本地市场效应理论还是竞争力理论，在预期国内市场规模提升本土企业出口竞争力时，都有国内需求能转化为国际需求的隐含假设。但中国大量出口企业在国内没有销售、国内市场难以承接出口调整的事实，充分说明国内需求与国际需求匹配度低（张昊，2014）。这使得本土企业无法依托国内市场规模提升出口竞争力，也无法根据国际市场顺利进行出口调整、实现国内国际市场的协同统一。中国本土品牌企业生产的电子消费品难以立足于国外市场的一个重要原因在于，本土品牌产品难于满足国外市场对产品的质量、技术、节能环保、社会责任等方面的要求。这既体现了国外市场利用技术性贸易壁垒抵制中国电子消费品的低价销售，同时也反映了中国本土企业

---

① 这一点与 20 世纪美、日电视产品的竞争有较强的相似性，20 世纪 70 年代，当率先发明电视机的美国企业还沉迷于国内市场利润的时候，日本企业已经在国内市场饱和压力下，努力降价，开拓海外市场，到 20 世纪 80 年代末期，日本成为"全球电视机产业王国"。

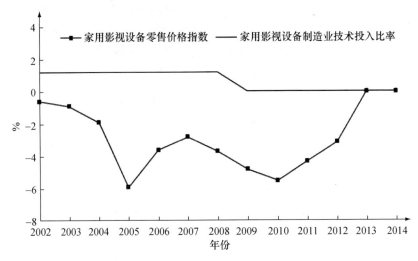

图 6-12　中国家用影视设备零售价格指数与技术投入比率
数据来源：北京中关村电子产品贸易商会。

供给的电子消费品与国际需求的背离。当前，电子消费品的国际需求整体上趋向于高端化、智能化、个性化、绿色化。而中国电子消费品行业长期依赖低成本的规模扩张模式，难以满足这一国际需求，主要体现在：(1) 中国电子消费品企业多年来的规模扩张导致企业良莠不齐，自主创新能力普遍较弱，核心技术受制于人，产品处于价值链中低端，[①] 难以满足电子消费品高端化、智能化的国际消费特征。(2) 中国电子消费品设计同质化现象普遍，在核心设计方面追求主流的产品设计理念，没有形成独具一格的设计方式，[②] 这也难以满足电子消费品个性化的国际消费特征。(3) 由于中国电子消费品长期以来以实用为主，国内绿色低碳的电子消费品市场处于起步阶段，[③] 本土品牌企业的相关经验和技术积累不足，也无法满足国际市场上电子消费品的绿色化要求。当前，国内需求结构已处于升级过程中，对电子消费品的前瞻性需求

[①] 在中国电子消费品行业中，绝大部分核心技术受控于国外企业。如电视机产品中的 LED 背光、OLED、3D 立体显示技术等由国外公司所掌握；国产手机企业还未能完全掌握基带芯片、射频芯片、软件等核心技术。

[②] 如中国手机大部分都是安卓系统，或是安卓系统的改良版，没有苹果 iOS 系统那样在手机界一枝独秀，所以中国手机应用软件也基本雷同。

[③] 根据 2015 年 11 月国务院发布的《关于积极发挥新消费引领作用加快培育形成新供给新动力的指导意见》，中国消费结构正在发生深刻变化，"时尚消费、绿色消费、品质消费" 理念正在形成。

表现在从基本满足过渡到品质需要。但电子消费品行业供给端的转换才刚刚开始，滞后于需求转换，使得国内消费者被迫转向国外生产的同类高端产品。国内庞大的前瞻性需求不仅没能助推本土品牌企业提升出口竞争力，反而给国外竞争企业提供了无限商机。①

三、不完善消费环境下消费者与生产商互动无法实现

在不完善的消费环境下，国内大市场提升本土企业出口竞争力的微观机制——消费者与生产商互动无法实现。国内市场需求对本土企业出口竞争力的影响主要通过国内需求的形态和特征来实现，本土企业对国内需求形态和特征的认知、解读和回应就是本土企业出口竞争力提升的过程，也是一个消费者与生产商互动的过程。在这一互动过程中，国内高端、苛刻的消费者对塑造技术革新、提高质量和国内需求的国际化的作用尤为重要。对于本土企业而言，挑剔型消费者的质量诉求不是企业发展的障碍，而是企业提高产品质量和研发新产品的重要方向。这就需要良好的消费环境使得本土企业对消费者的诉求作出解读和回应。但在中国本土企业传统经营模式与不完善的消费环境下，国内消费者还没有成为本土企业创新的主要学习途径和压力来源。在消费者与生产商的互动过程中，国内高端、苛刻的消费者对塑造技术革新和提高产品质量尤为重要。对于本土企业而言，挑剔型消费者的质量诉求，不是企业发展的障碍，而是企业提高产品质量和研发新产品的重要方向。但在国内电子消费产品同质化与低价竞争的环境下，大多数本土企业还没有建立以消费者为中心的产品设计、生产与服务平台。多数电子消费品生产链并没有从传统的"设计—生产—消费"经营模式转变为"设计—生产—消费—信息反馈—再设计"模式，这使得消费者的质量诉求和消费偏好无法反映在产品创新过程中，消费者与生产商的互动机制不畅。更为重要的是，个性化逐渐成为电子消费品设计的主流，需要消费者参与到产品价值创造与价值增值过程中，从最初研发到设计过程都能体现消费者的偏好，从而推动电子消费品不断升级。但目前，中国国内消费环境不完善，假冒伪劣商品屡禁不止，

---

① 根据 2014 年《中国奢侈品报告》，中国是全球奢侈品的最大消费国。2013 年，中国消费者购买了全球 47% 的奢侈品，其中境外消费额高达 73%，这表示中国没有一个被世界认可的中国本土奢侈品品牌。

消费侵权形势严峻。如国家工商总局2015年3月发布的《2014年全国工商和市场监管部门受理消费者咨询投诉举报情况分析》显示：2014年，全国工商和市场监管部门共受理消费者投诉116.22万件，同比增长14.3%，投诉量及增幅均居五年来最高。其中以手机为主的通信器材和家用电器等电子消费品的消费投诉分别为11.5万件和11.04万件，占商品消费投诉比例分别为16.3%和15.6%。[①] 在不完善的消费环境下，企业没有压力对消费者的诉求作出解读和回应，消费者与生产商的互动机制无法实现，国内老练、苛求的消费者无法成为本土企业改进、创新产品的压力。正如Porter(1990)指出的那样，"当本国客户不能为企业创新提供压力时，这个产业要在创新的竞赛中胜过国外竞争对手是很困难的"。

第六节　结　　论

随着传统要素成本优势的削弱，利用日渐庞大的国内市场规模和不断升级的需要结构培育"以技术、品牌为核心的新型出口优势"已成为学界和决策者的共识。基于中国区域、行业出口数据的实证研究大都认为，国内大市场规模是推动中国出口的优势之一。笔者采用全球电子消费品行业1252家品牌企业数据，以本土企业的国外市场份额客观度量其出口竞争力，寻找中国电子消费品这一代表性行业国内大市场提升本土企业出口竞争力的微观证据。笔者分析后发现：尽管中国是全球最大的电子消费品市场，且本土企业享有本地市场销售的便利，但巨大的国内市场需求并没有支撑起本土企业的出口竞争力，中国巨大的国内市场规模仍是有待开发的出口优势潜在源泉。本书的启示不再仅仅局限于构建国内统一大市场以发挥国内市场效应的政策思路，因为中国本土企业的大部分电子消费品都在国内市场销售，更应当注重国内大市场发挥作用的前提条件。通过规范市场秩序等途径，构建国内大市场发挥作用的市场环境，形成立足国内大市场的"内需驱动型"外贸发展模式，这不仅能有效推进"国际国内市场深度融合"，也是培育新型出口优势的有效

---

① 参见国家工商行政管理总局：《2014年全国工商和市场监管部门受理消费者咨询投诉举报情况分析》，http://www.saic.gov.cn，2018年12月22日访问。

途径。

第一，规范市场秩序，形成以创新为导向的市场环境。首先，治理竞争环境，规避无序竞争，实现市场竞争的"自选择"机制。加快构建守信激励和失信惩戒机制，实施企业经营异常名录、失信企业"黑名单"、强制退出等制度，淘汰劣质企业，规范行业发展，通过有序竞争实现市场的"自选择"机制，优化企业创新环境。其次，理顺劳动力、资金、土地与能源等要素价格，压缩同质、低质产品的利润空间，形成"只有创新才能生存和发展"的倒逼机制。这一倒逼机制将迫使本土企业放弃依靠要素低成本优势和出口政策优惠实现低价竞争的短效发展模式，转向依托国内市场需求规模实现技术创新的长效发展模式。最后，构建行业创新平台，孵化企业的创新能力。为适应国内消费升级，对国内供给的转换必须辅之以必要的技术支撑。为此，国家政策不仅需要聚焦提升创新能力、产业链合作、加大行业创新支持力度等方面，也需要构建企业交流平台，集中企业有限资源对若干关键技术予以突破，使企业核心技术精细化、专业化。

第二，以国内需求升级为依托促进产品升级，实现国内需求与国际需求的对接，打破本土企业扩展国际市场时面临的国内外需求差异的藩篱。由于发展阶段的差异，国内生存型需求与国际发展型、个性化、服务型需求的差异，是本土企业难以开拓国际市场的重要原因。随着居民收入水平提高、人口结构调整和科技进步，城乡居民的物质文化需求结构不断升级，为产品升级提供强有力的需求保障，必将大幅度增加国内与国际的"重叠需求"（Linder，1961），为国内需求的国际化提供广阔空间。这就需要政府以国内需求升级为契机，通过提高国内标准与国际标准一致性的程度、消除不合理本地规则、鼓励产品创新等措施，构建消费结构升级引领产品升级的良好环境和长效机制。对本土企业而言，基于国内前瞻性需求与国际需求的细分市场目标定位，在产业链和价值链的关键环节寻求技术突破，沿着产品升级、品牌跃升的方向，扎实推进技术创新与制造升级。以国内消费升级为依托促进产品升级，实现国内需求与国际需求的对接，真正实现内外贸一体化和"国际国内市场深度融合"。

第三，构建以消费者—生产商有效互动为核心的企业经营模式和良好的消费环境，把消费者的质量诉求转变为本土企业创新的压力和动力。对本土企业而言，构建以消费者—生产商有效互动为核心的企业经营模式，是提升竞争力的关键途径。为此，需要改变"先有产品再有用户"的传统经营思路，坚持"先有用户再有产品"的新思路。在组织上，彻底打破过去的科层体制与部门分割，建立以用户为中心的共享与开放的业务和职能平台，把传统被动购买产品的顾客转变成为拥有个性化需求的用户。在激励机制上，围绕是否为用户创造价值和增加价值，重新设计企业的激励体系、薪酬结构和考核机制。在商业模式上，探索从产品产销向经营用户转变，探索通过互联网实现与用户零距离接触的商业模式，以产品的个性化定制推动产品升级。对政府而言，需要通过加强质量监管、畅通消费维权渠道、提升市场监管效能和消费维权工作现代化水平、完善消费维权法律法规和规章制度等途径，进一步加大消费维权力度，营造安全、便利、诚信的良好消费环境。在完善的消费环境和以消费者为中心的企业经营模式下，消费者—生产商有效互动机制才能畅通，国内挑剔型消费者需求的形态和特征才能转化为本土企业改进产品质量的压力和动力，国内大市场提升本土企业出口竞争力的微观机制才能实现。

第七章

依托国内大市场促进中国外贸发展方式转变的战略转换与政策重点

通过第三至六章的分析，已经明晰，依托国内需求的外贸发展模式，能为本土企业培育高层次竞争优势提供大国国内需求这一重要的优势来源，进而促进出口升级、产品结构多元化和提升本土企业的出口竞争力，最终改善以经济持续增长为核心的外贸发展绩效。因此，依托国内需求发展对外贸易是大国外贸发展的一般性经验。中国遵循大国外贸发展的一般性规律，回归内需驱动型外贸发展，既是为了修正外需导向型模式由内外部经济环境变化导致的经济系统运行偏差和无法持续的经济行为，也顺应了经济发展阶段转变的客观需要。从短期看，维持中国外向型产能增长成为"稳外需"进而成为"稳增长"的重要内容。而发达国家"再工业化"、发展中国家出口竞争形成的"合成谬误"，以及中国外贸优势"断点"，使得中国外需导向外贸发展模式已经失去创造"中国奇迹"时所面临的有利的全球环境。国内外经济形式深刻转变背景下的"形势所逼"以及中国快速扩张的内需规模和不断升级的需求结构所带来的战略机遇，也要求建立依托国内大市场的内生良性外贸发展机制。为此，笔者基于前面各章的分析结论，在剖析中国脱离国内需求出口模式成因的基础上，提出依托国内大市场促进外贸发展方式转变的战略转换思路和"根源性"政策支点。

第一节 中国缘何没有形成依托国内大市场的内生外贸发展机制

理论分析和国际经验都表明,大国国内需求通过促进出口升级和出口产品结构多元化、提升本土企业出口竞争力等途径实现外贸发展方式转变,所以在相同发展阶段,大国会更偏向于内需驱动出口模式。这为中国外贸发展提供了一条特殊的大国优势途径,那么中国外贸发展是否遵循了这一国际经验?

一、中国背离大国经验的程度测算及因素分解

为保持研究的一致性,笔者基于第三章中公式(3.1)测度的内需驱动出口指数进行分析。公式(3.1)测度的内需驱动出口指数表明,1997—2010年中国内需驱动出口指数均值为 0.3838,同期内,全球 51 个国家的平均指数为 0.446,大国的平均指数为 0.4893。中国内需驱动出口指数不仅远低于大国的平均水平,甚至低于全球的平均水平,如表 7-1 所示。这说明从总体上看,国内需求对中国出口的贡献程度很低,巨大的国内需求没有成为中国出口的重要驱动因素,国内需求促进中国出口的潜力较大。这一结论与既有关注中国本地市场效应的研究具有较大差异,究其根源,既有关注中国本地市场效应的研究只能证明内需与出口之间的因果关系,无法判别国内需求对出口的促进程度与潜力。而基于内需驱动出口指数的国际比较表明,中国外贸发展背离了"大国偏向内需驱动出口模式"这一国际规律,中国与大国平均水平的偏离程度为 21.56%。

表 7-1 不同规模经济体内需驱动出口指数的国际比较
(1997—2010 年均值)

指数	中国	全球平均	大国	美国	德国	中国背离大国程度	中美背离度之比
ddtm	0.3838	0.4456	0.4893	0.515	0.585	21.56%	3.98
non_ddtm1	-0.0339	5.96e-17	0.0052	-0.003	0.062	751.92%	4.80
non_ddtm2	-0.0172	-2.46e-17	0.026	-0.033	0.067	166.15%	0.75

(续表)

指数	中国	全球平均	大国	美国	德国	中国背离大国程度	中美背离度之比
经济自由度	52.9	62.172	64.244	78.363	69.062	567.2%	4.47
国家规模	14.526	11.829	13.461	16.295	14.714	53.25%	1.65

注：中国与大国的背离程度计算公式为：100 × |第1列数值 − 第2列数值|/2；中美背离度之比计算公式为：|第1列数值 − 第2列数值|/|第3列数值 − 第2列数值|。

(一) 发展阶段等因素并不能有力解释中国严重脱离本土需求的出口模式

那么，中国外贸发展背离国际规律是中国特定经济发展阶段的合理现象吗？诚然，国内需求能否成为一个国家出口的重要优势来源，可能是一系列综合因素影响的"正常现象"，其中经济发展阶段和产品内分工是两个明显的合理因素。正如 Hobday(1995)指出的那样，对于发展中国家的后发企业而言，它们不仅面临与前沿技术水平差距的劣势，另外一个重要的竞争劣势在于，发展中国家的后发企业在发展过程中遭遇较小的本地市场规模和欠高端用户，由于高端客户主要集中在发达国家，从而使得后发企业与国际主流市场脱离。并且比较优势战略理论也强调，一个国家经济发展阶段的要素禀赋结构对其技术和产业结构具有决定性作用(林毅夫，2002)。因此，由经济发展阶段所决定的与前沿技术水平的差距、国内需求层次与国际主流市场的差异、要素禀赋结构特征，是影响国内需求能否成为外贸优势来源，进而影响内需驱动出口模式形成的重要因素。这也是中国外贸发展在经济发展初期需要立足要素禀赋优势，形成脱离国内需求的外需导向型贸易模式的客观原因。同时，大量的加工贸易可能也是内需驱动出口模式无法形成的客观原因。正如不少学者指出的那样，中国大量"两头在外"的加工贸易使中国对外贸易结构呈现超前发展的虚幻性，导致对外贸易结构的"镜像"并不反映产业结构的"原像"[①]。而加工贸易在解决就业、促进外贸增长等方面发挥了重要作用。因此，如果是由于经济发展阶段和加工贸易导致中国外贸发展背离了大国偏向内需驱动出口模式的国际经验，这也是特定经济发展的"正常现象"。为鉴别中国外贸发展背离国际经验是否是特定经济发展阶段的"合理现象"，笔者将

[①] 袁欣(2010)指出，加工贸易导致中国对外贸易结构与产业结构"镜像"与"原像"的背离；张曙霄、张磊(2013)则称之为"中国贸易结构与产业结构发展的悖论"。

经济发展阶段(真实人均 GDP)和产品内分工(inner)①导致的出口与内需背离按照如下方法剥离出来：

$$\widehat{ddtm}_{it} = \alpha_0 + \alpha_1 \log y_{it} + \alpha_2 \text{iner}_{it} + \alpha_3 \text{iner}^2 + e_{it} \quad (7.1)$$

$$\text{non\_ddtml}_{it} = ddtm_{it} - \widehat{ddtm}_{it} \quad (7.2)$$

其中，$\widehat{ddtm}$为根据经济发展阶段和产品内分工拟合的内需驱动出口指数，可以称之为由经济发展阶段和产品内分工解释的"合理性"内需驱动出口指数，non_ddtm1 为实际内需驱动出口指数与"合理性"内需驱动出口指数之差，它代表剥离了经济发展阶段和产品内分工后的内需驱动出口指数。

比较中国与不同规模经济体的 non_ddtm1 指数发现(见表 7-1)，中国的 non_ddtm1 指数为 -0.0339，这说明中国的实际内需驱动出口指数低于由经济发展阶段和产品内分工决定的"合理性"内需驱动出口指数。与之相对应的是，大国的non_ddtm1指数均值为0.0052，这说明大国实际内需驱动出口指数高于由经济发展阶段和产品内分工决定的"合理性"内需驱动出口指数。这进一步说明大国确实比小国更加偏向内需驱动出口模式，而中国却背离这一基本国际规律。更为重要的是，以实际内需驱动出口指数计算的中国与大国的背离程度仅为21.56%，而剥离经济发展阶段和产品内分工等"合理"因素后，以 non_ddtm1 指数计算的偏离程度高达 751.92%。这与笔者的直觉形成较大反差。一个可能的原因在于(7.1)式中根据发展阶段和加工贸易估计的"合理性"内需驱动出口指数是有偏的。为此，进一步以中美背离度之比规避有偏估计的影响。这样做的理由是，即便(7.1)式的估计是有偏的，但这一有偏估计在中美两个国家应该是对称的。以实际内需驱动出口指数测度的中美背离度之比为3.98，而以 non_ddtm1 指数测度的中美背离度之比为4.8，说明剥离经济发展阶段和产品内分工等"合理"因素后，中国相对美国的背离程度并没有降低。这进一步说明经济发展阶段和产品内分工并不能解释中国与国际规律的背离。原因在于，尽管经济发展阶段和产品内分工确实影响内需驱动出口模式

---

① 加工贸易是产品内分工的产物，而中间产品贸易是产品内分工的本质特征。故以中间产品出口占总出口比例度量一国融入全球产品内分工的程度，反映加工贸易的影响，数据来自于联合国商品贸易统计数据库中的广义经济分类法(BEC)下的中间品贸易数据(intermediate goods)。分析发现，产品内分工与内需驱动出口指数呈现倒"U"形关系，故而在(7.1)式中加入产品内分工的平方项，以增强其解释力。

的形成,但经济发展阶段和产品内分工在其他大国具有一般性,并不是中国的特殊元素,故不能解释中国与国际规律的背离。①

(二) 中国严重脱离国内需求出口模式的深层次原因

究竟是什么原因导致拥有巨大国内需求的中国并没有遵循大国外贸发展的一般性经验,没有形成内需驱动出口模式? 理论分析表明,内需驱动出口模式的形成需要特定的制度环境,以保障"国内需求—本土供给—出口结构"的有效对接。

笔者在第四章第三节和第五章第二节剖析了制度环境影响脱离国内需求出口模式的内在机制。一方面,不完善的制度环境使得"内需引致出口"功能缺位,导致国内需求较大的产品无法成为有竞争力的出口产品。"内需—出口"假说之所以预期一个国家会出口本土需求较大的产品,制度环境完善的隐含假设发挥了两个关键作用:一是完善的制度环境使得国内需求优势能够顺利转换为高层次竞争优势;二是完善的制度环境迫使本土企业依托较大国内需求寻求高层次竞争优势。由于众多本土企业面临相同的国内要素成本等条件,为了避免在市场竞争中被淘汰,本土企业就会尽量依托较大国内需求寻求以技术、品牌为核心的高层次竞争优势(Porter, 1990),在国内需求优势能顺利转换为高层次竞争优势的制度条件下,国内需求较大的产品转化为有竞争力的、出口较多的产品就成为现实,这样也会使得出口产品不会过度集中在与国内需求不相关的产品上。但国内制度环境的不完善使得本土企业没有动力,也没有能力依托国内需求形成高层次竞争优势,导致"内需引致出口"功能缺位,使得国内需求规模大的产品不一定具有出口竞争力(Porter, 1990)。

另一方面,在"内需引致出口"功能缺位的不完善的制度环境中,国内需求较大的产品出口较少,出口产品自然会相对集中在国内需求较少的产品上,从而形成高度背离国内需求的扭曲性出口产品结构。不完善的制度环境使得本土企业失去依托国内需求获取国际竞争优势的重要途径,本土企业只

---

① 实际上,图2-10明确剥离加工贸易的影响,以八类电子消费品、1252家民族品牌企业的数据刻画中国国内市场对民族品牌企业出口竞争力的贡献程度。分析表明,中国国内市场相对大小与本土品牌企业出口份额背离度的总体均值远远高于世界平均水平,2003—2012年间偏离程度的均值为746.42%,这与以non_ddtm1指数计算的偏离程度(751.92%)很接近。

能依赖以要素禀赋为主的低层次优势获得竞争力，并通过国际市场上的低价竞争强化这种成本优势，使得出口产品集中在少数有要素成本优势的产品上。或者完全放弃本土市场偏好，立足要素禀赋优势，通过深度融入全球产品内分工，获取以国外需求为导向的出口机会。这两种出口方式都会使得出口产品相对集中在与国内需求关联较差的产品上，必然形成高度背离国内需求的出口产品结构。

笔者将制度环境导致的出口与内需背离按照如下方法剥离：

$$\widehat{ddtm2}_{it} = \alpha_0 + \alpha_1 institution_{it} + e_{it} \qquad (7.3)$$

$$non\_ddtm2_{it} = ddtm_{it} - \widehat{ddtm2}_{it} \qquad (7.4)$$

笔者采用由 Heritage Foundation 提供的总体经济自由度指数度量国内市场制度环境（De Haan et al., 2006；易先忠等，2014），剥离了制度环境的内需驱动出口指数见表7-1，中国的 non_ddtm2 指数为 -0.0172，比 non_ddtm1 指数（-0.0339）更加趋近于零，这说明制度环境比发展阶段和产品内分工更能解释中国出口模式。更为重要的是，以 non_ddtm1 指数计算的中国与大国的偏离程度高达751.92%，而以 non_ddtm2 指数计算的中国与大国的偏离程度下降为166.15%。并且规避有偏估计影响的中美背离度之比也显著降低，以 ddtm、non_ddtm1 和 non_ddtm2 测度的中美背离度之比分别为3.98、4.8和0.75，这进一步说明，排除制度环境的影响后，中国与大国经验的背离程度会显著降低。

进一步地，基于第五章第五节通过实证检验识别的关键制度环境维度，考察五个方面的市场环境（见表7-2），即以经济自由度指数中的"投资自由"来度量政府对投资领域的限制、"产权保护"度量市场法治环境、"无腐败程度"度量经济中的寻租获利空间、"商业自由"度量政府对企业的干预程度、"金融自由"度量资本市场的完善程度。[①] 中国五个方面的市场环境指数都低于全球平均水平，也远低于大国平均水平。在剥离各个方面的制度环境后，中国与大国的背离程度都低于以 non_ddtm1 指数计算的偏离程度（751.92%），并且规避有偏估计影响的中美背离度之比也低于以 ddtm 和 non_ddtm1 测度的中美背离度之比（分别为3.98和4.8）。这说明中国制度环境不完善是导致中

---

① 各个指数的定义见 Miller T., Kim A., Defining Economic Freedom, http://www.heritage.org。

国出口模式背离大国经验的深层原因。其中，市场法治环境、政府对企业的干预程度和对投资领域的限制、资本市场的完善程度对中国出口模式背离国际经验的解释力更强。相对而言，无腐败程度的解释力较弱，这可能与"腐败的润滑剂效应"有关。

表7-2 剥离制度环境后中国与大国经验的背离程度
（1997—2010 年均值）

市场环境	中国	全球平均	大国	美国	中国与大国的背离程度	中美背离度之比
投资自由	35.31	57.76	60.80	72.50	80.17%	1.58
产权保护	26.88	58.36	66.22	89.38	36.79%	0.21
无腐败程度	32.19	49.26	58.98	76.31	333.85%	2.97
商业自由	52.59	68.75	72.37	87.59	78.62%	0.45
金融自由	36.25	55.88	59.00	79.38	131.97%	1.24

资料来源：作者计算整理。

二、制度环境的"中国特征"与中国背离大国经验的进一步解释

以上分析说明，经济发展阶段等现实因素并不能有力解释中国与大国经验的背离程度，不完善的制度环境是影响中国内需驱动出口模式形成的更深层原因。理论分析也表明，大国内需驱动出口模式的形成，需要内需引致本土企业竞争力提升和国内较大需求能被本土企业供给并能够国际化的制度环境，才能保障"国内需求—本土供给—出口产品"的双重对接。而中国渐进式改革中的市场不完善，使得这两个方面的制度环境难以满足，抑制了内需驱动出口模式的形成。

（一）出口导向政策下脱离国内需求出口模式的形成与固化

本土企业依托国内需求，通过专业化生产、学习效应和市场竞争的自选择，随着竞争力提升，逐步从国内市场走向国际市场，这是国内贸易到国际贸易内生演进的一般性规律。在中国改革开放初期，政府为了利用出口需求来代替远远不足以支撑快速增长的内需，实施了出口导向战略模式，通过建立"经济特区"、吸引FDI、出口补贴以及人民币贬值等多项政策措施鼓励出

口，使得中国出口一开始就以国外需求为导向，大量外贸企业在国内没有销售，也没有经历从国内市场到国际市场的内生演进。出口导向战略下"中国特色"的内外贸不同管理体制、对加工贸易差异化的出口退税政策、"重开放而轻产业"的政策组合（尹翔硕，1997；张军，2010）等多项政策，也固化了脱离国内需求的出口模式。

其一，"重开放而轻产业"政策组合对脱离国内需求出口模式的固化。长期以来，中国主要依赖于自由贸易和吸引FDI的政策，且没有放弃出口鼓励政策，而对国内市场建设不足，也缺乏切实执行的产业升级政策或策略（张军，2010）。在"重开放而轻产业"的政策组合下，国内制度环境差、运营成本高、市场分割、要素扭曲、缺乏产权保护等，都使得本土企业难以依托巨大的国内需求构建以技术、品牌为核心的高层次竞争优势，鼓励出口的政策和国内较高的运营成本也会使得本土企业更加偏好在国际市场上实现规模经济，从而使得中国出口并非国内市场的自然延伸和扩张。这种"重开放而轻产业"的政策组合，与出口导向模式和产业升级较为成功的东亚经济体经验不同。经济自由度指数是市场经济完善程度的重要指标，图7-1给出了东亚各经济体经济自由度指数。遵循东亚的出口导向模式是中国"出口奇迹"的重要经验，而在东亚出口导向发展过程中，日本、韩国和中国台湾地区与中国香港地区都高度重视中国国内市场建设。根据Fraser Institute的2015年《世界经济自由度年度报告》，日本、韩国和中国台湾地区与中国香港地区，在出口导向发展过程中的区域内市场建设取得明显成效，这反映市场化程度的经济自由度指数都较高。

而中国国内市场建设虽然取得一定成效，但2003—2013年经济自由度指数在157个国家中的排名并没有得到明显改善，反而呈下降趋势。2013年，中国经济自由度指数在157个国家中的排名处于第111位，如图7-2所示。同时，从中国国内各个区域的市场化推进程度看，渐进式改革中各个区域的市场推进程度并不均衡，如表7-3所示。东部沿海地区的市场化程度要远高于中西部地区。国内各区域市场化的不均衡推进也加大了本土企业在国内市场经营的难度，抑制了本土企业利用本土销售便利优势、依托国内大市场培育高层次竞争优势的动力和能力。

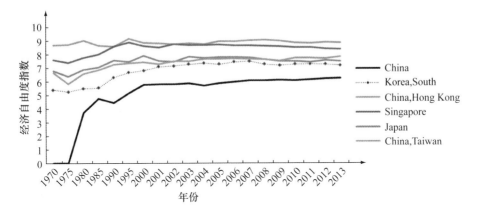

图 7-1　1970—2013 年东亚各经济体经济自由度指数

资料来源：http：//www.freetheworld.com/datasets。

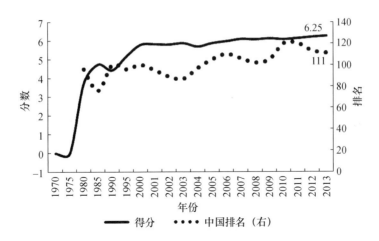

图 7-2　1970—2013 年中国经济自由指数得分与在 157 个国家中的排名

资料来源：http：//www.freetheworld.com/datasets_efw.html。

在国内市场建设和出口导向政策激励政策的共同作用下，本土企业就会放弃贸易的本土市场偏好，从而固化脱离国内市场需求的出口贸易模式。在国内较高的贸易成本下，中国本土出口企业无法依托国内市场发挥规模经济、创建自己的品牌、促进贸易主体的形成，也难以利用国内市场优势通过创新实现贸易结构的转换升级。由于国内市场建设不足导致的社会信用体系缺失，使得本土企业偏好从事代工或贴牌方式的加工贸易，知识产权保护制度缺位使得更多的低技术能力企业"挤入"加工贸易,这也使得从事构建自主品牌且在国内市场销售的高技术能力企业的生存空间受到"挤压",而出口导向激励政策,如对加工贸易差异化的出口退税政策,又进一步激励了加工贸易的发展,使得中国外贸发展形成了以外商为高技术产品出口主体,劳动力成本为驱动,利用劳动密集型产品出口和代工的方式,以低价格销售竞争为手段的外贸发展模式。国内市场建设和出口导向政策激励固化了外需导向、脱离国内需求的出口模式。

同时,由于国内市场建设不足,各个区域市场化进程推进不均衡(见表7-3),使得中国地区间普遍存在"以邻为壑"的市场分割现象(朱希伟等,2005;张杰,2010),强化了地方政府通过国际贸易来替代国内市场规模经济效应的偏好。因为出口导向政策激励了地方政府利用出口优惠政策促进出口继而实现本地经济增长,同时通过国内市场分割保护本地区产业发展(陆铭、陈钊,2009)。这种通过国际贸易的规模经济效应来替代国内市场的规模经济效应的地方保护政策,限制了本土企业依托国内市场需求获得竞争力继而发展对外贸易的机会,强化了脱离国内市场的出口贸易模式。国内市场建设不足也严重制约了国内区际分工与贸易,继而严重制约了国内产品市场的扩大和本土企业规模经济的形成,而在对外开放政策的实施过程中,各地区迅速将注意力转向对外贸易,并放弃"本土市场偏好",形成"对外贸易偏好"。这种通过国际贸易的规模经济效应替代国内市场的规模经济效应的地方保护政策,抑制了本土企业依托国内需求培育内生竞争力的机会,也使得中国对外贸易在很大程度上不是国内市场自然扩张的延伸,而是国内市场扭曲的结果。

表7-3 中国各地区市场化进程总得分

年份	地区								
	北京市	吉林省	江苏省	湖南省	广东省	贵州省	西藏自治区	甘肃省	青海省
1997年	5.15	3.51	5.25	4.73	6.29	2.89	/	3.01	1.29
1998年	4.89	3.57	5.38	5.09	6.47	3.20	/	3.36	1.49
1999年	3.95	3.97	5.73	3.98	5.96	3.29	/	3.61	2.15
2000年	4.64	3.96	6.08	3.86	7.23	3.31	/	3.31	2.49
2001年	6.17	4.00	6.83	3.94	8.18	2.95	0.33	3.04	2.37

（续表）

年份	地区								
	北京市	吉林省	江苏省	湖南省	广东省	贵州省	西藏自治区	甘肃省	青海省
2002年	6.92	4.58	7.40	4.41	8.63	3.04	0.63	3.05	2.45
2003年	7.50	4.69	7.97	5.03	8.99	3.67	0.79	3.32	2.60
2004年	8.19	5.49	8.63	6.11	9.36	4.17	1.55	3.95	3.10
2005年	8.48	6.06	9.35	6.75	10.18	4.80	2.64	4.62	3.86
2006年	9.96	6.44	9.80	6.98	10.55	5.22	2.89	4.95	4.24
2007年	9.55	6.93	10.55	7.19	11.04	5.57	4.25	5.31	4.64
2008年	9.58	6.99	10.58	7.18	10.25	5.56	1.36	4.88	3.45
2009年	9.87	7.09	11.54	7.39	10.42	5.56	0.38	4.98	3.25
2010年	7.66	5.49	8.58	5.49	7.73	3.55	0.44	3.43	2.53
2012年	8.31	6.15	9.95	5.73	8.37	4.36	0.00	3.38	2.64
2014年	9.08	6.42	9.63	6.79	9.35	4.85	0.62	4.04	2.53

资料来源：笔者根据樊纲、王小鲁、朱恒鹏各年度的《中国市场化指数》整理。

其二，要素市场扭曲对脱离国内需求出口模式的固化。为实现以出口扩张带动地区经济增长的目标，各地区充分强化要素禀赋优势，以土地要素、资源要素和环境要素的价格扭曲为代价，造成并强化"人为"的比较优势，固化了脱离国内需求的出口增长。不可否认的是，中国国内的市场体系并没有完全形成，中国各级地方政府对关键要素的干预与控制行为，事实上造成了要素市场的扭曲。从土地要素市场来看，在中国财政分权体制下，地方政府实际上掌握了土地要素的配置权，为实现招商引资进而带动出口增长，地方政府尽可能人为压低工业用地价格，从而不可避免地造成土地要素价格的扭曲；从资本要素市场来看，政府对资本价格和资本分配权的控制，既是对企业的扶持手段，也是吸引投资的手段。如政府为国有企业或者重点企业提供的贷款担保和财政补贴，干预银行贷款分配，以及扶持当地企业融资行为等，都在一定程度上扭曲了资本市场的要素配置。在中国渐进性改革过程中，政府控制了关键生产要素价格，为了实现地方GDP高速增长的目标，通过降低出口企业生产成本促进出口，针对出口企业普遍采用出口退税、出口补贴以及税收返还政策，压低生产要素价格，也因此扭曲了出口企业的生产要素投入成本差异与投入比例（施炳展、冼国明，2012），固化了出口企业对低成本要素的依赖，弱化了依托内需进行创新和产品升级的动力，进而导致本土企业与主要出口市场(发达国家)的"技术差距"难以缩小。在出口导向政策激励下，本土出口企业只能采取"为出口而进口"策略，即通过进口国外先进设备来弥补其"技术差距"（巫强、刘志彪，2009），由此又进一步固化了与国内需求关联不强的"体外循环"出口模式。

(二) 国内需求引致本土企业竞争力功能缺位

内需驱动出口模式是建立在国内需求较大产品具有国际竞争力基础上的，而无序竞争、"非创新获利"空间和不完善的消费环境等制度环境的不完善抑制了内需引致本土企业竞争力提升的功能，使得国内需求优势无法转为外贸优势，依托国内大市场的外贸发展模式也无法形成。

其一，无序竞争弱化了本土企业依托国内需求培育高层次竞争优势的压力。激烈而有序的国内市场竞争形成的市场"自选择"机制，是本土企业依托国内需求寻求更高层次竞争优势的压力来源，是企业竞争力动态提升的关键。而由"产权保护"度量中国市场法治环境仅为26.9，远低于大国平均水平66.2(见表7-2)。中国目前虽然在加大市场监管力度、整顿市场行为、规范市场秩序方面取得了一定成效，但市场秩序不健全导致的无序竞争，会使得市场竞争无法通过"自选择"机制提升国内需求较大产品的出口竞争力。由于管理部门职能交叉导致的多部门重复监管或监管不到位、选择性执法和弹性执法的存在以及对惩戒企业失信等机制的缺失等原因，助长了无序竞争，"三无产品""山寨产品""劣币驱逐良币"依然突出，无序竞争使得市场的"自选择"机制无法实现，弱化了本土企业依托国内需求创新和采取品牌建设方式以寻求更高层次竞争优势的压力。

其二，"非创新获利"空间弱化了本土企业依托国内需求提升竞争力的动力。在中国渐进式改革过程中，由于体制不完善和市场进程的不均衡推进等原因，产生了多种形式的"非创新获利"空间，如由要素扭曲导致的"低、同质产品获利"空间、由行政性垄断导致的"投机获利"空间以及由政府职能改革滞后和法律不健全导致的"寻租获利"空间等（易先忠等，2016），都极大抑制了本土企业依托国内需求进行创新的动力。根据"无腐败程度"度量的寻租获利空间，中国指数仅为32.2，远低于大国平均水平59(见表7-2)。并且较大国内需求规模支撑的"相对满意"的获利会弱化本土企业进行外海扩张的意愿，本土企业改进产品质量的动力也较弱，对本土市场提供的产品也非最优。

其三，在不完善的消费环境下，本土企业没有压力，也没有能力把消费者的诉求转变成为产品竞争力。在良好的消费环境下，本土企业通过与消费者的有效互动，对消费者的诉求作出解读和回应，及时把握国内需求特征及其变化趋势，不仅是本土企业追求高质量服务的压力来源，也是本土企业进行技术创新和产品升级的重要方向。而质量监管体系不健全、消费者权益保护机制不健全等导致的不完善消费环境，会弱化本土企业回应消费者合理诉求的压力，国内消费者诉求也无法转换为本土企业改进产品质量的方向。中国目前国内消费环境不完善，消费者满意度不高，中国消费者满意指数与预期指数存在较大差距（如图7-3所示），消费侵权形势依然突出。在本土企业没有压力对消费者诉求作出回应的环境下，大多数企业还没有建立以消费者为中心的企业经营模式，个性化定制、柔性化生产和为消费者增值的管理模式尚未成为主流，这使得本土企业没有压力，也没有能力把消费者的诉求转变成为产品竞争力。在这种情况下，正如Porter(1990)指出的那样，"当本国客户不能为企业创新提供压力时，这个产业要在创新的竞赛中胜过国外竞争对手是很困难的"。

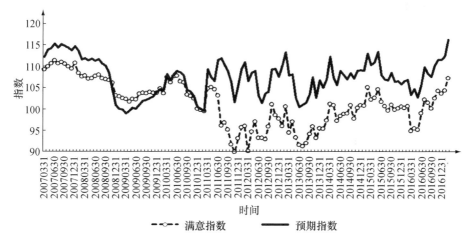

图7-3 中国消费者满意指数与预期指数（2007年3月—2017年2月）
数据来源：笔者根据Wind资讯数据库中的数据整理计算。

(三) 由本土企业供给的国内外"重叠需求"对接程度低

在内需驱动出口模式下,出口产品应当反映国内外的"重叠需求",并由本土企业供给这种"重叠需求"产品。诚然,由于经济发展阶段的差异导致的国内需求层次与国际主流市场需求的差异,是影响中国国内需求与国际需求有效对接的一个重要因素。但中国巨大的国内需求优势不仅仅体现在需求规模上,也体现在需求的多层次上,这使得中国国内并不缺少与国外的"重叠需求"。问题在于,对国内高层次需求的本土供给不足和产品标准等原因,导致了国内外"重叠需求"难以通过本土企业供给进行对接。

其一,市场不完善和供给端的转换滞后导致了本土企业对国内高层次需求的有效供给不足。无序竞争、投机与寻租空间弱化了本土企业通过改进产品和服务质量满足高层次需求的动力,知识产权保护不严和司法成本较高导致具有"正外部性"的新技术、新产业难以生成等,这使得国内的高层次需求难以由本土企业供给。通过本土企业的国内供给和出口对接国内外"重叠需求"更无从谈起。在经济新常态下,国内需求结构已处于升级过程,这主要表现为人们从基本满足生活需要过渡到品质需要。但供给端的转换滞后于需求转换,使得大量国内需求较大的高端产品在国内没有本土企业的供给。一个突出表现是,根据《2014中国奢侈品报告》,中国是全球最大的境外奢侈品消费国,但却没有一个世界公认的民族品牌。

其二,影响国内外"重叠需求"对接程度的另外一个重要因素是产品质量标准的国际化程度。一个国家的产品质量标准反映了国际需求的趋势,这不仅会对改善国内需求质量产生重要影响,也是国内产品国际化的先决条件。但由于我国标准化工作起步较晚,导致"标准缺失、老化、滞后""标准与生产脱节"以及执行力度等问题突出,使得通过产品标准改善国内需求质量和提升产品质量的作用有限。长期以来,国内标准与国际标准难以对接,造成国内产品难以国际化,这突出表现在技术性贸易壁垒成为中国出口面临的第一大贸易壁垒,如2014年有23.9%的出口企业遭受国外技术性贸易壁垒。

第二节 依托国内大市场促进外贸发展方式转变的战略转换

中国出口严重脱离国内需求在依托要素优势创造中国"出口奇迹"的同时,也面临外部市场萎缩、"合成谬误"制约和新优势"断点"等困境。而中国国内需求规模不断扩张与需求结构快速升级,为外贸新优势的培育提供了重要的优势来源,国内需求成为中国外贸发展的重要国家特定优势。因此,中国新一轮的开放需要牢牢把握内需这一战略基点,将需求市场规模优势转化为外贸新优势,在稳定外贸的基础上,推进外贸发展从外需导向向内需驱动转换。回归内需驱动贸易模式,需要在内外经济环境深刻转变的发展阶段转换战略思路,主要包括:外贸发展战略立足点从"强化要素禀赋比较优势"向"依托巨大内需培育本土企业高层次竞争优势"转换,战略重点从"重开放轻产业"向"重开放与重本土企业能力建设战略平衡"转换,参与全球产品内分工的形式从"注重短期产出效应"向"注重长期增长效应"转变等。

一、战略立足点:依托国内需求培育本土企业高层次竞争优势

长期以来,我们将"发挥要素禀赋比较优势"作为外贸发展战略的立足点,甚至以要素扭曲、差异化的出口退税等措施强化"人为"比较优势。这一扭曲的比较优势虽然能带来短期的出口控制,但会强化本土企业对低成本要素优势的依赖,弱化本土企业培育高层次竞争优势的动力。在发达国家主导的"结构封锁"型贸易格局中,本土企业高层次竞争优势培育与能力成长是外贸发展方式转变的关键,而不断成长的本土需求又是本土企业高层次竞争优势和能力成长的立足点,正如"需求侧视角"(demand-side perspective)企业能力文献指出的那样,根据消费者需求创造价值是企业通过创新、创业和管理创造可持续竞争优势的根本途径(Priem et al.,2012,2013)。但严重脱离国内需求的出口模式会导致中国外贸新优势"断点",进而囿于转型困境。因为在发达国家控制核心技术和消费终端市场的贸易格局下,根植于本土市场需求的创新能力的发展,才是发展中国家本土企业在开放条件下获得竞争优势的原因,也只有根植于国内市场的本土企业的出口升级才能驱动长期经

济增长(Poncet,Waldemar,2013)。在严重脱离国内需求的出口模式下,本土企业无法依托国内需求培育以技术、品牌为核心的高层次外贸竞争新优势,进而导致中国贸易结构无法快速升级,本土企业"被俘"于全球价值链的底端。对于中国这样拥有巨大本土市场空间的发展中大国而言,国内市场规模扩张和需求结构升级为摆脱对发达国家市场和技术的依赖提供了现实条件,如果一味强调以低层次要素优势获得出口扩张,而忽视国内大市场对本土企业高层次竞争优势培育的基础性作用,虽然能促进经济粗放型增长,但会造成对低层次优势的依赖,导致本土企业高层次竞争优势的"集体缺失"。在经济新常态下,中国参与全球经济的发展战略应该是立足国内大市场的开放型发展战略,充分利用国内外市场的联动和全球产品内分工,最大限度地"虹吸"全球高级创新要素和进口技术型中间品,服务于本土企业高层次竞争优势建设,让本土企业在国内市场锤炼竞争力,然后逐步"走出去"。应当看到,在当前"俘获型"贸易格局和发达国家将战略重心从全球经济转向国内经济的态势下,[①] 不断增长的巨大本土需求是培养本土企业高层次竞争优势进而推进外贸转型升级的重要"立足点"。

在全球消费终端市场大转移和国内需求扩张与升级的战略机遇下,激励本土企业放弃要素成本依赖于低价竞争的短效发展模式,转向以"工匠精神"依托国内需求进行技术创新和品牌建设的长效发展模式,成为外贸发展战略转换的重要内容。中国新一轮的外贸发展战略思路需要牢牢把握国内需求这一"大国特殊优势"的战略基点,立足本土需求培育外贸竞争新优势。应当看到,13.9亿人口有效需求的释放和城镇化带来巨大的消费"累积效应"不断突显,为提升"中国制造"的品牌价值提供市场空间,国内需求结构不断升级,为技术、产品结构的升级提供强有力的需求保障。利用巨大的国内需求市场获得发展机会,成为中国本土企业缩小与国外企业竞争力差距的重要途径。立足快速扩张与升级的国内需求,培育本土企业高层次竞争新优势,是推进中国外贸转型升级需要把握的重要战略立足点。因此,新的发展阶段呼吁中国外贸发展战略的立足点从"强化要素禀赋比较优势"向"依托国内需求培育本土企业高层次竞争优势"转换。

---

① 发达国家制造业回流、英国脱欧、"特朗普现象"以及中国加入TPP被拒等,都说明这一态势。

二、战略路径:"渐进式"回归内需驱动出口模式

在当前经济下行压力下,"稳外需"也是"稳增长"的重要内容。因此,以外向型产能的出口扩张带动就业,仍然是中国融入经济全球化重要的、具体的、需要坚持的政策内容。同时,由于国内外经济形式深刻转变背景下的"形势所逼",中国快速扩张的内需规模和不断升级的需求结构所带来的战略机遇又要求"加快培育外贸竞争新优势"。那么,如何在中国目前外向型产能基础上建立依托内需的出口生产体系就成为外贸发展方式转变的核心问题。如何取得"外需导向"和"内需驱动"的平衡和协调发展,这个两难选择问题表现为中国在与世界"再平衡"的过程中经济"短期增长与长期发展"的矛盾,实质上是发展方式转型升级的时机把握、路径选择和具体政策的协调问题。

(一) 拓展市场空间和鼓励外贸新业态,稳定和消化外向型产能

应当认识到,较长期间内,中国外需导向型出口贸易对维持就业与增长,仍然扮演着十分重要的角色。在发达国家"再工业化"和逆全球化态势下,中国外贸的外部市场进一步压缩,"稳外需"也成为一项艰巨任务。这不仅需要发展跨境电子商务等新型商业模式和优化出口退税率结构等,遏制外需下滑带来的需求缺口,缓解外向型产能过剩,维持宏观经济稳定,也需要通过推进"一带一路"建设和实施自由贸易区战略,扩大国际产能合作,为调节外向型产能过剩拓展市场空间。一是,借助"一带一路"战略带动出口,拓展产能调整的市场空间。在"一带一路"战略中,中国与沿线国家具有较高的贸易互补性,通过支持高铁等重大工程项目合作带动商品出口,是拓展市场空间的有力措施。二是,顺应互联网、大数据、电子商务快速发展趋势,积极扶植外贸新业态和外贸商业新模式。通过加强电子商务通关服务建设、健全电子支付管理、发展跨境电商等途径,大力提升跨境电子商务对外贸易水平;通过发展海外仓等新型贸易业态,支持企业通过建设境外营销、支付结算和仓储物流网络等途径,提高传统贸易效率;鼓励跨境电子商务发展,重视新型外贸产业联盟等新模式,打造以服务企业为核心,集采购、生产、服务一体化的电子信息平台。通过外贸新业态和外贸商业新模式,培育外贸增长点,遏制外需下滑,维持宏观经济稳定。

（二）以内外贸一体化为着力点，实现内外贸"可切换"的产品流通体系

更应当看到的是，发达国家"再工业化"和发展中国家出口竞争加剧，正积聚中国外需导向型外贸发展的风险，外需导向型外贸发展正失去有利的全球贸易环境。而国内需求规模正呈现"井喷式"增长，通过内外贸一体化对接外向型产能与国内需求就成为消化外向型产能的现实选择。其作用不仅仅在于消化外向型产能以维持宏观经济稳定，并且可为应对由发达国家"再工业化"和发展中国家出口竞争加剧导致的全球贸易风险，留下更加广阔的贸易政策选择空间。更为重要的是，内外贸一体化是建立内需驱动型长效、良性、内生外贸发展机制的重要前提条件。因此，正如裴长洪（2011）指出的那样，"内外贸一体化不应看作应对危机所的权宜之计，而应该作为转变发展方式的根本途径之一，使之继续完善"。

尽管党的十六届三中全会就明确提出"内外贸一体化"发展方针，但在出口导向型政策下，外贸企业从一开始就以国外需求为导向，没有经历从国内市场到国际市场的内生演进，所以中国内外贸被分割成为中国外需导向型外贸发展模式下的特有现象，内外贸管理体制和企业内外贸切换的市场经验还没有经历市场锤炼。从应对2008年金融危机的经验看，中国外贸企业出口转内销，仍然存在没有内销资格等内外贸管理体制等制约，也存在没有销售渠道和自主品牌等企业自身条件的制约。因此，以逆全球化趋势下消化外向型产能"形势所逼"为契机，深入推进内外贸一体化。（1）实行面向大市场、大流通、大贸易的内外贸市场管理体制，消除内外贸之间的隔阂，实现内外贸管理的一体化。从建设统一市场的角度，将发挥全国大市场的产需匹配功能作为调整出口、提振消费的重要途径。（2）深化流通领域改革，构建内外贸一体化的高效、低成本的流通体系，降低国内贸易成本。这不仅需要以法制规避流通领域的信用缺失等不规范问题，也需要深化流通企业改革以建立具有国际竞争力的现代流通产业。（3）积极探索并构建各类内外贸一体化贸易平台。内销渠道建设的不完善、没有自主品牌为外贸产品顺利流通内地零售渠道竖起了很高的贸易壁垒，阻碍了内外贸一体化的进程。这就需要发展专业市场、展览会以及电子商务贸易平台等各类内外贸一体化贸易平台，实现内外贸有效转换。（4）通过外贸企业与内贸企业的联合、兼并、重组、收购，整合本土代工企业的生产优势、以国内市场为导向的本土企业的研发与

营销优势、出口代理商的海外销售优势,是消化外向型产能、深度推进内外贸一体化的又一重要途径。

(三) 逐步构建以国内需求为依托的出口生产体系

从长期看,为建立长效、良性、内生外贸发展机制,就需要发挥国内大市场的"国家特定优势",建立依托国内大市场的出口生产体系,实现"国内需求—本土供给—出口结构"的有效对接。而长期以来,中国出口贸易严重背离国内需求及产业结构,国内需求没有成为外贸发展的重要优势来源,也由此导致贸易结构与产业结构无法良性互动、出口转内销困难、本土出口企业能力不足和外贸新优势"断点"等核心问题。当国内需求无法成为外贸发展的重要优势来源时,立足要素禀赋优势实施脱离本土需求的出口模式是现实选择。但在国内需求扩张与升级、要素禀赋优势削弱和全球需求终端市场正从发达国家向发展中大国转移的新形势下(Staritz et al., 2011),中国这类发展中大国就需要更加倚重大国外贸发展的特殊优势途径——依托国内大市场的外贸发展模式,即 Weder(2003)提出的"内需驱动型"贸易模式。中国回归内需驱动型出口模式的实质,是出口生产体系以国内需求为依托,出口产品结构既是外需的反映,也是国内生产结构在空间上的扩展,而大国国内生产结构应与需求结构相一致,所以出口产品结构与国内需求结构及产业结构具有必然关联。这种内外需求联动的外贸发展模式,不仅可为应对正在积聚的贸易风险留下更多的政策选择空间,也可以利用正在扩张和升级的庞大国内需求培育以技术、品牌为核心的外贸竞争新优势,突破发达国家的"结构封锁",从根源上破解长期以来外贸转型升级的困境。

建立依托国内大市场的出口生产体系,形成大国"内需驱动型"出口模式的着力点在于,构建"内需引致出口"的市场制度环境。对中国这样的渐进式转型大国而言,市场竞争环境、行政性垄断、消费环境、市场分割等多方面的制度不完善都可能会抑制国内需求对出口竞争力的培育作用。构建"内需引致出口"制度环境的核心在于,建立统一开放、竞争有序、公平竞争、创新导向的市场生态,其目标导向在于,使本土企业"有动力、有压力、有能力"依托国内大市场提升竞争力,迫使本土企业放弃依赖要素成本优势、低价竞争的短效发展模式,转向以"工匠精神"依托国内需求获取高层次竞争优势的长效发展模式。如此,正在释放的国内需求才能转化为外贸竞争新优势，中国这类发展中大国外贸转型升级内生动力的微观基础才能得以夯实。

三、新形势下外贸发展战略思路的转变

一系列的综合因素的作用，要求加速启动依托内需的外贸发展模式。全球经济放缓和"逆全球化"趋势抬头可能"绞杀"中国传统以外需为导向的出口模式，国内生产要素成本的急速上升使中国快速丧失制造业国际代工的比较优势，而在"结构封锁"型世界贸易格局中培育外贸竞争新优势则必须基于国内大市场的支持，这是中国必须建立依托国内需求型外贸发展模式的内在动力。而建立依托国内需求型外贸发展模式就需要转变外贸发展的战略思路。

其一，回归外贸发展的本质作用，提升本土企业的供给能力和供给结构。应当看到的是，在深入推进经济发展方式转变时期，中国外贸发展的目标已经处于战略转换的重要关口。在中国经济发展的前一阶段，为弥补国内需求不足和资金贫乏以及解决"二元"经济结构下的劳动力压力问题，大力发展脱离国内需求及产业结构的出口贸易，成为符合当时国情的现实途径。但在传统外贸优势耗竭、外贸持续增长乏力、外需低迷等一系列外部综合因素下，以及国内市场需求正成为重塑中国经济结构的"国家特定优势"的历史机遇期，中国正处于回归外贸发展本质作用的重要关口。

在新的发展阶段，中国需要什么样的外贸？正如图3-1所刻画的那样，从长期看，外贸发展的本质作用在于通过"资源的再配置效应""自我选择效应"和"出口学习效应"等途径促进本土企业的供给能力和供给结构，进而促进长期经济增长。而本土供给主要服务于国内需求，这就决定了"国内需求—本土供给—出口结构"三者间的天然联系，从而不仅使得国内需求、产业结构和贸易结构之间能良性互动，相互促进，还能通过需求和贸易改善"本土供给"这一持续增长的关键。但脱离本土需求、"体外循环"式的外贸发展，尽管可能带动出口升级和出口规模扩张，但由于割裂了"国内需求—本土供给—出口结构"关联，使得外贸发展难以通过"资源的再配置效应""自我选择效应"和"出口学习效应"等途径夯实经济持续增长的关键——本土供给能力的提升及供给结构的改善。因此，在国内需求扩张与升级、深入推进经济发展方式转变的新形势下，中国新一轮的外贸发展战略思路，应

该关注外贸发展的本质作用,遵循外贸发展的一般性经验,重构以国内需求为依托的出口生产体系,以外贸发展的"资源再配置效应""自我选择效应"和"出口学习效应"提升本土企业的供给能力和供给结构,这才是新的发展阶段中国外贸发展的本质目的。

其二,坚持"重开放"与"重本土企业能力建设"的战略平衡。应当看到的是,本土能力成长才是转变中国经济发展方式和外贸发展方式的关键。长期以来,我们高度重视贸易开放,而对本土企业能力成长,特别是对本土高层次竞争优势的培育没有给予足够重视,缺乏切实执行的产业升级政策或策略,而主要依赖于自由贸易和吸引FDI的政策(张军,2010)。直到近年来强调"供给侧结构性改革"以来,这一发展思路才有所改变。事实上,以建立"经济特区"、吸引FDI、出口补贴、对加工贸易差异化的出口退税以及人民币贬值等多项政策措施鼓励出口,与同样经历过这一发展历程的东亚国家或地区(如日本、韩国、中国台湾地区和中国香港地区)有着类似的背景和动因,那就是:与发达国家的技术差距、相对廉价的生产要素以及希望通过扩大出口获取外汇和增加就业等。但同时也应该看到,日本、韩国和中国台湾地区等东亚经济体发展贸易的目标是提升本地区产业结构,不断调整贸易政策来服务于产业政策,促进本地区产业升级,从而实现经济结构的不断转型升级。东亚各经济体在实施出口导向发展战略时,非常重视本地区企业能力的提高,不仅出台了系列产业扶持政策,并且还采用贸易保护政策限制外国厂商在本土市场上的竞争(张军,2010)。在中国加入WTO后,几乎放弃了国内产业政策和有效的促进产业升级的发展战略,并且在高度重视开放的发展中,并没有互补性的贸易政策和产业政策,[①] 从而使得本土企业在高度开放的环境中,同时面临来自国际同行的激烈竞争,加上国内市场建设不足下的高运营成本等,这些都极大压缩了本土企业成长空间,导致中国在经济发展过程中出现了能力缺口,而对外资的依赖又固化了本土企业的能力缺口,使粗

[①] 张军(2010)和唐东波(2013)认为,与"亚洲四小龙"中产业政策实施效果较好的韩国和日本相比,中国的产业政策远不够丰富和系统,并且仅局限于税收和财政补贴等手段。虽然中国政府也出台了一些指导产业发展的政策,但并没有实施一套具有明确目标并严格设计的产业升级的政策体系;而且在经济改革和财政分权的进程中,似乎很难找到证据说明中国曾经有效地执行过任何具体的产业升级的选择性政策。

放发展方式顽固地延续甚至恶化，也使中国经济的发展很容易受到外部力量的左右（路风、余永定，2012）。

在现行国际分工格局下，发达国家之所以能够对发展中国家实行"结构封锁"，根本原因在于发达国家具有较大规模的需求市场以及由此所引致的对其本土企业的内生创新激励机制。发展中国家只有具备一定高端需求容量的本土市场空间，才能实施"自主独立"的发展战略，摆脱对发达国家市场和技术的依赖。而中国国内市场规模的扩张和需求结构的升级为此提供了现实条件。对于中国这样具有巨大本土市场空间的发展中大国来说，不能一味强调市场开放而忽视国内大市场对本土企业高层次竞争优势培育的基础性作用。正如Poncet，Waldemar（2013）指出的那样，根植于国内市场的本土企业能力建设才是经济长期增长的关键。新常态下，中国参与全球经济的发展战略应该是立足国内大市场的开放型发展战略，把利用国内需求与促进出口有效地结合，努力形成本土企业依托国内市场努力建立高层次竞争优势的内生机制，让本土企业在国内市场锤炼竞争力。在此过程中，充分利用国内外市场的联动和全球产品内分工，最大限度地"虹吸"全球高级创新要素和进口技术型中间品，通过创新性要素的进口和庞大国内市场规模的培育，提升本土企业参与全球竞争的新优势。同时也应该看到，在全球需求终端市场正从发达国家向发展中大国转移的背景下，国外跨国公司对中国巨大的市场需求这一重要战略资源的竞争加剧。近年来，中国经济高速增长所创造的高端市场需求，面临国外企业的竞争替代，可能从市场空间上掐断了中国本土企业利用国内高端需求来构建高层次竞争优势的转化路径，从而固化本土企业能力缺口。对于中国这样的发展中大国而言，在当前"俘获型"贸易格局和逆全球化态势下，巨大的本土需求既是培养本土企业高层次竞争优势的"立足点"，同时也是与发达国家进行市场相互开放的"交换筹码"，保持合乎国家战略利益的本土企业能力建设与市场开放策略的平衡，是中国这样的发展中大国实现强国之路的理性选择。

其三，利用全球产品内分工形式的战略思路转换。长期以来，中国把发展脱离国内需求、"体外循环"式加工贸易作为对产品内分工的主要利用形式，即通过采用大规模进口核心部件和资本品，再大规模出口最终产品的方式参与国际产品内分工。不仅如此，还以对加工贸易差异化的出口退税政策

(范子英、田彬彬，2014)助推了这种脱离国内需求的出口模式。不可否认的是，这些基于中国现实条件的政策催生了中国的"出口奇迹"，然而，这种脱离本土需求的出口模式虽然促进了经济粗放型增长，但可持续增长的基础却没有得到夯实，以期通过融入产品内分工获取外国技术外溢的愿望并没有实现，加工贸易技术含量低、产品增值率低、缺乏核心技术和自主品牌的现实一直没有得到改变(姚洋、张晔，2008)，并且这种"两头在外"的发展模式也使得出口部门和国内产业关联较差，对产业升级的促进作用也非常有限(盛斌、陈帅，2015)。究其根源，在发达国家"控制核心，外包其余"的产品内分工格局下，发展中国家要突破"低端锁定"就需要本土企业的技术能力建设，而这种严重脱离国内需求的外贸发展模式从市场空间上掐断了中国本土企业利用国内需求来构建高层次竞争优势的转化路径，从而固化了本土企业能力缺口，加工贸易难以转型升级。

尽管从理论直觉看，脱离本土需求的出口模式顺应了国际产品内分工深化的客观规律，但正如笔者所证实的那样，国内需求作为一个外贸发展的根本性优势和本土企业技术能力成长的立足点，其作用并不必然随产品内分工的深化而弱化。尽管融入产品内分工对中国宏观经济增长起到了重要的外部推动作用，然而脱离本土需求，单纯追求"体外循环"式融入产品内分工对促进本土企业技术能力的作用相对有限，从而可能固化粗放型的经济发展模式。并且脱离国内需求融入全球产品内分工带动的出口扩张和出口升级并不是长期经济增长的驱动力。正如 De Marchi et al. (2016)指出的那样，"融入全球价值链对发展中国家来说并不是创新与升级的灵丹妙药，只是一个具有发展机会的窗口"。

因此，在外贸环境和内需条件深刻转变，以及发展方式深度调整的发展新阶段，对产品内国际分工的利用形式，需要从"注重短期产出效应"向"注重长期增长效应"转变。通过中间品贸易提升改善国内需求和供给途径，强化"国内需求—本土供给—出口结构"关联，不仅可提高出口企业的"本土嵌入"程度以发挥对经济增长的联动效应，也可夯实"本土供给"能力这一经济持续增长的基础，还可发挥巨大的国内需求对出口企业转型升级的支撑效应，这可能才是长期内对全球产品内分工的有效利用形式。

第三节 政策重点:"国内需求—本土供给—出口结构"双重对接

遵循大国外贸发展的经验,中国超大经济规模特征决定了需要实现供需的双重匹配,一是建立以内需为导向的国内生产体系,实现国内供需匹配,为增长新动力和持续稳定的经济发展提供大国强有力的内需支撑;二是建立以内需为依托的出口生产体系,实现国内需求与出口生产体系及外需匹配。正如第三章从外贸起源和外贸发展本质作用所分析的那样,出口产品结构既是外需的反映,也是国内生产结构在空间上的扩展,而大国国内生产结构应与需求结构相一致,所以出口产品结构应当与国内需求结构、产业结构一致。这种内外需求相匹配的外贸发展模式,规避了传统外需导向型外贸模式下国内需求与外向型产能不一致问题,可以利用庞大的国内市场需求培育外贸竞争新优势。回归大国内需驱动出口模式,有效利用高速增长的本土市场空间和不断升级的本土需求结构,发展自主创新能力,培育自主品牌等高端竞争优势,是推动中国外贸转型升级需要遵循的"大国经验"。回归内需驱动出口模式,需要满足三个序列条件以实现"国内需求—本土供给—出口结构"的双重有效对接:对国内需求较强的本土供给能力、国内需求引致本土企业竞争力提升、本土企业有竞争力的产品能够国际化。政策落脚点是使本土企业有压力、有动力、有能力依托国内需求培育高层次竞争优势,迫使和协助本土企业放弃要素成本依赖与低价竞争的短效发展模式,转向以"工匠精神"依托国内需求进行技术创新和品牌建设的长效发展模式。

一、提升对国内需求的本土供给能力

对国内需求较大的产品具有较强的本土供给能力是内需驱动型出口模式得以实现的初始条件,国内供给与需求的匹配也是市场经济健康运行的核心。而当前中国经济运行的核心问题,正在于本土供给不能与国内需求及出口产品结构有效对接。在国内需求与本土供给的匹配问题上,体现在有效供给不足与无效供给过剩并存。一方面,对中高端产品、服务和公共物品的国内有效供给不足,这突出表现在中国成为全球最大境外奢侈品消费国和全球最大

出境旅游消费国。当前，国内需求结构已处于从基本满足过渡到品质需要转换过程中，但大量国内需求较大的高端产品没有本土企业供给，反而给国外竞争者提供了无限商机。另一方面，无效供给的产能过剩成为挑战中国经济的重要顽疾，无论是传统产业如钢铁、水泥、煤炭、石化行业，还是新兴产业的光伏、太阳能和风电等，均有大规模产能过剩。供需错配不仅导致产业结构调整困难、经济增长不稳定、全要素生产率低、宏观调控机制不畅，也是内需不足、经济低迷和增长新动力难于生成的直接原因。但国内供需错配使得大国经济增长新动力失去内需支撑，囿于发展方式难以转换的困境。

供给侧结构性改革是改善本土供给能力的有效途径。供给侧改革的重心在于实现供需对接，[①] 提高对国内需求的本土供给能力。这就需要通过理顺各类产品、要素的市场价格和梳理流通环节等，以完善的价格机制适时实现市场出清，实现供需的动态平衡；实施市场化制度改革的政策重点在于，在公正、透明、有效的法律环境下，提高金融系统的开放性与透明度以完善基础性要素市场、放松对投资领域的管制以规避寻租与投机活动、减少对企业活动的干预以降低其运行成本，从而形成公平竞争的发展环境，激发出口产品结构调整的微观基础活力。通过打破行政垄断，完善市场竞争的"自选择"机制，以市场的"自选择"催化有效供给，实现供需匹配；同时以"有形之手"弥补市场失灵，弥补新技术、新产业生成过程中的"外部性"；通过深入推进"中国制造＋互联网"和实施高技术服务业创新工程等，催生适应消费升级的新产品、新服务。

在通过供给侧改革提升对国内需求的本土供给能力过程中，不容忽视的是，通过全球产品内分工下的中间品进口，可有效利用发达国家的技术优势，提升本土企业对国内需求的供给能力。因为高质量中间品进口不仅能放松本土企业的技术约束，便利本土企业根据国内需求进行产品生产，还能引发国际技术溢出和本土企业的学习效应，获得更快的生产率增长。同时，中间品引发的供给能力和供给质量的提升会给国内竞争企业带来压力，以"倒逼机

---

① 笔者认为，从开放经济角度看，供给侧结构性改革的最根本性目的就是，构建以内需为导向的国内供给体系和出口生产体系，实现"国内需求—本土供给—出口结构"的双重对接。这是对 2017 年《政府工作报告》中"推动供给结构与需求结构相适应"的内涵解读。而"国内需求—本土供给—出口结构"的双重对接，成为解决中国诸多经济问题的根本之道。

制"促使本土企业降低生产成本,提高产品质量,改善对国内需求的本土供给能力(Amiti,Khandelwal,2013)。

二、弥补内需引致的本土企业竞争力功能缺位

内需引致本土企业竞争力功能缺位是当前国内需求难以引致出口的重要原因,同时制约外贸发展方式转变和国民经济持续发展。培育本土企业竞争优势的政策措施,不能仅仅局限于激励企业技术创新投入的优惠政策,而应该把视角放宽到国内需求对微观企业竞争力的诱致功能方面。

其一,最为重要的莫过于形成竞争激烈、规范有序、创新导向的制度环境。规范有序的市场竞争和"只有创新才有竞争力"的制度环境是"需求引致创新"发挥作用的根本性前提。因为规范有序的市场竞争是市场"自选择"机制实现的基本条件,也是迫使本土企业以创新寻求更高层次的竞争优势的根本性动力。同时,当经济中存在"非创新获利"空间时,本土企业就会偏向"非创新获利"。就中国目前而言,需要加快构建企业失信惩戒机制以治理层出不穷的"山寨产品"、规避恶性价格竞争,通过有序竞争实现市场的"自选择",优化企业创新环境,发挥国内大市场的"需求引致创新"功能。同样重要的是,规避渐进式转型过程中各类"寻租空间"和"投机空间",压缩"非创新获利"空间,迫使本土企业依托国内需求寻求以技术、品牌为核心的竞争优势。因此,创新驱动战略改革方向以及政策制定需要重点关注的是,全面加快和推进国内市场建设,形成竞争激烈、规范有序、创新导向的制度环境,使之成为扭转中国本土企业自主创新动力不足、改变中国本土企业自主创新能力滞后的重要政策方向。

其二,营造良好的消费环境,发挥国内大市场的"消费反馈驱动效应"。本土企业对国内消费形态和特征的认知、解读和回应的过程就是本土企业创新及提升外贸竞争力的过程。有效的消费者—生产商互动可使本土企业及时把握国内需求特征及其变化趋势,特别是专业而挑剔的客户是本土企业追求高质量和精致服务的压力来源,激励本土企业不断进行产品升级,从而引领技术创新。[①] 但目前国内消费环境不完善,消费者满意度不高,消费侵权形势

---

① 例如,华为持续增长的核心来自于公司坚持了二十多年的核心价值观——以客户为中心。

依然突出。如国家工商总局发布的《2016年全国工商和市场监管部门受理消费者咨询投诉举报情况分析》显示,2016年,全国工商和市场监管部门共受理消费者诉求808.06万件,其中,投诉166.7万件,同比增长29.1%,创历史新高,投诉增长速度明显高于往年,投诉量增速远超社会消费品零售总额增速,这反映了侵害消费者权益问题仍然比较突出。在不完善的消费环境下,企业没有压力对消费者的诉求作出解读和回应,消费者—生产商互动机制无法实现,国内老练、苛求的消费者无法成为本土企业改进、创新产品的压力。在本土企业没有义务对消费者诉求作出回应的环境下,大多数企业还没有建立以消费者为中心的企业经营模式,个性化定制、柔性化生产和为消费者增值的管理模式尚未成为主流,这使得本土企业没有压力,也没有能力把消费者的诉求转变成产品竞争力。在国内消费升级趋势下,迫切需要创造良好的消费环境,以便充分利用国内市场需求这一根本性外贸优势来源。通过加强质量监管、加大消费维权力度、完善消费维权法规、畅通消费维权渠道等途径,营造良好的消费环境;引导企业公开产品和服务标准,加快建设消费品质量信息公共服务平台;建立产品质量安全追溯体系,推进缺陷产品召回常态化,建立检验认证机构对产品质量连带责任制度和产品质量惩罚性赔偿制度。应该深刻认识到,良好的消费环境不仅有利于释放有效需求,更为重要的是,消费者的诉求,特别是专业而挑剔的消费者诉求可以转化为本土企业改进产品和服务的压力和方向,因此应发挥国内大市场的消费反馈驱动效应,以国内消费升级引导带动装备制造企业主动提高设备产品的性能、功能和工艺水平,促进"中国制造"全产业链升级。

其三,市场分割和收入差距是决定有效需求规模的重要因素,它削弱了有效需求对本土企业竞争力的引致效应。中国国内市场分割严重制约了有效需求规模的扩大,收入差距也深刻影响了消费者的需求结构和需求偏好,从而削弱了有效需求对本土企业高层次竞争优势的引致作用。因此,激励中国本土企业竞争力提升的政策,还应该把视角放宽到如何缓解市场分割与调节收入分配对需求结构的传导机制,以及培育合理的有效需求规模对微观企业提升高层次竞争优势动力的诱致功能方面。这就需要通过清理地方保护和部门分割政策,消除商品流动的跨部门、跨行业、跨地区的制度障碍等途径,建设全国统一的大市场。世界品牌发展过程的基本经验表明,国内中等收入阶层是培育立足本土市场的国际品牌的重要市场（刘志彪，2011）。这也需要通过治理"灰色收入"、提高劳动收入在国民经济中的份额等措施，改变中国目前"哑铃型"的收入结构，扩大中国的中产阶层，释放对本土品牌庞大的市场需求。

其四，对绝大多数本土企业而言，最重要的是把握国内需求快速扩张和国内需求升级的契机，构建以消费者为中心的企业经营模式。在企业组织方式、商业模式、营销渠道以及对职工的考核机制上，从产品产销向经营用户转变，把传统被动购买产品的顾客转变为个性化需求的用户，把消费者的质量诉求转化为本土企业创新的动力。在中国国内消费扩张与消费结构升级的新趋势下，中国新一代消费群体正重塑中国消费市场，不仅消费偏好从大众产品向高端商品转变，国内新一代消费者对于本土品牌的态度也更为开放。这就迫切需要本土企业按照不同层次用户的不同需求进行设计，把握不断扩张的异质性消费需求，做到为不同的用户群量体裁衣，从外观、功能、价格、生理、心理特点上加以区分，满足不同客户的独特需求。应该看到，对异质性需求的把握才是企业竞争力的根源。很庆幸地看到，中国很多企业已经认识到这个问题，并开始转型。一个很好的例证就是，知名体育品牌公司李宁有限公司在经历了2011—2014年连续三年亏损后，2015年开始盈利，一个根本性转变就是，"逐步从批发模式向构建零售体系转型，关注与终端消费者的互动"。李宁公司正在重构这一与终端互动的销售体系，目前这个体系的建造完成了30%。[①]

三、提高国内外"重叠需求"的对接程度

本土企业依托国内需求供给的有竞争力的产品能否转为出口产品，取决于国内外"重叠需求"的对接程度。当国内市场需求与国际市场上的主要需求相同，而本土企业又有先发优势，国内市场需求才能成为本土企业出口竞争力的根本性来源。而一国的特质型消费，即便规模巨大，由于没有相似的国外需求，也难以转化为本土企业的出口竞争优势。诚然，由经济发展阶段差异导致的国内外需求的差异，影响了国内外需求的一致性。但中国巨大的

[①] 资料来源：搜狐财经网站。

国内需求优势不仅体现在需求规模上，也体现在需求的多层次上，这使得中国国内并不缺少与国外的"重叠需求"。主要问题在于，对国内高层次需求的有效本土供给不足和产品标准等原因，导致了国内外"重叠需求"难以通过本土企业供给进行对接。同时，经济新常态下国内需求结构正快速升级，必将进一步增加国内外"重叠需求"，为内需引致出口提供广阔空间。本土企业应把握国内需求升级的机遇，通过鼓励高端需求和推进标准国际化，提高国内外"重叠需求"的对接程度，最终实现"国内需求—本土供给—出口产品"的对接。

（一）通过鼓励高端需求等途径，提高国内需求的国际化程度

国内高端需求是国内需求与国际需求的有效结合点，且国内高端需求内含的需求引致创新功能，对于摆脱中国本土企业被发达国家利用其市场与技术优势所设置的"结构封锁"具有关键作用。而培育高端需求市场不仅在于提高工人在企业利润中的收入分配份额，促进社会中产阶层的壮大，还需要通过降低高质产品税收以鼓励高端需求、提高消费信息的流通率以发挥国内外高端需求的示范效应以及引导正确的消费观念，这些都有利于鼓励国内高端需求，进而提高国内需求的国际化程度。

应当认识到，只有国内消费者的"精致需求"才会有本土企业的"工匠精神"。当前，竞争力强的跨国公司都牢牢把握高端化、智能化、个性化、绿色化的国际需求特征，不断根据消费新趋势创造新产品和服务，进一步又引领了新消费趋势。而中国需求层面长期以生存型为主，在供给层面长期依赖低成本的规模扩张，难以满足国外市场对产品的质量、技术、节能环保、个性化等方面的要求，导致国内需求较多的产品无法国际化。同时，在不完善的消费环境下，国内市场消费者的挑剔程度也不高，致使本土企业的升级换代压力不足。而当前中国消费市场正深刻变革，不仅消费偏好从大众产品向高端商品转变，个性消费和品质需求也大幅度提升。这就迫切需要降低高质产品税收、完善消费环境以防止国内高端需求进一步向海外转移。[①]

此外，尽管国内需求与国际需求的差异程度受到消费偏好、自然环境等

[①] 根据世界旅游组织的统计数据，2016年，中国游客境外消费达2610亿美元，连续第五年居全球首位，是列第二位的美国游客境外消费的两倍多，其中价格差异是最重要的因素。

不可控制因素的影响，但在实现国内需求与国外需求的对接方面，仍然大有可为。首先，根据波特的竞争力理论，前瞻性需求和基于细分市场的领先产品是国内需求与国际需求的有效结合点。而中国巨大的国内市场需求几乎可以支撑起大多数前瞻性需求以及差异产品的技术创新和规模经济，这使得本土企业在引领国际需求方面具有独特优势。那么，政府对前瞻性需求的合理引导和培育、对领先性细分差异产品的创新的科技政策激励以及消除不合理本地规则等，都将有利于国内需求的国际化。其次，本土企业积极融入全球价值链，利用挑剔性"跨国型客户"不断提升产品质量，这也是实现国内外需求有效对接的重要方式。全球价值链中的上下游企业的客户具有跨国型客户的特征，而这些企业具有掌握本地客户和海外客户需求的优势，对这些跨国型客户的需求特征的认知和回应，要求本土企业准确把握海外消费特征，从而有助于国内需求和国外需求的有效对接。最后，利用海外援助带动本土企业在国外的生产和服务，这也是将国内需求转化为国外需求的一般性国际经验。

（二）推进内外销产品"同线同标同质"，提高国内外"重叠需求"的对接程度

推进内外销产品"同线同标同质"[①]，使本土企业出口和内销产品在同一生产线("同线")，使内外销产品的标准相同("同标")和质量相同("同质")，从而实现产品销售在国内市场和国际市场上的自由转换，是提高国内外"重叠需求"对接程度的重要手段。推行内外销产品"同线同标同质"模式，不仅有利于缩小国内外市场由于标准和管理要求的差异，也能够消除内外销产品的"质量差距"和"信任差距"，改善消费品质，满足和扩大国内中高端需求，还能够帮助企业通过提高产品和服务质量，拓展市场空间，打破本土企业开展贸易时面临的国内外需求差异的藩篱。国内需求结构的不断升级，必将大幅度增加国内与国际的"重叠需求"，这就需要政府以国内需求升级为契机，通过提高产品与技术的国内标准与国际标准的一致性程度、消除不合理本地规则等措施，为国内需求的国际化提供制度保障。一是加快国内外标

---

① 参见李克强：《推动实现内外销产品"同线同标同质"》，http://news.qq.com/a/20160825/048074.html，2018年3月10日访问。

准的接轨，充分利用国际技术性贸易措施，借鉴国外先进技术标准和先进管理经验，促进国内标准水平提升，从而在实际中推动实现"同线同标同质"。二是紧扣消费升级和消费趋势的变化，加快制定一批强制性国家标准，重点研制辐射较广的关键基础材料、核心零部件和关键基础工艺的国内标准，并注重提高国内国际标准一致性程度，推动实现内外销产品"同线同标同质"。

在推进内外销产品"同线同标同质"过程中，应该充分利用中国国内需求和供给规模的大国优势，推进中国标准国际化。正如美国经济学家保莱·塞罗指出的那样，21世纪国内市场潜力最大的国家将参与并领导制定国际市场运行的各种规则。同时，也应该重视产品标准在引领消费和创新中的重要作用。产品安全、技术标准、环境质量、能源效率等相关法规，应该起到鼓励国内消费者对新产品、新技术的需求并反映国际主流消费趋势的作用，以先进标准引领消费品质量提升，倒逼装备制造业升级。在基础产品标准上增加竞争优势的标准，这样不仅可加速国内产品改善和发展，起到本土企业引领国际竞争力的作用，并且对引导国内消费也有重要影响。当严格的国内标准扩散到全球时，也会使本土企业领先开发的新产品乘势扩散到全球。应该深刻认识到，有无严格的产品标准以及能否得到严格执行，不但与民生质量有关，更是关系中国能否在新一轮国际竞争中取胜的重要因素。

总之，在国内需求深刻变革的发展新阶段，要突破发达国家主导的"结构封锁"型贸易格局，中国新一轮的外贸发展战略思路需要把握国内需求这一大国特殊优势的战略基点，遵循大国外贸发展的一般性规律，回归内需驱动型出口模式，形成依托国内大市场的良性内生外贸发展的长效机制。回归内需驱动型出口模式需要构建"国内需求—本土供给—出口产品"双重对接的制度环境，为此要把握三个方面的政策重点：提高对国内需求的本土供给能力、强化内需引致本土企业竞争力提升功能、提高国内外"重叠需求"的对接程度。政策落脚点是，使本土企业有压力、有动力、有能力依托国内需求培育高层次竞争优势，激励本土企业放弃要素成本依赖与低价竞争的短效发展模式，转向以"工匠精神"依托国内需求进行技术创新和品牌建设的长效发展模式。如此，中国正在彰显的本土需求优势有望成为破解中国外贸转型困境的根本性动力。

第八章

主要结论与研究展望

　　长期以来，国内经济部门与出口部门割裂发展的弊端没有引起足够重视，"体外循环"式的外贸扩张模式在内外贸不同管理体制和对加工贸易差异化退税政策下顽固发展。在这一"割裂发展"模式下，中国外贸发展面临的一个关键性问题是：大规模出口扩张虽然能带动短期收入增长，但尚未形成能有力促进经济可持续增长和外贸转型升级的内生机制。突出表现在：其一，以高层次竞争优势为核心的本土出口企业能力建设是外贸转型升级的关键，而以期通过"出口中学"等途径实现本土企业能力动态改进的愿望，并没有成为普遍现实，本土企业缺乏核心竞争力导致的外贸转型困境长期以来并没有得到根本性扭转。其二，出口扩张尚未成为经济持续增长的强有力动能。这不仅体现为大规模出口扩张没有如"出口拉动增长"假说所预期的那样带动国内经济部门生产率的整体改进，出口扩张对本土企业这一经济增长主体的促进作用有限；也直接表现为出口扩张与经济增长并没有呈现明显的相关性，如出口产品结构持续高度化无法遏制中国经济持续下行的压力，净出口对GDP增速贡献率与真实GDP增速之间呈现较为显著的分化现象。在全面提升经济增长质量的发展新阶段，构建"十三五"规划提出的"对外开放新体制"，亟待澄清的战略方向问题是，中国该如何发展外贸才能形成既能有力促进经济可持续增长，又能实现外贸转型升级的内生机制？

　　笔者认为，中国外贸之所以难以形成促进经济可持续增长的内生转型机制，一个重要原因是采取了脱离本土需求的外向型出口模式。因为根植于国内市场的本土企业的能力建设和由此带动的出口扩张与出口产品结构升级，才是外贸转型升级和出口成为经济持续增长动能的关键。而严重脱离本土需求的出口模式割裂了"国内需求—本土供给—出口结构"的内在关联，这不仅从市场空间上掐断了国内需求引致本土企业高层次竞争优势的转化路径，从而固化了本土出口企业的能力缺口，也因为割裂国内产业部门与出口部门的内在关联，从而难以通过"技术扩散"等途径提升本土企业能力这一经济持续增长的基础。而深刻变革的内外需求条件也呼吁中国出口模式的深度调整。目前，中国国内市场消费规模、消费层次和消费主体都正经历深刻变革，中国已成为众多商品的全球最大消费国，这使得外贸发展可以步入依托国内市场提升出口竞争力的战略新阶段。世界经济环境的深刻变化和全球需求终端的大转移也使得中国内需与外贸之间的联动关系已然呈现过渡特征。如"体外循环"式加工贸易出口比重的持续下降和新产品内销比例的不断提高，[①] 以及中国政府正努力推进的内外销产品"同线同标同质"也突显了这一过渡趋势。在发达国家控制核心技术和高端需求终端的"结构封锁"型贸易格局中，依托巨大国内需求培育本土企业外贸竞争新优势，形成内嵌于本土经济的贸易新模式，使国内需求与本土供给和出口产品结构间能良性互动、相互促进，有望成为破解中国外贸转型困境和夯实出口动能基础的"大国举措"。

鉴于此，笔者立足于中国外贸发展困境和国内需求扩张升级的基本现实，探寻新发展阶段下中国外贸发展的"大国之路"，主要结论与研究展望如下。

第一节 主要结论

一、严重脱离国内需求的出口模式，不仅使外贸发展方式转变失去国内需求这一重要的外贸优势来源，也偏离了外贸作为"增长引擎"的本质作用，并且脱离国内需求的出口模式并不都是合理现实因素导致的"正常现象"

（1）严重脱离国内需求的贸易模式是中国外贸新优势产生"断点"进而

[①] 2008—2016年，中国加工贸易出口比重从41.1%下降至34.1%，新产品出口比例从25.8%下降至19.3%。

囿于转型困境的深层原因。笔者并不否定，在经济发展的"三无"阶段，即"无国内需求、无技术、无资金"时期，我们以内外贸不同的管理体制、对加工贸易差异化的出口退税政策、"重开放轻产业"的政策组合以及出口补贴等多项政策，助推脱离国内需求的出口模式，并取得了长足发展。笔者强调的是，在外需萎缩、传统优势削弱、国内需求不断成长的发展新阶段，如何重塑外贸发展方式转变的根本性动力，也即脱离国内需求的外贸发展模式在不同经济阶段的适宜性。笔者认为，培育本土企业高层次外贸竞争优势以谋求贸易结构升级从而提高出口的增长绩效，是发展中国家突破发达国家"结构封锁"实现外贸转型升级的本质内涵。大国内需规模和多层次需求结构是本土企业培育高层次竞争优势进而实现贸易结构升级的立足点。严重脱离本土需求的出口模式在依托要素优势创造中国"出口奇迹"的同时，从市场空间上掐断了中国本土企业利用不断扩张与升级的国内需求构建高层次外贸竞争优势的转化路径，从而固化了本土企业的能力缺口，造成新优势"断点"，使粗放外贸发展方式顽固地延续。

（2）严重脱离国内需求的外贸偏离了其作为"增长引擎"的本质作用。出口贸易之所以被誉为"增长引擎"，不仅在于其通过"出口乘数效应"带动短期收入增长。更为重要的是，由于出口部门与国内产业部门存在由要素流动、中间投入品以及市场竞争实现的广泛关联，出口贸易能通过"资源配置效应"、对非出口部门的"技术扩散效应"以及"市场规模效应"等途径，提升主要服务于国内需求的本土供给部门的生产率，进而促进经济持续增长。而本土供给主要服务于国内需求，对大国而言，尤其如此。出口又是本土企业依托国内需求逐步培养竞争力，而后在开放条件下市场竞争"自选择"的结果。正因如此，"国内需求—本土供给—出口结构"之间具有必然关联，并使得国内需求、产业结构和贸易结构之间良性互动、相互促进，也能通过需求和贸易改善"本土供给"这一持续增长的关键。但脱离本土需求、"体外循环"式的外贸发展，尽管可能带动出口升级和出口规模扩张，但由于割裂了"国内需求—本土供给—出口结构"关联，使得外贸发展难以通过"资源的再配置效应""自我选择效应"和"出口学习效应"等途径夯实经济持续增长的关键——本土供给能力的提升和供给结构的改善，因而偏离了外贸作为"增长引擎"的本质作用。

（3）脱离国内需求的出口模式并不都是合理现实因素导致的"正常现象"。虽然发挥要素禀赋的比较优势和深度依赖全球产品内分工会使出口背离内需成为常态，但不完善的制度环境使得"内需引致出口"功能缺位，国内需求较大的产品出口少，进而使得出口相对集中在国内需求较少的产品上，从而形成背离国内需求的扭曲性出口产品结构。而矫正由市场制度环境不完善导致的出口背离内需的实质是构建国内需求转化为外贸优势的制度环境。对于中国而言，经济发展阶段和要素禀赋等现实因素并不能有力解释中国与大国经验的背离。因为尽管经济发展阶段和要素禀赋确实影响内需驱动型出口模式的形成，但这并不是中国的特殊元素。国内市场制度不完善才是中国出口严重脱离国内需求的深层次原因。

二、大国外贸发展有其特殊性，内需驱动型出口模式是大国外贸发展的一般性规律，而制度环境是影响这一内生外贸发展机制能否形成的关键条件

（1）国内需求是大国转变外贸发展方式需要倚重的"国家特定优势"，内需驱动型出口模式是大国外贸发展的一般性规律。在发达国家主导的"结构封锁"型世界贸易格局中，发展中国家要提高出口的增长绩效、实现经济持续增长，就需要培育本土企业高层次竞争优势，以实现由本土企业带动的出口产品结构多元化、贸易结构升级的出口竞争力的改善，而大国国内需求是本土企业重要的"国家特定优势"，大国国内需求的多层次性和巨大的内需规模支撑的规模经济、技术创新、消费反馈效应和虹吸效应，为大国本土企业培育外贸优势提供了特殊优势途径。同时，在依托国内大市场的内需驱动出口模式下，出口部门与国内产业部门的关联较强，本土企业出口可通过"技术扩散"等途径提升本土供给能力，改善本土供给结构，从而更好地发挥出口作为"增长引擎"的本质作用。因此，在相同发展阶段，大国比小国更加偏向于内需驱动型出口模式。

（2）制度环境是大国内需驱动型出口模式形成的关键条件。大国内需驱动型出口模式是内嵌于本土经济的外贸发展模式，它源于国内贸易向国际贸易的演进过程，需要满足两个基本条件：其一，本土企业有依托较大国内需求寻求高层次竞争优势的压力和动力；其二，国内需求优势能够顺利转换为开放条件下的高层次竞争优势。而这两个条件需要在"国内需求—本土供给

—出口结构"有效对接的制度环境下才能实现,即国内较大需求能被本土企业供给并能够国际化的制度条件和国内较大需求引致本土企业竞争力提升的制度条件。制度不完善就会使得"内需引致出口"功能缺位,导致无法形成依托国内市场的外贸发展模式,进而抑制出口升级;只有当制度环境高于门槛值时,国内市场规模扩张才能显著促进出口产品结构的多元化,而当制度环境低于门槛值时,国内市场规模扩张则会形成更加专业化的出口产品结构;当制度环境不完善时,即便本土企业享有本地市场销售便利,但巨大的国内市场需求也无法支撑本土企业的出口竞争力。

三、回归内需驱动出口模式的实质和政策重点是,实现"国内需求—本土供给—出口结构"的双重有效对接,这需要在新的发展阶段转换战略思路,并构建这一双重有效对接的制度环境

(1) 回归内需驱动出口模式的实质是,实现"国内需求—本土供给—出口产品"的双重有效对接,这也是开放条件下供给侧结构性改革的"大国要义"。其根源在于,国内供给与需求的匹配是市场经济运行的核心,而出口产品结构既是外需的反映,也是国内生产结构在空间上的扩展,所以出口产品结构与国内需求结构及产业结构应当一致。在"国内需求—本土供给—出口结构"双重对接的经济运行环境下,不仅国内需求与本土供给能相互促进,出口产品结构与本土供给进而与国内需求间也能良性互动,共同促进本土供给能力和供给结构不断改善,进而推动经济持续增长和经济(外贸)发展方式转变。同时,中国超大的经济规模特征决定了国内需求与本土供给和出口产品结构双重对接的必然性。中国本土成长的国内需求是其培育增长新动力的"国家特定优势",但国内供需背离使得增长新动力失去内需支撑,囿于发展方式难以转换的困境;脱离国内需求的出口产品结构,也使得外贸新优势成为"无源之水"。正因为如此,2017年《政府工作报告》再次把"加强供给侧结构性改革"和"推动供给结构与需求结构相适应"作为工作重点。还应当看到的是,在开放条件下开展供给侧结构性改革,构建以内需为导向的国内供给体系和出口生产体系,实现"国内需求—本土供给—出口结构"的双重对接,成为解决中国诸多经济问题的根本之道。

(2) 回归内需驱动出口模式,需要转换战略思路,政策重点在于构建

"国内需求—本土供给—出口结构"双重对接的制度环境。回归内需驱动贸易模式,需要在内外经济环境深刻转变的发展阶段转换战略思路,即外贸发展战略立足点从"强化要素禀赋比较优势"向"依托巨大内需培育本土企业高层次竞争优势"转换,战略重点从"重开放而轻产业"向"重开放与重本土企业能力建设战略平衡"转换,参与全球产品内分工的形式从"注重短期产出效应"向"注重长期增长效应"转变等。回归内需驱动出口模式的政策重点,需要满足三个序列条件以实现"国内需求—本土供给—出口结构"的双重有效对接:国内需求能够加强本土供给能力的制度环境、国内需求引致本土企业竞争力提升的制度环境、本土企业有竞争力的产品能够国际化的制度环境。政策落脚点是,使本土企业有压力、有动力、有能力依托国内需求培育高层次竞争优势,激励和协助本土企业放弃要素成本依赖与低价竞争的短效发展模式,转向以"工匠精神"依托国内需求进行技术创新和品牌建设的长效发展模式。如此,中国正在突显的大国本土需求优势才能转换为外贸转型升级的内生动力,中国正在全面推进的国内创新产业链才能与出口产业链兼容和互动,中国出口规模的扩张才能更好地发挥其"增长引擎"的作用。

第二节 研究展望

笔者回归外贸发展的起源和本质作用,厘清外贸发展方式转变的本质内涵,找准外贸发展方式转变的立足点。在此基础上,打破经典贸易理论关于国内制度完善的隐含假设,为大国外贸发展方式转变提供一个全新的分析框架。摆脱"中国特例"困境,从国际经验视角,解读中国外贸发展方式的成因,揭示大国国内市场促进外贸发展方式转变的机制及其条件的一般性规律,有力丰富大国外贸发展方式转变的基础理论,并为推进中国外贸发展方式转变提供一种"根源"型政策取向。但关于这一重大的、新的研究主题,本研究"似乎"只是一个初步研究,在中国国内需求市场正在深刻变革的重要历史机遇期,从需求视角探究外贸发展,还有太多重要问题有待深入研究,本研究通过提供一些新的研究方法和分析框架,期待引发对相关问题的更多关注和思考,这些问题至少包括:

其一,本土需求作为外贸优势的根本性来源之一,究竟如何在全球产品内分工中发挥作用,这不仅需要更为明晰的理论机制分析,也需要微观层面的直接证据支撑。其二,正如 Staritz et al. (2011) 指出的那样,中国这类发展中大国不断扩张的本土需求规模和需求特征,如何影响全球价值链重构和引领其本土企业的价值链攀升是亟待研究的新命题。其三,本土企业能力建设是发展方式转变的关键,而需求又是本土企业能力建设的立足点,正如需求侧视角(demand-side perspective)企业能力文献指出的那样,根据消费者需求创造价值是企业通过创新、创业和管理创造可持续竞争优势的根本途径(Priem et al., 2012, 2013)。那么,对本土需求异质性以及异质性需求引致本土企业能力提升机制、障碍与相应制度环境安排的研究,就成为经济持续发展和谋求高层次国际分工的重要研究课题。其四,从国际比较视角探究本土出口企业"市场倒挂"现象的演进趋势及规律。基于本研究的分析框架和思路,笔者认为,随着中国国内市场制度的完善和国内需求的扩张与升级,中国本土企业出口强度(出口与销售收入比)分布会呈现图 8-1 中的分布趋势。从 2003 年到 2013 年的中国出口企业的分布看,这一趋势正在显现。① 笔者认为,这一趋势实际上是本土企业依托巨大内需培育竞争力走向国际市场的过程,是打造中国经济"升级版"的过程,也是中国外贸发展方式真正转变的过程。但由于缺少基于企业出口强度的国际比较分析,笔者无法确定,这是中国特有现象,还是大国外贸发展的一般性规律。

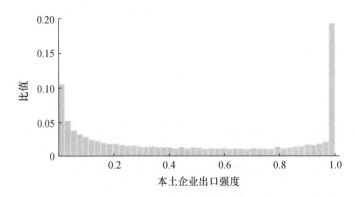

图 8-1　中国本土企业出口强度的预期分布

---

① 详见第二章第一节的具体分析。

参 考 文 献

[1] 〔美〕霍利斯·钱纳里、莫伊思·赛尔昆:《发展的型式(1950—1970)》,李新华译,经济科学出版社1988年版,第112—115页。

[2] 〔美〕克里斯·安德森:《长尾理论:为什么商业的未来是小众市场》,乔江涛译,中信出版社2015年版,第205—212页。

[3] 〔美〕迈克尔·波特:《国家竞争优势》,李明轩、邱如美译,华夏出版社2008年版,第132—140页。

[4] 〔美〕西蒙·库兹涅茨:《各国的经济增长》,常勋等译,商务印书馆1999年版,第82页。

[5] 〔澳〕杨小凯、黄有光:《专业化与经济组织》,张玉纲译,经济科学出版社1999年版,第120—124页。

[6] 〔澳〕杨小凯:《经济学:新兴古典与新古典框架》,张定胜、张永生、李利明译,社会科学文献出版社2003年版,第71—73页。

[7] 包群、叶宁华、邵敏:《出口学习、异质性匹配与企业生产率的动态变化》,载《世界经济》2014年第4期。

[8] 包群:《贸易开放与经济增长:只是线性关系吗》,载《世界经济》2008年第9期。

[9] 蔡昉、王德文、曲玥:《中国产业升级的大国雁阵模型分析》,载《经济研究》2009年第9期。

[10] 蔡昉、王德文、王美艳:《工业竞争力与比较优势——WTO框架下提高我国工业竞争力的方向》,载《管理世界》2003年第2期。

[11] 陈海波、朱华丽:《我国外贸发展方式转变的实证研究——基于全球价值链视角》,载《国际贸易问题》2012年第12期。

[12] 陈立敏:《国际竞争力就等于出口竞争力吗?——基于中国制造业的对比实证分析》,载《世界经济研究》2010年第12期。

[13] 陈雯、苗双有:《中间品贸易自由化与中国制造业企业生产技术选择》,载《经济研究》

2016年第8期。

[14] 陈勇兵、陈宇媚、周世民：《贸易成本、企业出口动态与出口增长的二元边际——基于中国出口企业微观数据：2000—2005》，载《经济学（季刊）》2012年第4期。

[15] 戴觅、余淼杰、〔美〕Madhura Maitra：《中国出口企业生产率之谜：加工贸易的作用》，载《经济学（季刊）》2014年第2期。

[16] 戴翔、金碚：《产品内分工、制度质量与出口技术复杂度》，载《经济研究》2014年第7期。

[17] 戴翔、张为付：《全球价值链、供给侧结构性改革与外贸发展方式转变》，载《经济学家》2017年第1期。

[18] 戴小勇、成力为：《中国出口企业特征及形成原因的实证研究——异质性企业贸易理论的分析视角》，载《国际贸易问题》2014年第2期。

[19] 范子英、田彬彬：《出口退税政策与中国加工贸易的发展》，载《世界经济》2014年第4期。

[20] 范爱军、孙宁：《地区性行政垄断导致的国内市场分割程度测算》，载《社会科学辑刊》2009年第5期。

[21] 范红忠：《有效需求规模假说、研发投入与国家自主创新能力》，载《经济研究》2007年第3期。

[22] 范剑勇、冯猛：《中国制造业出口企业生产率悖论之谜：基于出口密度差别上的检验》，载《管理世界》2013年第8期。

[23] 郭克莎：《对中国外贸战略与贸易政策的评论》，载《国际经济评论》2003年第5期。

[24] 郭克莎：《中国工业发展战略及政策的选择》，载《中国社会科学》2004年第1期。

[25] 郭熙保、陈志刚：《论后危机时期中国外贸发展方式转变——基于世界经济结构调整的视角》，载《经济学家》2013年第5期。

[26] 郭熙保、胡汉昌：《后发优势战略与比较优势战略》，载《江汉论坛》2002年第9期。

[27] 郭熙保、罗知：《外资特征对中国经济增长的影响》，载《经济研究》2009年第5期。

[28] 洪银兴：《从比较优势到竞争优势——兼论国际贸易的比较利益理论的缺陷》，载《经济研究》1997年第6期。

[29] 胡昭玲：《产品内国际分工对中国工业生产率的影响分析》，载《中国工业经济》2007年第6期。

[30] 金碚：《论企业竞争力的性质》，载《中国工业经济》2001年第10期。

[31] 李春顶：《中国出口企业是否存在"生产率悖论"：基于中国制造业企业数据的检验》，载《世界经济》2010年第7期。

[32] 李春顶：《中国企业"出口—生产率悖论"研究综述》，载《世界经济》2015年第5期。

[33] 李稻葵：《中国经济需要大国发展战略》，载《今日中国论坛》2006年第7期。
[34] 李健、刘雪琴、金柏松、张莉、李俊、肖新艳、章海源：《加快转变外贸发展方式的理论与实践》，载《国际贸易》2012年第6期。
[35] 李坤望、陈维涛、王永进：《对外贸易、劳动力市场分割与中国人力资本投资》，载《世界经济》2014年第3期。
[36] 李坤望、蒋为、宋立刚：《中国出口产品品质变动之谜：基于市场进入的微观解释》，载《中国社会科学》2014年第3期。
[37] 廖国民、王永钦：《论比较优势与自生能力的关系》，载《经济研究》2003年第9期。
[38] 林毅夫、李永军：《比较优势、竞争优势与发展中国家的经济发展》，载《管理世界》2003年第7期。
[39] 林毅夫、刘明兴：《经济发展战略与中国的工业化》，载《经济研究》2004年第4期。
[40] 林毅夫、潘士远、刘明兴：《技术选择、制度与经济发展》，载《经济学（季刊）》2006年第3期。
[41] 林毅夫、孙希芳：《经济发展的比较优势战略理论——兼评"对中国外贸战略与贸易政策的评论"》，载《国际经济评论》2003年第11期。
[42] 林毅夫：《发展战略、自生能力与经济收敛》，载《经济学（季刊）》2002年第2期。
[43] 刘志彪、张杰：《我国本土制造业企业出口决定因素的实证分析》，载《经济研究》2009年第8期。
[44] 刘志彪：《从全球价值链转向全球创新链：新常态下中国产业发展新动力》，载《学术月刊》2015年第2期。
[45] 刘志彪：《基于内需的经济全球化：中国分享第二波全球化红利的战略选择》，载《南京大学学报》2012年第2期。
[46] 刘志彪：《战略理念与实现机制：中国的第二波经济全球化》，载《学术月刊》2013年第1期。
[47] 刘志彪：《重构国家价值链：转变中国制造业发展方式的思考》，载《世界经济与政治论坛》2011年第4期。
[48] 隆国强：《加工贸易——全球化背景下工业化新道路》，载《国际贸易》2002年第12期。
[49] 隆国强：《加工贸易转型升级之探讨》，载《国际贸易》2008年第12期。
[50] 隆国强：《新兴大国的竞争力升级战略》，载《管理世界》2016年第1期。
[51] 隆国强：《中国入世十周年：新的起点》，载《国际经济评论》2011年第4期。
[52] 路风、慕玲：《本土创新、能力发展和竞争优势——中国激光视盘播放机工业的发展及其对政府作用的政策含义》，载《管理世界》2003年第12期。
[53] 路风、余永定：《"双顺差"、能力缺口与自主创新——转变经济发展方式的宏观和微

观视野》,载《中国社会科学》2012年第6期。

[54] 毛其淋、盛斌:《贸易自由化、企业异质性与出口动态——来自中国微观企业数据的证据》,载《管理世界》2013年第3期。

[55] 茅锐、张斌:《中国的出口竞争力:事实、原因与变化趋势》,载《世界经济》2013年第12期。

[56] 欧阳峣、易先忠:《新兴大国的增长与转型——"金砖国家"经济研究》,上海人民出版社2015年版,第28页。

[57] 欧阳峣:《"大国综合优势"的提出及研究思路》,载《经济学动态》2008年第8期。

[58] 欧阳峣:《"金砖四国"崛起大国效应》,载《光明日报(理论版)》2010年2月2日。

[59] 裴长洪、彭磊、郑文:《转变外贸发展方式的经验与理论分析——中国应对国际金融危机冲击的一种总结》,载《中国社会科学》2011年第1期。

[60] 裴长洪、郑文:《国家特定优势:国际投资理论的补充解释》,载《经济研究》2011年第11期。

[61] 裴长洪:《正确认识我国加工贸易转型升级》,载《国际贸易》2008年第4期。

[62] 裴长洪:《中国贸易政策调整与出口产品结构变化分析:2006—2008》,载《经济研究》2009年第4期》。

[63] 裴长洪:《中国特色开放型经济理论研究纲要》,载《经济研究》2016年第4期。

[64] 钱学锋、陈六傅:《中美双边贸易中本地市场效应估计——兼论中国的贸易政策取向》,载《世界经济研究》2007年第12期。

[65] 钱学锋、黄云湖:《中国制造业本地市场效应再估计:基于多国模型框架的分析》,载《世界经济》2013年第6期。

[66] 钱学锋、梁琦:《本地市场效应:理论和经验研究的最新进展》,载《经济学(季刊)》2007年第3期。

[67] 钱学锋、王菊蓉、黄云湖、王胜:《出口与中国工业企业的生产率——自我选择效应还是出口学习效应?》,载《数量经济技术经济研究》2011年第2期。

[68] 钱学锋、王胜、陈勇兵:《中国的多产品出口企业及其产品范围:事实与解释》,载《管理世界》2013年第1期。

[69] 邱斌、尹威:《中国制造业出口是否存在本土市场效应》,载《世界经济》2010年第7期。

[70] 邱斌、唐保庆、孙少勤:《要素禀赋、制度红利与新型出口比较优势》,载《经济研究》2014年第8期。

[71] 邱斌、闫志俊:《异质性出口固定成本、生产率与企业出口决策》,载《经济研究》2015年第9期。

[72] 瞿宛文：《经济成长的机制：以台湾石化业与自行车业为例》，中国台湾社会研究杂志社 2002 年版，第 32—38 页。

[73] 瞿宛文：《全球化下的台湾经济》，中国台湾社会研究杂志社 2003 年版，第 55—57 页。

[74] 桑百川：《30 年外商投资的贡献、经验与前景》，载《国际贸易》2009 年第 1 期。

[75] 沈利生：《最终需求结构变动怎样影响产业结构变动——基于投入产出模型的分析》，载《数量经济技术经济研究》2011 年第 11 期。

[76] 盛仕斌、徐海：《要素价格扭曲的就业效应研究》，载《经济研究》2010 年第 5 期。

[77] 施炳展、冼国明：《要素价格扭曲与中国工业企业出口行为》，载《中国工业经济》2012 年第 2 期。

[78] 施炳展：《中国企业出口产品质量异质性：测度与事实》，载《经济学（季刊）》2014 年第 1 期。

[79] 唐东波：《垂直专业分工与劳动生产率：一个全球化视角的研究》，载《世界经济》2014 年第 11 期。

[80] 唐东波：《贸易开放、垂直专业化分工与产业升级》，载《世界经济》2013 年第 4 期。

[81] 唐东波：《贸易政策与产业发展：基于全球价值链视角的分析》，载《管理世界》2012 年第 12 期。

[82] 唐东波：《市场规模、交易成本与垂直专业化分工——来自中国工业行业的证据》，载《金融研究》2013 年第 5 期。

[83] 唐海燕、张会清：《产品内国际分工与发展中国家的价值链提升》，载《经济研究》2009 年第 9 期。

[84] 田巍、余淼杰：《企业出口强度与进口中间品贸易自由化：来自中国的实证研究》，载《管理世界》2013 年第 1 期。

[85] 佟家栋、刘竹青：《国内需求、出口需求与中国全要素生产率的变动及分解》，载《学术研究》2012 年第 2 期。

[86] 汪素芹、周健：《技术创新对中国外贸发展方式转变影响的实证研究》，载《财贸研究》2012 年第 6 期。

[87] 汪素芹：《中国经济发展方式转变与外贸发展方式转变相互影响的实证分析》，载《国际贸易问题》2014 年第 1 期。

[88] 汪素芹：《中国区域外贸发展方式转变的实证分析——基于全国 15 个主要省（市）的数据与比较》，载《财贸经济》2013 年第 12 期。

[89] 王佃凯、李敏、郭曼：《贸易增长的"贫困化"陷阱和比较优势的悖论》，载《经济体制改革》2003 年第 1 期。

[90] 王佃凯：《比较优势陷阱与中国贸易战略选择》，载《经济评论》2002 年第 2 期。

[91] 王海兰、崔日明：《内外需相互转化过程中外经贸发展的新思路》，载《国际贸易》2010年第1期。

[92] 王永进、盛丹、施炳展、李坤望：《基础设施如何提升了出口技术复杂度》，载《经济研究》2010年第7期。

[93] 王允贵：《WTO与中国贸易发展战略》，经济管理出版社2002年版，第44—48页。

[94] 文东伟、冼国明：《垂直专业化与中国制造业贸易竞争力》，载《中国工业经济》2009年第6期。

[95] 巫强、刘志彪：《中国沿海地区出口奇迹的发生机制分析》，载《经济研究》2009年第6期。

[96] 邢斐、王书颖、何欢浪：《从出口扩张到对外贸易"换挡"：基于贸易结构转型的贸易与研发政策选择》，载《经济研究》2016年第4期。

[97] 徐建斌、尹翔硕：《贸易条件恶化与比较优势战略的有效性》，载《世界经济》2002年第1期。

[98] 徐康宁、冯伟：《基于本土市场规模的内生化产业升级：技术创新的第三条道路》，载《中国工业经济》2010年第11期。

[99] 徐毅、张二震：《外包与生产率：基于工业行业数据的经验研究》，载《经济研究》2008年第1期。

[100] 徐元康：《比较优势战略在我国经济发展中的不适应性研究》，载《改革》2003年第5期。

[101] 许德友：《以内需市场培育出口竞争新优势：基于市场规模的视角》，载《学术研究》2015年第5期。

[102] 宣烨：《内需驱动与服务业国际竞争力提升——基于"母市场效应"的研究》，载《财贸经济》2015年第3期。

[103] 薛荣久、杨凤鸣：《后危机时代中国外贸政策调整的选择》，载《国际贸易》2010年第3期。

[104] 薛荣久：《我国"开放型经济体系"探究》，载《国际贸易》2007年第12期。

[105] 薛荣久：《中国入世后十年的六大挑战与应对》，载《国际经贸探索》2012年第3期。

[106] 闫国庆、孙琪、仲鸿生、赵娜、荆娴：《我国加工贸易战略转型及政策调整》，载《经济研究》2009年第5期。

[107] 杨帆、徐长生：《中国工业行业市场扭曲程度测定》，载《中国工业经济》2009年第9期。

[108] 杨继军、范从来：《刘易斯拐点、比较优势蝶化与中国外贸发展方式的选择》，载《经济学家》2012年第2期。

[109] 杨汝岱：《中国工业制成品出口增长的影响因素研究：基于1994~2005年分行业面板数据的经验分析》，载《世界经济》2008年第8期。

[110] 姚洋、张晔：《中国出口品国内技术含量升级的动态研究——来自全国及江苏省、广东省的证据》，载《中国社会科学》2008年第2期。

[111] 姚洋、章林峰：《中国本土企业出口竞争优势和技术变迁分析》，载《世界经济》2008年第3期。

[112] 姚战琪：《工业和服务外包对中国工业生产率的影响》，载《经济研究》2010年第7期。

[113] 易先忠、欧阳峣：《中国贸易增长的大国效应与"合成谬误"》，载《中国工业经济》2009年第10期。

[114] 易先忠、欧阳峣、傅晓岚：《国内市场规模与出口产品结构多元化：制度环境的门槛效应》，载《经济研究》2014年第6期。

[115] 易先忠、晏维龙、李陈华：《国内大市场与本土企业出口竞争力——来自电子消费品行业的新发现及其解释》，载《财贸经济》2016年第4期。

[116] 易先忠：《后发不均质大国技术创新能力提升模式与政策机制研究》，上海人民出版社、格致出版社2014年版，第55页。

[117] 易先忠：《技术差距双面效应与主导技术进步模式转换》，载《财经研究》2010年第7期。

[118] 尹翔硕：《中国出口制成品结构与制造业生产结构差异的分析》，载《国际贸易问题》1997年第4期。

[119] 袁欣：《中国对外贸易结构与产业结构："镜像"与"原像"的背离》，载《经济学家》2010年第6期。

[120] 宗毅君：《国际产品内分工与工资收入——基于中国工业行业面板数据的经验研究》，载《财贸经济》2008年第4期。

[121] 周勤、周绍东：《东产品内分工与产品建构陷阱：中国本土企业的困境与对策》，载《中国工业经济》2009年第8期。

[122] 张帆、潘佐红：《本土市场效应及其对中国省间生产和贸易的影响》，载《经济学（季刊）》2006年第2期。

[123] 张昊：《国内市场如何承接制造业出口调整——产需匹配及国内贸易的意义》，载《中国工业经济》2014年第8期。

[124] 张杰、李勇、刘志彪：《出口与中国本土企业生产率——基于江苏制造业企业的实证分析》，载《管理世界》2008年第11期。

[125] 张杰、刘元春、郑文平：《为什么出口会抑制中国企业增加值率？——基于政府行为的考察》，载《管理世界》2013年第6期。

[126] 张杰、刘志彪、张少军:《制度扭曲与中国本土企业的出口扩张》,载《世界经济》2008年第10期。

[127] 张杰、刘志彪、郑江淮:《中国制造业企业创新活动的关键影响因素研究:基于江苏省制造业企业问卷的分析》,载《管理世界》2011年第3期。

[128] 张杰、刘志彪:《需求因素与全球价值链形成——兼论发展中国家的"结构封锁型"障碍与突破》,载《财贸研究》2007年第6期。

[129] 张杰、张帆、陈志远:《出口与企业生产率关系的新检验:中国经验》,载《世界经济》2016年第6期。

[130] 张杰、张培丽、黄泰岩:《市场分割推动了中国企业出口吗?》,载《经济研究》2010年第8期。

[131] 张杰、郑文平、翟福昕:《中国出口产品质量得到提升了么?》,载《经济研究》2014年第10期。

[132] 张杰、郑文平:《全球价值链下中国本土企业的创新效应》,载《经济研究》2017年第3期。

[133] 张军:《产业升级为何这么难?》,载《新民周刊》2010年9月13日。

[134] 张礼卿、孙俊新:《出口是否促进了异质性企业生产率的增长:来自中国制造企业的实证分析》,载《南开经济研究》2010年第4期。

[135] 张少军:《贸易的本地偏好之谜:中国悖论与实证分析》,载《管理世界》2013年第11期。

[136] 张曙霄、张磊:《中国贸易结构与产业结构发展的悖论》,载《经济学动态》2013年第11期。

[137] 张亚斌、车鸣:《"合成谬误"与中国商品贸易条件恶化》,载《世界经济研究》2010年第7期。

[138] 张亚斌、范子杰:《国际贸易格局分化与国际贸易秩序演变》,载《世界经济与政治》2015年第3期。

[139] 张亚斌、冯迪、张杨:《需求规模是诱发本地市场效应的唯一因素吗?》,载《中国软科学》2012年第11期。

[140] 张亚斌、马莉莉:《大数据时代的异质性需求、网络化供给与新型工业化》,载《经济学家》2015年第8期。

[141] 张亚斌、易先忠:《贸易强国目标与外贸发展方式转变》,湖南师范大学出版社2013年版,第32—35页。

[142] 张亚斌:《内生比较优势理论与中国贸易结构转换》,中国经济出版社2006年版,第89页。

[143] 张燕生:《后危机时代:中国转变外贸增长方式最重要》,载《国际经济评论》2010年第1期。

[144] 赵陵、宋少华、宋泓明:《中国出口导向型经济增长的经验分析》,载《世界经济》2001年第8期。

[145] 赵萍、孙继勇:《中国境外消费现状与问题分析》,载《国际贸易》2015年第6期。

[146] 赵自芳、史晋川:《中国要素市场扭曲的产业效率损失——基于DEA方法的实证分析》,载《中国工业经济》2006年第10期。

[147] 郑毓盛、李崇高:《中国地方分割的效率损失》,载《中国社会科学》2003年第1期。

[148] 钟昌标:《国内区际分工和贸易与国际竞争力》,载《中国社会科学》2002年第1期。

[149] 钟山:《坚定不移地加快外贸发展方式转变》,载《求是》2010年第16期。

[150] 朱启荣、言英杰:《中国外贸增长质量的评价指标构建与实证研究》,载《财贸经济》2012年第12期。

[151] 朱希伟、金祥荣、罗德明:《国内市场分割与中国的出口贸易扩张》,载《经济研究》2005年第12期。

[152] Acemoglu D., Johnson S., Robinson J. A., Colonial Origins of Comparative Development: An Empirical Investigation, *American Economic Review*, 2001(91), pp. 1369—1401.

[153] Acemoglu D., Zilibotti F., Productivity Differences, *The Quarterly Journal of Economics*, 2001(116), pp. 563—606.

[154] Acmogl B. Y., Roberts M. J., Productivity and Turnover in the Export Market: Micro-level Evidence from the Republic of Korea and Taiwan (China), *World Bank Economic Review*, 1995(3), pp. 65—90.

[155] Alesina A., Enrico S., Wacziarg R., Trade, Growth and the Size of Countries, *Handbook of Economic Growth*, 2005(1), pp. 1499—1542.

[156] Alesina A., The Size of Countries: Does it Matter?, *Journal of the European Economic Association*, 2003(1), pp. 301—316.

[157] Amighinia A., Sanfilippo M., Impact of South-South FDI and Trade on the Export Upgrading of African Economies, *World Development*, 2014(64), pp. 1—17.

[158] Amiti M., Freund C., The Anatomy of China's Export Growth, Policy Research Working Paper Series 4628, The World Bank, 2008.

[159] Amiti M., Khandelwal A. K., Import Competition and Quality Upgrading, *Review of Economics and Statistics*, 2013(95), pp. 476—490.

[160] Amiti M., Konings J., Trade Liberalization, Intermediate Inputs, and Productivity: Evidence from Indonesia, *American Economic Review*, 2007(97), pp. 1611—1638.

[161] Andrzej K., Economic Freedom-Growth Nexus in European Union Countries, *Applied Economics Letters*, 2016(23), pp. 494—497.

[162] Aoki Y., The Terms of Trade and Equilibrium Growth in the World Economy, *American Economic Review*, 1980(70), pp. 291—299.

[163] Arkolakis C., Demidova S., Klenow P. J., Rodriguez-Clare A., Endogenous Variety and the Gains from Trade, *American Economic Review*, 2008 (98), pp. 444—450.

[164] Arndt S. W., Kierzkowski H., *Fragmentation: New Production Patterns in the World Economy*, Oxford University Press, 2001, pp. 63—109.

[165] Athukorala, Prema-chandra, Product Fragmentation and Trade Integration: East Asia in a Global Context, *North American Journal of Economics and Finance*, 2006 (6), pp. 233—256.

[166] Athukorala S. N., Global Production Sharing and South-South Trade, *Indian Growth and Development Review*, 2012(5), pp. 173—202(30).

[167] Audretsch D. B., *Innovation and Industry Evolution*, The MIT Press, 1995.

[168] Balassa B., Bernard A. B., Eaton J., Jensen J. B., Kortum S., Plants and Productivity in International Trade, *American Economic Review*, 2003(93), pp. 1268—1290.

[169] Barro R., Democracy and Growth, *Journal of Economic Growth*, 1996(25), pp. 1—27.

[170] Basevi G., Domestic Demand and Ability to Export, *Journal of Political Economy*, 1970(78), pp. 330—37.

[171] Basevi G., On Domestic Demand and Ability to Export: an Additional Comment, *Journal of Political Economy*, 1971(79), pp. 673—674.

[172] Bas M., Strauss-Kahn V., Input-Trade Liberalization, Export Prices and Quality Upgrading, *Journal of International Economics*, 2015(95), pp. 250—262.

[173] Baumol W., J., Entrepreneurship: Productive, Unproductive and Destructive, *Journal of Political Economy*, 1990(98), pp. 893—921.

[174] Becker-Murphy K. M., Shleifer A., Vishny R. W., The Allocation of Talent: Implications for Growth, *The Quarterly Journal of Economics*, 1991(106), pp. 503—530.

[175] Beck T., Demirguc-Kunt A., Levine R., A New Database on the Structure and Development of the Financial Sector, *World Bank Economic Review*, 2000 (14), pp. 597—605.

[176] Behrens J., Jensen J. B., Kortum S., Plants and Productivity in International Trade, *American Economic Review* 2003(93), pp. 1268—1290.

[177] Beise-Zee R., Rammer C., Local User-Producer Interaction in Innovation and Export

Performance of Firms, *Small Business Economics*, 2006(27), pp. 207—222.

[178] Berman N., Berthou A., Héricourt J, Export Dynamics and Sales at Home, *Journal of International Economics*, 2015(96), pp. 298—310.

[179] Bernard A. B., Jensen J. B., Exporting and Productivity in the USA, *Oxford Review of Economic Policy*, 2004(20), pp. 343—357.

[180] Bernard A. B., Jensen J. B., Why Some Firms Export, *Review of Economics & Statistics*, 1997(86), pp. 561—569.

[181] Bernard A., Eaton J., Jensen J. B., Kortum S., Plants and Productivity in International Trade, *American Economic Review*, 2003(93), pp. 1268—1290.

[182] Bernard A., Jensen J. B., Exceptional Exporter Performance: Cause, Effect or Both?, *Journal of International Economics*, 1999(47), pp. 1—25.

[183] Bridgman B., The Rise of Vertical Specialization Trade, *Journal of International Economics*, 2012(86), pp. 133—140.

[184] Broda C., Weinstein D. E., Globalization and the Gains from Variety, *Quarterly Journal of Economics*, 2006(121), pp. 541—585.

[185] Buchanan J., Distortions and Immiserizing Growth: a Generalization, *Review of Economic Studies*, 1980(35), pp. 481—85.

[186] Chaney T., Ossa R., Market Size, Division of Labor and Firm Productivity, *Journal of International Economics*, 2013(90), pp. 177—180.

[187] Chang-Tai Hsieh, Peter J. Klenow, Misallocation and Manufacturing TFP in China and India, *Quarterly Journal of Economics*, 2009(124), pp. 1403—1448.

[188] Clarete S., Openness, Productivity and Growth: What Do We Really Know?, *Economic Journal*, 1998(108), pp. 383—398.

[189] Cline W. R., Can the East Asian Model of Development Be Generalized?, *World Development*, 1982(10), pp. 81—90.

[190] Corsetti G., Martin P., P Pesenti, Productivity, Terms of Trade and the "Home Market Effect", *Journal of International Economics*, 2007(73), pp. 99—127.

[191] Crozet M., Trionfetti F., Trade Costs and the Home Market Effect, *Journal of International Economics*, 2008(76), pp. 309—321.

[192] Cunat A., Marc J. Melitz, A Many-Country, Many-Good Model of Labor Market Rigidities as a Source of Comparative Advantage, *Journal of the European Economic Association Papers and Proceedings*, 2010(8), pp. 434—441.

[193] Davis D., Weinstein D., Does Economic Geography Matter for International Specialization?,

NBER Working Papers, 1996(5706).

[194] Davis D., Weinstein D., Economic Geography and Regional Production Structure: An Empirical Investigation, *European Economic Review*, 1999(43), pp. 379—407.

[195] Davis D., Weinstein D., Market Access, Economic Geography and Comparative Advantage: an Empirical Test, *Journal of International Economics*, 2003(59), pp. 1—23

[196] Dean J. M., Lovely M. E., Mora J., Decomposing China-Japan-US Trade: Vertical Specialization, Ownership and Organization, *Journal of Asian Economics*, 2009(20), pp. 596—610.

[197] De Haan J., Lundström S., Sturm J. E., Market-oriented Institutions and Policies and Economic Growth: A Critical Survey, *Journal of Economic Surveys*, 2006(20), pp. 157—191

[198] Delbtidge R., Johnson G., Gratton L., *The Exceptional Manager: Making a Difference*, Oxford University Press, 2010, pp. 168—205.

[199] De Marchi, Giuliani V. E., Rabellotti R., Local Innovation and Global Value Chains in Developing Countries, Industrial Development Report, 2016.

[200] Desmet K., Parente S., Bigger is Better: Market Size, Demand Elasticity and Innovation, *International Economic Review*, 2010(51), pp. 319—333.

[201] Desmet K., Parente S., Trade Liberalization: Export Market Participation, Productivity Growth and Innovation, *Oxford Review of Economic Policy*, 2004, pp. 372—392.

[202] Dhingra S., Trading away Wide Brands for Cheap Brands, *American Economic Review*, 2013(103), pp. 2554—2584.

[203] Edmond C., Midrigan V., Xu D. Y., Competition, Markups and the Gains from International Trade, *American Economic Review*, 2015(105), pp. 3183—3221.

[204] Egger, Peter H., Erhardt, Katharina, Lassmann, Andrea, Productivity and R&D as Drivers of Exports and Domestic Sales: Semi-parametric Evidence from French Firm-level Data, *World Economy*, 2014(38), pp. 1115—1129.

[205] Esteves P. S., Rua A., Is There a Role for Domestic Demand Pressure on Export Performance?, *Empirical Economics*, 2015(8), pp. 134—156.

[206] Fagerberg J., User-Producer Interaction, Learning and Comparative Advantage, *Cambridge Journal of Economics*, 1993(19), pp. 243—256.

[207] Faini R., Clavijo F., Senhadji-Semlali A., The Fallacy of Composition Argument: Is It Relevant for LDCs' Manufactures Exports?, *European Economic Review*, 1992(36), pp. 865—882.

[208] Fajgelbaum, Pablo G. M., Grossman, Helpman E., Income Distribution, Product Quality and International Trade, *Journal of Political Economy*, 2011 (119), pp. 721—765.

[209] Fan H., Li Y A, Yeaple S R, Trade Liberalization, Quality and Export Prices, *The Review of Economics and Statistics*, 2015(5), pp. 1033—1051.

[210] Faqin LIN, Learning by Exporting Effect in China Revisited: an Instrumental Approach, *China Economic Review*, 2015(36), pp. 1—13.

[211] Feenstra, Robert C., New Product Varieties and the Measurement of International Prices, *American Economic Review*, 1994 (84), pp. 157—177.

[212] Fernandes A. M., Freund C., Pierola M. D., Exporter Behavior, Country Size and Stage of Development: Evidence from the Exporter Dynamics Database, *Journal of Development Economics*, 2015(119), pp. 121—137.

[213] Fieler A. C., Cecilia A., Non-homotheticity and Bilateral Trade: Evidence and a Quantitative Explanation, *Econometrica*, 2011 (79), pp. 1069—1101.

[214] Findlay R., Factor Proportions and Comparative Advantage in the Long Run, *Journal of Political Economy*, 1970(78), pp. 27—34

[215] Friedman D., A Theory of the Size and Shape of Nations, *Journal of Political Economy*, 1977(85), pp. 59—77.

[216] Gereffi G., Humphrey J., Sturgeon T. J., The Governance of Global Value Chains, *Review of International Political Economy*, 2005(12), pp. 78—104.

[217] Gereffi G., International Trade and Industrial Upgrading in the Apparel Commodity Chain, *Journal of International Economics*, 1999(48), pp. 37—70.

[218] Giraldo I., Jaramillo F., Productivity, Demand and the Home Market Effect, Documentos De Trabajo, 2016.

[219] Giuliani E., Pietrobelli C., Rabellotti R., Upgrading in Global Value Chains: Lessons from Latin American Clusters、*World Development*, 2005(33), pp. 549—573.

[220] Goldberg P. K., Khandelwal A. K., Pavcnik N., Topalova P., Imported Intermediate Inputs and Domestic Product Growth: Evidence from India, *The Quarterly Journal of Economics*, 2010(125), pp. 1727—1767.

[221] Gopinath G., Neiman B., Trade Adjustment and Productivity in Large Crises, *American Economic Review*, 2013 (104), pp. 793—841.

[122] 〔美〕Gordon H. Hanson,《中国的出口模式：似曾相识》,载《经济学(季刊)》2016年第4期。

[223] Görg H., Hanley A., International Outsourcing and Productivity: Evidence from the Irish

Electronics Industry, *North American Journal of Economics & Finance*, 2005 (16), pp. 255—269.

[224] Grossman G., Explaining Japan's Innovation and Trade: A Model of Quality Competition and Dynamic Comparative Advantage, *Bank of Japan Monetary and Economic Studies*, 1990(8), pp. 75—100.

[225] Hall R. E., Jones C. I., Why Do Some Countries Produce so Much More Output Per Worker than Others?, *Quarterly Journal of Economics*, 1999(114), pp. 83—116.

[226] Hanson, Verhoogen, Quality Upgrading and Wage Inequality in the Mexican Manufacturing Sector, *Quarterly Journal of Economics*, 2008(12), pp. 23—26.

[227] Hausman R., Hwang J., Rodrik D., What You Export Matters, *Journal of Economic Growth*, 2007(12), pp. 1—25.

[228] Hayek, Friedrich A., *The Road to Serfdom*, University of Chicago Press, 1944.

[229] Helpman E., Krugman P. R., *Market Structure and Foreign Trade*, MIT Press, 1985.

[230] Henderson J., Dicken P., Hess M., Coe N., Yeung H., Global Production Networks and the Analysis of Economic Development, *Review of International Political Economy*, 2002 (9), pp. 436—64.

[231] Hiau Looi Kee, Local Intermediate Inputs and the Shared Supplier Spillovers of Foreign Direct Investment, *Journal of Development Economics*, 2015(112), pp. 56—71.

[232] Hobday M., Innovation in East Asia: Diversity and Development, *Technovation*, 1995(15), pp. 55—63.

[233] Holmes T. J., Stevens J. J., Does Home Market Size Matter for the Pattern of Trade?, *Journal of International Economics*, 2005(65), pp. 489—505.

[234] Hummels, David, Ishii, Jun&Yi, Kei-Mu, The Nature and Growth of Vertical Specialization in World Trade, *Journal of International Economics*, 2001(5), pp. 75—96.

[235] Humphrey J., Schmitz H., How Does Insertion in Global Value Chains Affect Upgrading in Industrial Clusters?, *Regional Studies*, 2002(36), pp. 1017—1027.

[236] Humphrey J., Upgrading in Global Value Chains, International Labour Office Working Paper, 2004(28).

[237] Ito K., Pucik V., R&D Spending, Domestic Competition and Export Performance of Japanese Manufacturing Firms, *Strategic Management Journal*, 1993(14), pp. 61—75.

[238] Jenkins R., Measuring the Competitive Threat from China for Other Southern Exporters, *The World Economy*, 2008(31), pp. 1351—1366.

[239] Jože P. Damijan, Ĉrt Kostevc, Learning-by-Exporting: Continuous Productivity Improvements

or Capacity Utilization Effects? Evidence from Slovenian Firms, *Review of World Economics*, 2006(142), pp. 599—614.

[240] Johan Torstesson, Endogenous Technological Change, *Journal of Political Economy*, 1990 (98), pp. 71—102.

[241] Jue Wang, Yingqi Wei, Xiaming Liu, Chengang Wang, Hua Lin, Simultaneous Impact of the Presence of Foreign MNEs on Indigenous Firms' Exports and Domestic Sales, *Management International Review*, 2014(54), pp. 195—223.

[242] Krueger A., The Political Economy of the Rent-Seeking Society, *American Economic Review*, 1974(64), pp. 291—303.

[243] Krugman P. A., Increasing Returns, Monopolistic Competition and International Trade, *Journal of International Economics*, 1979(9), pp. 467—479.

[244] Krugman P., Increasing Returns and Economic Geography, *Journal of Political Economy*, 1991(99), pp. 483—499.

[245] Krugman P., Scale Economies, Product Differentiation and the Pattern of Trade, *America Economic Review*, 1980(70), pp. 950—959.

[246] Lall, Albaladejo, China's Competitive Performance: A Threat to East Asian Manufactured Exports?, *World Development*, 2004(32), pp. 1441—1466.

[247] La Porta R., Lopez-De-Silanes F., Shleifer A., Vishny R., The Quality of Government, *Journal of Law Economics & Organization*, 1999(15), pp. 222—279.

[248] Lauren E., Economic Consequences of the Size of Nations, 50 Years on, NRER Working Papers, 2008(46), pp. 188—195.

[249] Lewis D., Hopkins M., The Institutional Foundations of Inequality and Growth, *Journal of Development Studies*, 2011(47), pp. 977—997.

[250] Linder S. B., *An Essay on Trade and Transformation*, Wiley and Sons, 1961, pp. 12—33.

[251] Ling F., Li Zh., Swenson D. L., The Connection between Imported Intermediate Inputs and Exports: Evidence from Chinese Firms, *Journal of International Economics*, 2016 (101), pp. 86—101.

[252] Lin J. Y., Development Strategy, Viability and Economic Convergence, *Economic Development and Cultural Change*, 2003(53), pp. 277—308.

[253] Lopresti, John, Multiproduct Firms and Product Scope Adjustment in Trade, *Journal of International Economics*, 2016(100), pp. 160—173.

[254] Lundvall B. A., *User-Producer Relationships, National Systems of Innovation and Internationalization*, Ba National Systems of Innovation Pinter, 1992. pp. 82—121

[255] Manova K., Credit Constraints, Heterogeneous Firms and International Trade, *Review of Economic Studies*, 2013(80), pp. 711—744.

[256] Martin Will, The Fallacy of Composition and Developing Country Exports of Manufactures, *The World Economy*, 1993(16), pp. 159—172.

[257] Mayer T., Melitz M. J., Ottaviano G. I. P., Market Size, Competition, and the Product Mix of Exporters, *American Economic Review*, 2011(104), pp. 495—536.

[258] Melitz M. J., Ottaviano G., Market Size, Trade and Productivity, *Review of Economic Studies*, 2008(75), pp. 295—316.

[259] Melitz M. J., The Impact of Trade on Intra-Industry Reallocations and Aggregate Industry Productivity, *Econometrica*, 2003(71), pp. 1695—1725.

[260] Michael Polanyi, Tacit Knowing: It's Bearing on Some Problems of Philosophy, *Reviews of Modern Physics*, 1962(34), pp. 601—616.

[261] Micheal Porter, Hopenhayn H., Market Size Matters, *Journal of Industrial Economics*, 2005 (53), pp. 1—25.

[262] Mody A., Yi lmaz K., Imported Machinery for Export Competitiveness, *World Bank Economic Review*, 2002(16), pp. 23—48.

[263] Mohammad Amin, Asif Islam, Imports of Intermediate Inputs and Country Size, *Applied Economics Letters*, 2014(21), pp. 738—741.

[264] Morris M., Staritz C., Barnes J., Value Chain Dynamics, Local Embeddedness and Upgrading in the Clothing Sectors of Lesotho and Swaziland, *International Journal of Technological Learning, Innovation and Development*, 2011(4), pp. 96—119.

[265] Morris M., Staritz C., Industrialization Trajectories in Madagascar's Export Apparel Industry: Ownership, Embeddedness, Markets and Upgrading, *World Development*, 2014 (56), pp. 243—257.

[266] Morrison A., Pietrobelli C., Rabellotti R., Global Value Chains and Technological Capabilities: A Framework to Study Industrial Innovation in Developing Countries, *Oxford Development Studies*, 2008(36), pp. 39—58.

[267] Mukhopadhyay K., Impact of Liberalized Trade on Energy Use and Environment in India, 1 *JEnv Ecol Manag*, 25(1989), pp. 75—104.

[268] Murphy K., M., Shleifer A., Vishny R. W., The Allocation of Talent: Implications for Growth, *Quarterly Journal of Economics*, 1991(106), pp. 503—530.

[269] Navaretti G. B., Galeotti M., Mattozzi A., Moving Skills from Hands to Heads: Does Importing Technology Affect Export Performance in Textiles?, *Research Policy*, 2004(33),

pp. 879—895.

[270] Nunn N., Relationship-Specificity, Incomplete Contracts and the Pattern of Trade, *Quarterly Journal of Economics*, 2007 (122), pp. 569—600.

[271] Nunn N., Trefler D., Domestic Institutions as a Source of Comparative Advantage, *Handbook of International Economics*, 2013(4), pp. 263—315.

[272] Osharin A., Verbus V., Heterogeneous Consumers and Trade Patterns in a Monopolistically Competitive Setting, Higher School of Economics Research Paper, 2016.

[273] Parteka A., Tamberi M., Export Diversification and Development-Empirical Assessment, Universita Politecnica delle Marche Working Paper, 2011.

[274] Perkins D. H., Syrquin M., Large Countries: The Influence of Size, *Handbook of Development Economic*, 1989(2), pp. 1691—1753.

[275] Poncet S., Waldemar F. S. D., Export Upgrading and Growth: The Prerequisite of Domestic Embeddedness, *World Development*, 2013(51), pp. 104—118.

[276] Porter M. E., *The Competitive Advantages of Nations*, The Free Press, 1990.

[277] Priem R. L., A Consumer Perspective on Value Creation, *Academy of Management Review*, 2007(32), pp. 219—235.

[278] Priem R. L., Butler J. E., Li S., Toward Reimagining Strategy Research: Retrospection and Prospection on the 2011 AMR Decade Award Article, *Academy of . Management Review*, 2013(38), pp. 471—489.

[279] Priem R. L., Li S., Carr J. C., Insights and New Directions from Demand-Side Approaches to Technology Innovation, Entrepreneurship and Strategic Management Research, *Journal of Management*, 2012(38), pp. 346—374.

[280] Radell, Bernard A., Eaton J., Jensen J. B., Kortum S., Plants and Productivity in International Trade, *American Economic Review*, 2003(93), pp. 1268—1290.

[281] Razmi A., Blecker R., Developing Country Exports of Manufactures: Moving Up the Ladder to Escape the Fallacy of Composition?, *The Journal of Development Studies*, 2008(44), pp. 21—48.

[282] Riedel J., The Demand for LDC Exports of Manufactures: Estimates from Hong Kong, *The Economics Journal*, 1988(98), pp. 461—466.

[283] Rodrik, Dani, Arvind Subramanian, Francesco Trebbi, Institutions Rule: The Primacy of Institutions over Geography and Integration in Economic Development, *Journal of Economic Growth*, 2004(9), pp. 131—165.

[284] Rodrik D., Second-best Institutions, *American Economic Review*, 2008(98), pp. 100—104.

[285] Romer P., Endogenous Technological Change, *Journal of Political Economy*, 1990(98), pp. S71—S102.

[286] Romijn H., Albu M., Innovation, Networking and Proximity: Lessons from Small High Technology Firms in the UK, *Regional Studies*, 2002(36), pp. 81—86.

[287] Rosenstein, Harriss R., The Role of CO_2 Embodiment in US-China Trade, *Energy Policy*, 1943(34), pp. 4063—4068.

[288] Sakakibara M., Porter M. E., Competing at Home to Win Abroad: Evidence from Japanese Industry, *Review of Economics and Statistics*, 2001(83), pp. 310—322.

[289] Salomon, Robert, Shaver, Export And Domestic Sales: Their Interrelationship And Determinants, *Strategic Management Journal*, 2005(26), pp. 855—871.

[290] Schumacher, Export Market Participation, Investments in R&D and Worker Training and the Evolution of Firm Productivity, *World Economy*, 2007(30), pp. 83—104.

[291] Schumpeter, Harriss R., The Role of CO_2 Embodiment in US-China Trade, *Energy Policy*, 2006(34), pp. 4063—4068.

[292] Staritz C., Gereffi G., Cattaneo O., Special Issue on Shifting End Markets and Upgrading Prospects in Global Value Chains, *International Journal of Technological Learning, Innovation and Development*, 2011(4).

[293] Staritz C., Morris M., Local Embeddedness and Economic and Social Upgrading in Madagascar's Export Apparel Industry, Capturing the Gains Working Paper, 2011.

[294] Suedekum, Exports and Productivity: A survey of the Evidence from Firm-level Data, *World Economy*, 2007(130), pp. 60—82.

[295] Sun, Yifei, Zhou, Yu, Lin, George C. S., Wei, Dennis Y. H., Subcontracting and Supplier Innovativeness in a Developing Economy: Evidence from China's Information and Communication Technology Industry, *Regional Studies*, 2013(47), pp. 1766—1784.

[296] Tollison, Quality Upgrading and Wage Inequality in the Mexican Manufacturing Sector, *Quarterly Journal of Economics*, 1982(123).

[297] Toulemonde, Kortum S., Plants and Productivity in International Trade, *American Economic Review*, 2003(93), pp. 1268—1290.

[298] Trefler D., The Case of the Missing Trade and Other Mysteries, *American Economic Review*, 1995 (85), pp. 1029—1046.

[299] Ueki Y., Intermediate Goods Trade in East Asia, Bangkok Research Center, 2011.

[300] Venables, Eric A., Quality Upgrading and Wage Inequality in the Mexican Manufacturing Sector, *Quarterly Journal of Economics*, 2008(123), pp. 489—530.

[301] Von Hippel E., Economics of Product Development by Users: The Impact of Sticky Local Information, *Management Science*, 1998 (44), pp. 629—644.

[302] Von Hippel E., Lead Users: A Source of Novel Product Concepts, *Management Science*, 1986(32), pp. 791—805.

[303] Von Hippel E., Perspective: User Toolkits for Innovation, *Journal of Product Innovation Management*, 2001(18), pp. 247—254.

[304] Wagner J., Exports and Productivity: A Survey of the Evidence from Firm-level Data, *The World Economy*, 2007(30), pp. 60—82.

[305] Weder R., Comparative Home-Market Advantage: An Empirical Analysis of British and American Exports, *Review of World Economics*, 2003(139), pp. 220—247.

[306] Weder R., Domestic Demand, Comparative Advantage and the Pattern of Trade, *Swiss Journal of Economics and Statistics*, 1995(131), pp. 377—388.

[307] Weder R., How Domestic Demand Shapes the Pattern of International Trade, *World Economy*, 1996(19), pp. 273—286.

[308] Wolf H. C., Intra-national Home Bias in Trade, *Review of Economics and Statistics*, 2000 (82), pp. 555—563.

[309] Xie Zh., Li J., Demand Heterogeneity, Learning Diversity and Innovation in an Emerging Economy, *Journal of International Management*, 2015(21), pp. 277—292.

[310] Yamashita N., The Impact of Production Fragmentation on Skill Upgrading: New Evidence from Japanese Manufacturing, *Journal of the Japanese & International Economies*, 2008 (22), pp. 545—565.

[311] Yeats A. J., Just How Big is Global Production Sharing?, Policy Research Working Paper, 1998.

[312] Young, Alwyn, The Tyranny of Numbers: Confronting the Statistical Realities of the East Asian Growth Experience, *The Quarterly Journal of Economics*, 1995(110), pp. 641—680.

[313] Young, Developing Country Exports of Manufactures: Moving Up the Ladder to Escape the Fallacy of Composition?, *The Journal of Development Studies*, 2000(44), pp. 21—48.

[314] Young, Scale Economies, Product Differentiation and the Pattern of Trade, *American Economic Review*, 1993(6), pp. 950—959.

[315] Zhu Sh., Fu X., Drivers of Export Upgrading, *World Development*, 2013 (51), pp. 221—233.

附 录

附录1 以产业均值计算的背离度的典型事实
(1997—2010年样本均值)①

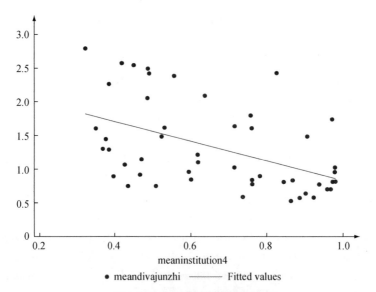

图1 商业环境指数与背离度

---

① 计算方法为 $\mathrm{diva} = \dfrac{1}{n}\sum_{i=1}^{n}\left|\dfrac{\mathrm{con}_i}{\sum_{i=1}^{n}\mathrm{con}_i} - \dfrac{ex_i}{\sum_{i=1}^{n}ex_i}\right|$。

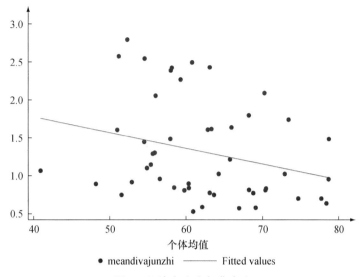

图 2　经济自由度与背离度

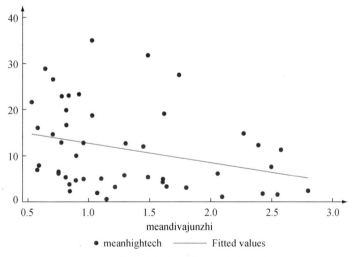

图 3　背离度与出口产品技术复杂度

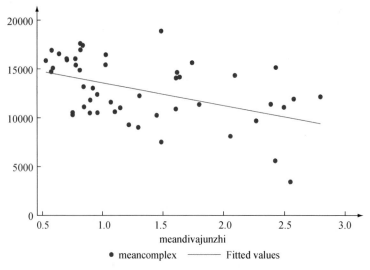

图 4 背离度与高技术产品出口比例

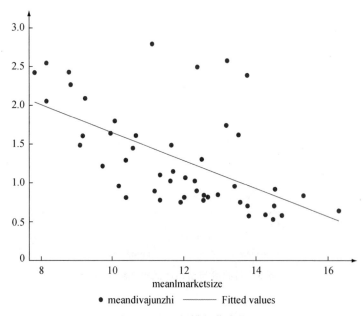

图 5 GDP 规模与背离度

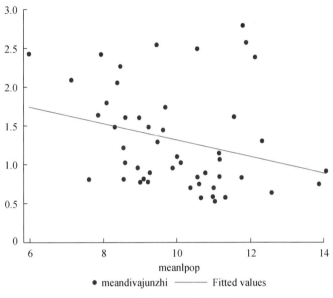

图6 人口规模与背离度

附录2　制度维度的分解（被解释变量：出口与内需结构背离度）

制度变量	经济自由度(frd)指数分解									商业环境(wmo)指数分解			
	businessfree	tradefree	fiscalfree	gover_spending	moneytaryfree	investmentfree	fincialfree	propertyright	freeoccupption	cc	rq	rl	ge
lopen	2.041	1.359	2.048	1.229	2.831	1.136	2.216	1.653	1.915	1.683	1.380	1.576	0.957
	(1.690)	(1.034)	(1.840)	(1.680)	(2.725)	(0.803)	(1.952)	(1.145)	(1.622)	(1.225)	(1.493)	(1.454)	(1.275)
prim	34.901***	32.232***	37.627***	33.740***	32.852***	36.326***	35.790***	33.400***	30.745***	25.058***	30.361***	24.419***	26.707***
	(7.579)	(7.845)	(7.932)	(7.780)	(7.647)	(7.716)	(7.872)	(7.718)	(7.619)	(8.378)	(8.941)	(8.960)	(8.905)
inter	-159.8***	-152.6***	-150.6***	-157.5***	-158.78***	-161.35***	-160.3***	-158.19***	-154.71***	-181.4***	-181.4***	-169.54***	-179.35***
	(39.159)	(38.650)	(39.029)	(39.112)	(38.658)	(39.243)	(39.245)	(39.043)	(39.299)	(41.925)	(42.064)	(42.030)	(42.094)
Inter-sq	165.594***	152.596***	153.300***	162.980***	156.440***	168.044***	167.063***	164.189***	157.891***	180.959***	183.000***	170.318***	180.756***
	(48.488)	(47.946)	(48.405)	(48.522)	(47.954)	(48.563)	(48.638)	(48.314)	(48.758)	(52.507)	(52.679)	(52.482)	(52.629)
locklanded	8.895	-6.937	8.527	-9.093	6.775	-9.399	9.349	-9.072	7.915	-7.809	-10.374	7.095	-8.912
	(8.510)	(8.147)	(9.066)	(8.820)	(8.108)	(8.744)	(8.725)	(8.654)	(8.347)	(8.288)	(9.217)	(8.018)	(8.669)
businessfree	-0.241***												
	(0.091)												
tradefree		-0.264***											
		(0.084)											
fiscalfree			-0.0693										
			(0.076)										
gover_spending				0.1485									
				(0.158)									
moneytaryfree					-0.179***								
					(0.056)								
investmentfree						-0.044***							
						(0.012)							

(续表)

制度变量	经济自由度(frd)指数分解								商业环境(wmo)指数分解			
	businessfree	tradefree	fiscalfree	gover_spending	moneyfree	investmentfree	fincialfree	propertyright	freeoccupion	cc	rq	rl	ge
fincialfree							-0.155*** (0.052)						
propertyright								-0.181** (0.083)					
freeoccupion									-0.160** (0.072)				
cc										-15.736** (7.957)			
rq											-15.526*** (5.318)		
rl												-32.178*** (11.845)	
ge													-18.111** (9.013)
_cons	153.172*** (17.178)	145.905*** (16.981)	149.186*** (17.161)	152.694*** (17.311)	153.087*** (16.851)	151.083*** (17.188)	152.178*** (17.146)	155.177*** (18.562)	154.619*** (17.125)	174.877*** (19.863)	168.318*** (20.029)	171.374*** (19.539)	173.517*** (20.244)
N	509	509	509	509	509	509	509	509	509	409	409	409	409
F	4.678	6.575	5.045	4.522	6.631	4.639	4.586	4.607	4.942	6.404	5.250	7.176	5.727

注：采用 Hausman-Taylor 估计，将 locklanded 和时间虚拟变量视为严格外生变量，其他变量视为内生变量。括号内为考虑异方差稳健标准误，下同；* 表示 $p<0.1$，** 表示 $p<0.05$，*** 表示 $p<0.01$，下同。

附录3 6个常用工具变量的外生性检验

	A：被解释变量：结构背离（devia）					
制度环境（frd）	−1.2564***	−0.9747***	−0.9648***	−1.2522***	−1.49967***	−1.1189***
	(0.0936)	(0.1269)	(0.2313)	(0.1086)	(0.10181)	(0.1135)
赤道距离	−0.4076***					
	(0.0610)					
1960年政治		−0.6657***				
		(0.1586)				
早期移民死亡率			−0.5530			
			(2.8824)			
欧洲语言				−3.6341		
				(2.3742)		
法律起源					−4.29498**	
					(2.15317)	
民族语言分化						0.1314***
						(0.0425)
_cons	175.1997***	141.6230***	149.0568***	160.1927***	1.8e+02***	145.8667***
	(6.2823)	(8.0365)	(23.8581)	(6.8135)	(7.19094)	(8.1933)
N	527	445	241	513	503	374
R^2	0.3016	0.2890	0.1410	0.2372	0.26993	0.2549
	B：被解释变量：制度环境（frd）					
赤道距离	0.1052***					
	(0.0175)					
1960年政治		0.6765***				
		(0.0393)				
早期移民死亡率			−4.6773***			
			(0.2921)			
欧洲语言				11.0783***		
				(0.6783)		
法律起源					−3.31667***	
					(0.64495)	

（续表）

	B：被解释变量：制度环境（frd）					
民族语言分化						−0.1201 ***
						(0.0141)
_cons	58.3884 ***	61.7151 ***	82.1755 ***	58.3337 ***	63.48333 ***	68.3808 ***
	(0.6403)	(0.3054)	(1.2581)	(0.3810)	(0.49201)	(0.5148)
N	733	628	375	718	703	510
R^2	0.0312	0.3272	0.4190	0.2588	0.02875	0.1311

附录4 假说1检验（制度环境为商业环境指数的IV估计）

变量	第二阶段计算结果			
	(1)	(2)	(3)	(4)
wmo	−79.9757***	−85.9503***	−50.3253***	−43.4117***
	(10.7239)	(11.1293)	(12.1298)	(11.0949)
prim		16.9584**		22.4112***
		(7.6546)		(7.1865)
inter		−2.1e+02***		−2.4e+02***
		(37.5973)		(45.4335)
inter-sq		201.1315***		221.4314***
		(45.3761)		(53.0776)
leg_british		11.1975***		2.7751
		(3.0610)		(5.9115)
leg_french		−3.0156		−1.8532
		(2.4088)		(4.4805)
locklanded		−7.1669*		−10.4442
		(3.8322)		(10.6189)
culture		0.6973***		1.0078***
		(0.1642)		(0.2993)
lopen		10.7770***		15.2814***
		(2.6759)		(3.3507)
_cons	135.6831***	102.3541***	118.8666***	60.4813**
	(7.6207)	(21.2458)	(8.0676)	(27.4264)
时间	否	是	否	是
N	411	364	193	172
R^2	0.3642	0.5335	0.2007	0.5409
第二阶段计算结果				
工具变量	(1)	(2)	(3)	(4)
欧洲语言	0.1976***	0.2164***	0.1802***	0.1369***
	(0.0228)	(0.0176)	(0.0186)	(0.0250)
早期移民死亡率			−0.1395***	−0.1153***
			(0.0099)	(0.0136)
K-P LM χ^2 统计量	61.161	83.753	67.136	25.821
C-D Wald F 统计量	72.844	106.818	202.409	115.615
Hansen's J P 值			0.4508	0.3021

注：第二阶段的控制变量进入第一阶段估计。

附录 5　假说 2 和假说 3 检验（制度环境为商业环境指数）

	假说 2 检验			假说 3 检验		
	(1) lcomplex	(2) high-tech	(3) diver	(4) lcomplex	(5) high-tech	(6) diver
devia I(institution > mean)	0.0002	-0.0019	-0.0095			
	(0.0003)	(0.0031)	(0.0070)			
devia I(institution ≤ mean)	-0.0007**	-0.0057*	-0.0258***			
	(0.0003)	(0.0030)	(0.0075)			
lpop	0.3411***	2.5175***	4.1151***	0.3420***	2.9586***	5.4829***
	(0.0728)	(0.6193)	(1.4521)	(0.0735)	(0.6052)	(1.6239)
infra	0.0318**	0.0113	-0.0944	0.0308**	0.0023	-0.0927
	(0.0141)	(0.1190)	(0.2818)	(0.0140)	(0.1151)	(0.2868)
leducation	0.1364***	0.0941	1.3050***	0.1362***	0.0678	-0.4212
	(0.0154)	(0.1458)	(0.3448)	(0.0154)	(0.1415)	(0.4348)
lFDI	-0.0010	-0.0091	-0.0312	-0.0011	-0.0321	0.0213
	(0.0028)	(0.0260)	(0.0611)	(0.0029)	(0.0256)	(0.0660)
devia I(institution < mean) I(size > mean)				-0.0016**	-0.0360***	-0.0342**
				(0.0007)	(0.0065)	(0.0151)
devia I(institution < mean) I(size ≤ mean)				-0.0006	-0.0016	-0.0092
				(0.0007)	(0.0032)	(0.0079)
_cons	5.6510***	27.2878***	27.0349*	5.6492***	32.1565***	43.9398***
	(0.7016)	(5.9251)	(13.8795)	(0.7103)	(5.8160)	(16.1665)
时间效应	是	是	是	是	是	是
个体效应	是	是	是	是	是	是
N	427	498	499	427	498	499
ad-R^2	0.9195	0.9543	0.9564	0.9246	0.9548	0.9358
F-test (p)	0.0000	0.0000	0.0000	0.0000	0.0000	0.0000

注：由于商业环境（wmo）指数的工具变量与经济自由度（frd）指数的工具变量相同，因此 wmo 工具变量拟合值检验与 frd 的工具变量拟合值检验相同，故而省略。

附录 6 门槛模型估计的稳健性检验

	门槛模型估计			分组估计					
	(1)	(2)	(3)	(4)	(5)	(6)	(7)	(8)	(9)
被解释变量	sdi	theil	HHI	sdi	sdi	theil	theil	HHI	HHI
制度变量及分组标准	frd	frd	WMO	frd>r	frd≤r	frd>r	frd≤r	WMO>r	WMO≤r
marketsize I(institution>r)	-29.23***	-1.45**	-18.21**						
	(6.50)	(0.65)	(9.03)						
marketsize I(institution≤r)	10.73*	1.46**	28.88***						
	(5.895)	(0.68)	(6.69)						
institution	-0.07***	-0.002	-2.89***	-0.165***	-0.040	-0.133**	-0.148	-3.16***	-0.42
	(0.02)	(0.002)	(1.08)	(0.03)	(0.03)	(0.06)	(0.96)	(1.14)	(1.55)
leducation	-1.31***	-0.11**	-0.562	-2.45***	1.981***	-0.067	-0.087	-2.21***	-1.32*
	(0.41)	(0.043)	(0.46)	(0.94)	(0.46)	(0.07)	(0.06)	(0.65)	(0.74)
FDI	-0.451*	-0.005	0.61	-0.263	-1.41***	-0.019	0.039	0.59	1.20
	(0.24)	(0.02)	(0.48)	(0.28)	(0.51)	(0.02)	(0.06)	(0.38)	(1.32)
road	-7.20***	-0.40**	-10.1***	-18.8***	-5.324**	-0.73***	-0.025	-0.87	-23.30***
	(1.81)	(0.18)	(2.99)	(2.60)	(2.45)	(0.20)	(0.30)	(2.57)	(6.91)

(续表)

	门槛模型估计			分组估计					
	(1)	(2)	(3)	(4)	(5)	(6)	(7)	(8)	(9)
marketsize		0.270		−18.13**	19.18***	−1.38**	1.47**	−25.03***	30.09***
		(0.68)		(7.75)	(6.07)	(0.61)	(0.67)	(8.16)	(10.4)
_cons	48.25***		31.22***	49.86***	26.66***	4.57***	−0.87	53.58***	22.00**
	(6.67)		(6.66)	(14.12)	(7.78)	(1.11)	(1.012)	(9.04)	(9.56)
个体效应	yes	yes	yes	yes	yes	yes	yes	yes	yes
时间控制	yes	yes	yes	yes	yes	yes	yes	yes	yes
N	1860	1679	1850	876	984	842	837	941	909
Ad-R^2	0.951	0.909	0.919	0.953	0.931	0.917	0.885	0.916	0.901
F	8.44	4.92	3.33	7.56	6.22	2.62	4.03	7.24	6.62

附录 7 制度分解维度的稳定性检验（被解释变量：Theil 指数）

	(1)	(2)	(3)	(4)	(5)	(6)	(7)	(8)	(9)	(10)
marketsize	-3.017*** (0.121)	-2.747*** (0.130)	-2.750*** (0.121)	-2.883*** (0.122)	-2.748*** (0.126)	-2.957*** (0.123)	-2.765*** (0.121)	-2.609*** (0.127)	-2.702*** (0.137)	-2.711*** (0.131)
businessfree		-0.010*** (0.002)								
tradefree			-0.014*** (0.001)							
fiscalfree				0.012*** (0.002)						
governmentspending					0.008*** (0.001)					
moneytaryfree						-0.001 (0.001)				
investmentfree							-0.014*** (0.001)			
fincialfree								-0.015*** (0.001)		
freecocuption									-0.005*** (0.001)	
propertyright										-0.007*** (0.001)
_cons	5.303*** (0.125)	5.704*** (0.135)	5.855*** (0.134)	4.328*** (0.183)	4.497*** (0.162)	5.285*** (0.150)	5.822*** (0.124)	5.803*** (0.123)	5.210*** (0.125)	5.367*** (0.122)
N	2085	2032	2032	2032	2032	2032	2032	2032	2032	2032
Ad-R^2	0.273	0.288	0.305	0.296	0.297	0.275	0.324	0.331	0.282	0.291
F	618.576	351.870	374.526	366.385	364.890	304.043	444.621	459.989	347.272	377.600
Sargan P	0.2527	0.7256	0.4262	0.7335	0.5735	0.7347	0.3563	0.5537	0.5734	0.7435

注：工具变量为 lelectrity，lurban。

附录 8 制度分解维度的稳定性检验(被解释变量:多元化指数 sdi)

	(1)	(2)	(3)	(4)	(5)	(6)	(7)	(8)	(9)	(10)
marketsize	-49.998*** (1.274)	-45.294*** (1.361)	-48.077*** (1.285)	-50.670*** (1.289)	-47.183*** (1.281)	-51.041*** (1.296)	-48.013*** (1.294)	-45.024*** (1.345)	-44.874*** (1.358)	-43.675*** (1.424)
businessfree		-0.254*** (0.017)								
tradefree			-0.185*** (0.012)							
fiscalfree				0.163*** (0.016)						
government spending					0.169*** (0.010)					
moneytaryfree						-0.106*** (0.014)				
investmentfree							-0.190*** (0.012)			
fincialfree								-0.239*** (0.015)		
propertyright									-0.173*** (0.011)	
freecoccuption										-0.166*** (0.011)
_cons	115.605*** (1.294)	127.230*** (1.341)	126.396*** (1.369)	104.771*** (1.864)	101.606*** (1.622)	124.327*** (1.499)	123.683*** (1.275)	123.194*** (1.265)	119.111*** (1.229)	116.038*** (1.273)
N	2385	2297	2297	2297	2297	2297	2297	2297	2297	2297
Ad-R^2	0.484	0.535	0.535	0.517	0.537	0.506	0.539	0.547	0.545	0.534
F	539.499	699.602	725.084	836.781	702.769	909.691	804.060	616.781	710.093	841.502
Sargan P	0.5853	0.4571	0.4586	0.3735	0.5235	0.3416	0.7291	0.4626	0.6462	0.3224

注:工具变量为 lelectricit。